GESELLSCHAFT UND THEOLOGIE

*Fundamentaltheologische Studien /
Forum Politische Theologie
Sozialethik
Praxis der Kirche*

Abteilung: Praxis der Kirche. Nr. 40

Herausgegeben von Christof Bäumler, Hans-Dieter Bastian, Gottfried Bitter, Rudolf Bohren, Norbert Greinacher, Manfred Josuttis, Peter Krusche, Norbert Mette, Helmut Peukert, Yorick Spiegel, Arnold Uleyn, Rolf Zerfaß.

Lieferbare Bände:

Nr. 3: Y. Spiegel (Hg.), Pfarrer ohne Ortsgemeinde
Nr. 7: H.-D. Bastian (Hg.), Kirchliches Amt im Umbruch
Nr. 8: H. J. Clinebell, Modelle beratender Seelsorge
Nr. 9: J. W. Knowles, Gruppenberatung als Seelsorge und Lebenshilfe
Nr. 12: R. Bohren / N. Greinacher (Hg.), Angst in der Kirche – verstehen und überwinden
Nr. 13: O. Seeber / Y. Spiegel (Hg.), Behindert – Süchtig - Obdachlos
Nr. 14: Y. Spiegel, Der Prozeß des Trauerns
Nr. 15: Die Predigt bei Taufe, Trauung und Begräbnis
Nr. 16: K.-W. Dahm / H. Stenger (Hg.), Gruppendynamik in der kirchlichen Praxis
Nr. 17: A. Reiner, »Ich sehe keinen Ausweg mehr«. Suizid und Suizidverhütung – Konsequenzen für die Seelsorge
Nr. 18: H. Müller-Pozzi, Psychologie des Glaubens
Nr. 19: D. K. Switzer, Krisenberatung in der Seelsorge
Nr. 20: D. und E. Schirmer, Deklassiert? Arbeiterjugendliche in der Kirche
Nr. 21: H. Harsch, Hilfe für Alkoholiker und andere Drogenabhängige
Nr. 22: H.-G. Heimbrock, Phantasie und christlicher Glaube
Nr. 23: K.-F. Daiber, Grundriß der Praktischen Theologie als Handlungswissenschaft
Nr. 24: H. Andriessen, Pastorale Supervision
Nr. 25: F. Kamphaus / R. Zerfaß (Hg.), Ethische Predigt und Alltagsverhalten
Nr. 26: M. Affolderbach, Kirchliche Jugendarbeit im Wandel
Nr. 27: H. Steinkamp, Jugendarbeit als soziales Lernen
Nr. 28: A. Hämer, Rehabilitation von unten
Nr. 29: H.-D. Bastian u. a., Taufe, Trauung, Begräbnis
Nr. 30: N. Greinacher / N. Mette / W. Möhler (Hg.), Gemeindepraxis
Nr. 31: H. M. Krämer, Eine Sprache des Leidens. Zur Lyrik von Paul Celan
Nr. 32: E. Engelke, Sterbenskranke und die Kirche
Nr. 33: M. Klessmann, Identität und Glaube
Nr. 34: D. Stoller, Anspruch und Wirklichkeit kirchlicher Erziehung
Nr. 35: J. Rabl (Hg.), Religiöse Kinderliteratur
Nr. 36: K. Lückel, Begegnung mit Sterbenden. »Gestaltseelsorge« in der Begleitung sterbender Menschen
Nr. 37: H. Frankemölle (Hg.), Kirche von unten. Alternative Gemeinden
Nr. 38: H. Albrecht, Arbeiter und Symbol
Nr. 39: G. Schneider, Grundbedürfnisse und Gemeindebildung
Nr. 40: B. Brooten / N. Greinacher (Hg.), Frauen in der Männerkirche

Frauen in der Männerkirche

Herausgegeben von
Bernadette Brooten und Norbert Greinacher

KAISER · GRÜNEWALD

CIP-Kurztitelaufnahme der Deutschen Bibliothek

Frauen in der Männerkirche / hrsg. von Bernadette Brooten und Norbert Greinacher. – München: Kaiser; Mainz: Grünewald, 1982 (Gesellschaft und Theologie: Abt. Praxis der Kirche; Nr. 40)
  ISBN 3-459-01424-5 (Kaiser)
  ISBN 3-7867-0920-3 (Grünewald)
NE: Brooten, Bernadette [Hrsg.]
Gesellschaft und Theologie / Abteilung Praxis der Kirche

© 1982 Chr. Kaiser Verlag, München
© 1982 Matthias-Grünewald-Verlag, Mainz
Alle Rechte vorbehalten, auch die des auszugsweisen Nachdrucks, der fotomechanischen Wiedergabe und der Übersetzung; Fotokopieren nicht gestattet
Umschlaggestaltung: Josef Wagner, Mainz, unter Verwendung einer Aufnahme von Pontis-de Riese, aus: Radius 4/1973
Satz: Studio für Fotosatz, Ingelheim
Druck und Bindung: Georg Wagner, Nördlingen
Printed in Germany

Inhalt

VORWORT 7

IDA RAMING
Von der Freiheit des Evangeliums zur versteinerten
Männerkirche 9

FERDINAND MENNE
Kirchliche Sexualethik und Geschlechterrollen in der Kirche 22

NADINE FOLEY
Zölibat in der Männerkirche 37

ELIZABETH CARROLL
Kann die Herrschaft der Männer gebrochen werden? . . 57

MARIE-AUGUSTA NEAL
Pathologie der Männerkirche 74

MARIE DE MERODE-DE CROY
Die Rolle der Frau im Alten Testament 83

RENE LAURENTIN
Jesus und die Frauen: eine verkannte Revolution? . . . 94

ELISABETH SCHÜSSLER FIORENZA
Die Frauen in den vorpaulinischen und paulinischen
Gemeinden 112

BERNADETTE BROOTEN
Jüdinnen zur Zeit Jesu 141

DOROTHEE SÖLLE
Vater, Macht und Barbarei 149

CATHARINA J. M. HALKES
Feministische Theologie. Eine Zwischenbilanz 158

MARIA AGUDELO
Die Aufgabe der Kirche bei der Emanzipation der Frau . . 175

HANS KÜNG
Für die Frau in der Kirche 186

BEVERLY WILDUNG HARRISON
Die Macht des Zorns im Werk der Liebe 191

JACQUELYN GRANT
Die schwarze Theologie und die schwarze Frau 212

NAOMI R. GOLDENBERG
Träume und Phantasien als Offenbarungsquellen: eine
feministische Aneignung von C.G. Jung 235

JUDITH PLASKOW
Das Kommen Liliths: Schritte zu einer
feministischen Theologie 245

HERAUSGEBER UND AUTOREN 259

QUELLENNACHWEIS 261

Vorwort

Das Concilium-Heft April 1980 über „Frauen in der Männerkirche?" war in kürzester Zeit zweimal vergriffen. Wir kommen deshalb dem Wunsch des Verlages nach einer Neuausgabe dieses Heftes gerne nach. Das große öffentliche Interesse am Thema dieses Heftes ist Spiegelbild einer unübersehbaren innerkirchlichen Entwicklung: immer mehr Menschen, Frauen wie Männer, sind heute von der Notwendigkeit einer einschneidenden Bewußtseinsveränderung in der Frauenfrage überzeugt und fordern praktische Konsequenzen für kirchliches Amtsverständnis ebenso wie für theologisches Selbstverständnis.

Die gegenwärtige innerkirchliche Situation scheint uns durch zwei Entwicklungen gekennzeichnet zu sein: Da ist zum einen der immer stärkere, lautlose Auszug von Frauen, die sich durch die patriarchalische Amtskirche, ihre Moral, Disziplin, Verkündigung und Theologie nicht mehr verstanden und vertreten fühlen; da ist zum anderen aber auch der Versuch von Frauen innerhalb der Kirche, durch theologische Forschungsarbeit, praktisch-politisches Handeln und Selbstorganisation neuer Solidaritätsformen grundlegende Veränderungen in Theorie und Praxis der Kirchen durchzusetzen.

Dieses Buch will im Bereich theologischer Aufklärungsarbeit seinen Beitrag leisten. Wir nehmen die Neuausgabe des Concilium-Heftes zum Anlaß, dessen theologische Basis noch ein wenig zu verbreitern. Den Leserinnen und Lesern soll so ein noch breiteres Spektrum heutiger Theologie zur Frauenfrage dokumentiert werden. Aus Platzgründen mußten deshalb einige Artikel weggelassen werden zugunsten von Beiträgen, die den Ansatz dieses Buches zu erweitern vermögen und andere Aspekte des Frauenthemas in die theologische Diskussion einbringen. Weggelassen wurden die Artikel von Manuel Alcala, Rosemary Haughton und Margret Brennan. Hinzugefügt wurden Beiträge von *Dorothee Sölle* und *Hans Küng*, die eine aus protestantischer, der andere aus katholischer Tradition herkommend. Außerdem ein Artikel von *Jacquelyn Grant*, der die Bedeutung der Frauenfrage für die „Black Theology" dokumentiert. Der Artikel von *Bernadette Brooten* plädiert für die notwendige Differenzierung bei der Einschätzung der Rolle der Frau im antiken Judentum, das in vielen christlichen Beiträgen zur Frauenfrage nicht selten zur bloßen negativen Kontrastfolie für die umso positivere christliche Entwicklung geworden ist. Dieser Artikel soll nicht nur ein Beitrag zur historischen Neueinschätzung der Frau zur Zeit Jesu sein, sondern versucht auch, feministische Theologinnen auf jüdischer und christlicher Seite in ein Gespräch zu bringen. Ebenfalls neutestamentlich orientiert ist der Beitrag von *Elisabeth Schüssler-Fiorenza* über Frauen in den vorpaulinischen und paulinischen Gemeinden, während *Beverly Wildung Harrison* den programmatischen Versuch der Entwicklung einer feministischen Ethik unternimmt. Mit den Aufsätzen von *Naomi R. Goldenberg* und *Judith Plaskow* soll eine feministische Theologie dokumentiert werden, die sich aus bestimmten religiösen Traditionen gelöst hat und – auf der Basis authentischer Erfahrungen von Frauen – grundlegende theologische Neuansätze zu entwickeln versucht.

Tübingen, August 1981   *Bernadette Brooten*
                                 Norbert Greinacher

Ida Raming

Von der Freiheit des Evangeliums zur versteinerten Männerkirche
Zur Entstehung und Entwicklung der Männerherrschaft in der Kirche

1. Einleitung

Wenn hier von Männerkirche gesprochen wird, so sind damit im wesentlichen folgende Wesenszüge und Strukturmerkmale der Kirche bezeichnet: Inhaber sämtlicher kirchlicher Ämter (Diakonat, Presbyterat und Episkopat) sind ausschließlich Männer; die mit den Ämtern verbundene Leitungs- und Hirtengewalt und ihre verschiedenen Funktionen (Lehre, Gesetzgebung und Verwaltung) werden demzufolge nur von Männern ausgeübt; die Frau hat keinen Anteil daran. Dies ist gesetzlich verankert in Kanon 968, 1 des kirchlichen Gesetzbuches. Die Frau kann – wenn überhaupt – in bescheidenen kirchlichen Diensten nur sehr begrenzt seelsorglich-katechetisch tätig werden. Theologische Lehre und Forschung sind die Domäne des (klerikalen) Mannes. Übereinstimmend mit den realen Machtverhältnissen ist das Gottesbild ausgeprägt: männlich (Vater, Herr). Sprache und Bilder im kirchlichen Raum bestätigen und sanktionieren die Vorherrschaft des Mannes in der Kirche sowie sein volles Menschsein, während sie der Frau verdeutlichen, daß ihr volles Menschsein in Frage gestellt wird. Infolge der männlichen Gottesvorstellung bleibt die Aussage von der Gottebenbildlichkeit der Frau ohne Überzeugungskraft und hängt gleichsam in der Luft. Die Dominanz des Mannes in der Kirche prägt naturgemäß alle Einrichtungen, Verhaltensweisen, ja die gesamte Theologie. Auch die Mariologie ist nicht ausgenommen; gerade sie ist eine Kompensationserscheinung der im übrigen patriarchalisch geprägten Kirche, bleibt sie doch für die reale Frau, was ihre Stellung in der Kirche anbelangt, ohne Bedeutung.

Wenn in den folgenden Ausführungen nach den Ursachen für den Zustand der Kirche, insofern sie zutreffend als Männerkirche bezeichnet werden kann, gefragt wird und historische Entwicklungslinien aufgezeigt werden, so kann es sich innerhalb dieses eng bemessenen Rahmens nur um die Darstellung von einigen grundlegenden Aspekten und Tendenzen handeln, die zu dem derzeitigen Zustand geführt haben. Die Darlegungen sollen im wesentlichen den Zweck verfolgen, zu vergegenwärtigen und in die Erinnerung zurückzurufen, was an anderen Stellen bereits z.T. in Einzeluntersuchungen aufgezeigt worden ist.[1]

Ist solche Erinnerung überhaupt notwendig und sinnvoll? Allzu leicht begnügt sich eine Institution, die auf ein nahezu zweitausendjähriges Bestehen zurückblicken kann, mit ihrem Status quo, setzt ihn absolut, erstarrt in festgefahrenen Strukturen. Ein Suchen und Forschen in der Geschichte, eine Konfrontation des gegenwärtigen Zustandes mit geschichtlichen Entwicklungen, ein Wissen um Ursachen für geltende Gesetze und Einrichtungen bewahrt vor Dogmatisierungen des doch nur geschichtlich Gewordenen. Insofern bleibt ein Rückgriff auf die Geschichte unabdingbar und für die Erhaltung von Lebendigkeit geradezu lebensnotwendig. Gerade für die katholische Kirche trifft das in besonderem Maße zu: Ein Sich-in-Frage-stellen durch den Rückblick in den Spiegel ihrer eigenen Geschichte könnte sie vor tödlichen Erstarrungen und Zementierungen sowohl in dieser wie in anderen Fragen bewahren und vermöchte ihr neue Impulse für die Zukunft geben.

2. Zur Stellung der Frau nach dem Neuen Testament vor dem Hintergrund des Spätjudentums

Bei dem schwierigen Versuch, die Stellung und Wertung der Frau nach den neutestamentlichen Aussagen zu beschreiben, ist es unerläßlich, den soziokulturellen Hintergrund des Neuen Testamentes –

1 In den folgenden Ausführungen stütze ich mich u.a. auf K. Thraede, Art. Frau: Reallexikon für Antike und Christentum VIII (1970) 197–269; ders., Ärger mit der Freiheit. Die Bedeutung von Frauen in Theorie und Praxis der alten Kirche: „Freunde in Christus werden..." (Kennzeichen Bd. 1), hg. von G. Scharffenorth u. K. Thraede (Gelnhausen 1977) 31–182; O. Bangerter, Frauen im Aufbruch. Die Geschichte einer Frauenbewegung in der Alten Kirche (Neukirchen 1971); H. Cancik, Die neutestamentlichen Aussagen über Geschlecht, Ehe, Frau: Zum Thema Frau in Kirche und Gesellschaft (Stuttgart 1972) 9–47; R. Radford Ruether, Die Abschirmung des Allerheiligsten. Sexismus und geistliches Amt: Wege zum Menschen 31 (1979) 53–68.

soweit er für uns noch faßbar ist – zu berücksichtigen, um von vornherein Fehlschlüsse zu vermeiden. So ist das Spätjudentum zunächst einmal prägende Umwelt für das Neue Testament, so daß die neutestamentlichen Aussagen über die Frau ohne Kenntnis der spätjüdischen gesellschaftlichen Strukturen nicht richtig eingeschätzt und interpretiert werden können.

Die Bezeichnung der Frau als Eigentum des Mannes gibt den herrschenden Standpunkt des Spätjudentums in dieser Beziehung wieder[2]. Demzufolge wird die Frau auf das Haus beschränkt. Rechtliche Benachteiligungen und moralisch-ethische Disqualifizierungen der Frau korrespondieren miteinander: Frauen – Heiden – Ungebildete – Sklaven – Kinder werden auf die gleiche Stufe gestellt[3]. Die Frau gilt als Symbol des Bösen; das ist eine Auswirkung spätantiker Exegese von Gen 3, derzufolge Eva als Ursprung der Sünde charakterisiert wird. So wird die anthropologisch-ethische Ungleichheit der Geschlechter exegetisch-theologisch untermauert. Die Vorschriften für den synagogalen Kultus sind lediglich Ausfluß dieser Einschätzung der Frau: Für das Zustandekommen eines Gottesdienstes war nur die Anwesenheit von Männern erforderlich; das Vorlesen aus der Thora sowie die Teilnahme am Passahfest war für die Frau nicht statthaft; weiter war ihr verwehrt, als Zeugin vor Gericht aufzutreten. Amtliche Funktionen wurden der Frau unter diesen Bedingungen nicht übertragen. Allenfalls in der (hellenistischen und römischen) Diaspora konnten diese strengen Normen nicht durchgehend eingehalten werden, denn der hellenistisch-römischen Gesellschaft, vor allem der Großstadt, war die relativ selbständige freie Frau nicht unbekannt[4].

Diese (sehr summarisch dargestellten) Umweltfaktoren verfehlten ihre Auswirkung in bezug auf die Einschätzung und Stellung der Frau im Laufe der Zeitspanne, die die Schriften des Neuen Testaments umfassen, nicht, wenn auch konstatiert werden muß, daß Jesu Lehre und Einstellung, soweit sie uns durch die vier Evangelien tradiert ist, sich in wohltuender Weise abhebt von rabbinischer Mindereinschätzung der Frau. Dies allerdings nicht dadurch, daß Jesus ein gesellschaftspolitisches Programm zur Befreiung der Frau entworfen

---

2 Diese Sicht ist bereits im antiken Judentum vorhanden, vgl. Thraede, Ärger...89.
3 Vgl. Thraede, a.a.O. 88.
4 So Thraede, a.a.O. 92.

hätte, daß er – abgesehen vermutlich von der Frage der Ehescheidung[5] – ausdrücklich rabbinischen Vorstellungen über die Frau entgegengetreten wäre, sondern durch sein Verhalten, indem er einen freien, ungezwungenen, von Achtung vor der Person der Frau getragenen Umgang mit Frauen pflegte, der frei war von dualistischen und asketischen Tabuisierungen[6].
Im übrigen sind Äußerungen Jesu zu dem hier zu behandelnden Themenkomplex nicht vorhanden. Wir können annehmen, daß Frauen zum Jüngerkreis Jesu gehörten, aber Jesus hat seinen Jüngern wahrscheinlich keinen Plan bezüglich der Organisation und Struktur seiner Gemeinde hinterlassen[7].
Aber auch wenn auf Jesus selbst eine amtliche Einsetzung und Aussendung von Aposteln zurückzuführen wäre und er zu diesem Dienst nur Männer berufen hätte, ist das kein Beweis für einen ausdrücklichen Willensakt Jesu in dem Sinne, daß er dieses Amt nur auf Männer beschränken wollte, wie die Vatikanische Erklärung zur Frage der Zulassung der Frauen zum Priesteramt (1976) folgert. Es muß nämlich unterschieden werden zwischen dem Verhalten Jesu der Frau als Individuum gegenüber, das frei ist von jeglicher Diskriminierung, und seiner Einstellung soziologisch vorgegebenen Strukturen gegenüber: das Amt als öffentlicher Dienst, im jüdischen Bereich ausschließlich männlich geprägt, fällt unter soziologische Kategorien, die sich dem unmittelbaren reformerischen Zugriff einer Einzelperson entziehen; von daher ergab sich eine Anpassung Jesu an die bestehenden soziologischen Strukturen, die man jedoch nicht als Bestätigung auslegen kann.
Solcher Interpretation liegt auch insofern ein grundlegendes Mißverständnis des Geistes Jesu zugrunde, als er keinerlei Unklarheit darüber gelassen hat, wie er das Amt in der Gemeinde verstanden wissen wollte, nämlich ausschließlich als Dienst und gerade nicht als Instrument der Herrschaft, was es faktisch durch den ausdrücklichen, gesetzlich zementierten Ausschluß der Frau geworden ist; es sollte nach Jesu Willen keine christliche Führungsgruppe entstehen, die durch Usurpation von Hoheits- und Herrschertiteln sowie durch

---

5 Vgl. Cancik, a.a.O. 19.
6 Cancik, a.a.O. 20 ff; Radford Ruether, a.a.O. 55 f.
7 Vgl. E. Schüssler Fiorenza, Die Rolle der Frau in der urchristlichen Bewegung: Concilium 12 (1976) 7.

Vorrechte ein hierarchisches Verhältnis zu den übrigen Christen begründete; die Ablehnung des Vater-Titels (Mt 23, 8—11; vgl. auch Mt 20, 25—28) steht als Beweis dafür[8].

In der ersten Phase der Missionstätigkeit der jungen Gemeinde innerhalb des griechisch-römischen Kulturbereichs scheint diese Konzeption des Amtes als Dienst, der nicht auf ein bestimmtes Geschlecht beschränkt ist, noch realisiert zu sein; steht doch die Ausbreitung der Botschaft im Bewußtsein der Naherwartung so im Vordergrund, daß jede Hilfe dabei willkommen ist. Frauen aus der Mittelschicht, nicht unvermögend und wahrscheinlich selbständig, waren oft die ersten Adressaten der neuen Botschaft und übernahmen dann ihrerseits verantwortliche Funktionen bei ihrer weiteren Verbreitung (vgl. Röm 16, 1 f.; 1 Kor 16, 19; Apg 16, 14 f), und zwar nicht nur als Patroninnen von Hausgemeinden, sondern auch als Leiterinnen von Ortsgemeinden (Röm 16, 1 f; 16, 7)[9]. Auch das Wirken von weiblichen Propheten war in den paulinischen Gemeinden bekannt und geschätzt (1 Kor 11, 5; Apg 2, 17). Die charismatische Konzeption von Gemeindedienst, die eine Fülle verschiedener Gaben zur Entfaltung kommen ließ — negativ ausgedrückt: das Fehlen einer festen Organisation und Ämterhierarchie —, ermöglichte den Frauen eine aktive Teilnahme am Aufbau, an Leitung und Leben der frühchristlichen Gemeinden.

Dabei stellte die relativ selbständige und freiere Lebensweise von Frauen in den Großstädten der griechisch-römischen Welt, verglichen mit der Stellung der jüdischen Frau, eine günstigere Vorbedingung dar[10]. Paulus nutzte also die bestehenden Verhältnisse in den hellenistischen Gemeinden für die Praxis. Ganz verfehlt jedoch wäre es anzunehmen, Paulus hätte aus der von ihm verkündeten Gleichheit aller vor Gott (Gal 3, 28) soziale Folgerungen im Hinblick auf die Stellung der Frau in den Gemeinden ziehen wollen. Allzu deutlich unterscheidet er nämlich zwischen der Gnadenordnung in Christus, die die Gleichheit aller Menschen in Christus vor Gott impliziert und deren Verwirklichung in der eschatologischen Dimension erwartet wird, und der sogenannten Schöpfungsordnung, die im irdischen Bereich in den vorhandenen sozialen Strukturen realisiert ist. Für letztere gilt nach Paulus eindeutig in Übereinstimmung mit der

---

8 So auch Radford Ruether, a.a.O. 56 f.
9 Vgl. Thraede, Ärger...99.
10 Vgl. Thraede, a.a.O. 101 f.

jüdischen Tradition das auch griechischem Denken vertraute Gesetz der Unterordnung der Frau unter den Mann (1 Kor 11, 3 – 10; Eph 5, 22 – 24). Das ist ein durchgehendes Prinzip auch der sogenannten Haustafeln der neutestamentlichen Briefliteratur (Kol 3, 18 – 14, 1; Eph 5, 22 – 6, 9; 1 Petr 3, 1 – 7). Das Prinzip der Unterordnung der Frau, zunächst auf Familie und Ehe beschränkt, wird auf die Gemeindeordnung ausgedehnt, sobald die charismatische Ordnung der paulinischen Gemeinden bei allmählich schwindender Naherwartung aufgehoben wird, die Ämterstruktur sich zunehmend verfestigt und nach dem Muster von tradierten patriarchalisch geprägten Institutionen des Judentums und des Hellenismus ausgestaltet wird[11].

Hieraus wird deutlich, wie gefährdet und angefochten, wie wenig selbstverständlich der Dienst der Frau in den neutestamentlichen Gemeinden war – verglichen mit der Stellung des Mannes. In den deuteropaulinischen Pastoralbriefen (Abfassungszeit etwa 100 n. Chr.), die hauptsächlich Regeln und Anweisungen für Amtsträger enthalten und den Zweck der festen Institutionalisierung und Konsolidierung der Ämterhierarchie verfolgen, ist für die Frau ein deutliches Lehrverbot ausgesprochen: 1 Tim 2, 8 – 15. Das Verbot wird exegetisch untermauert durch den Hinweis auf die nachträgliche Erschaffung der Frau und die Rolle der Frau beim Sündenfall nach Gen 3 – „Beweise" für die Inferiorität der Frau.

Sehr ähnlich ist dem Inhalt und Wortlaut nach die Stelle 1 Kor 14, 33 – 36, die als Interpolation anzusehen ist und kirchenrechtliche Zustände des frühen zweiten Jahrhunderts durch Berufung auf Paulus sanktionieren will[12]. Die bei Paulus bereits vorhandenen misogynen Elemente: ethische und seinsmäßige Minderbewertung der Frau (1 Kor 11, 3 ff; 2 Kor 11, 3) kommen hier voll zum Tragen. Aus seinen für die besondere Situation seiner Gemeinde gegebenen pastoralen Ratschlägen (1 Kor 11, 13 – 16) sind inzwischen abstrakte Gesetze geworden, auf die bürgerliche Moralauffassungen von den Pflichten der Ehe- und Hausfrau eingewirkt haben[13]. Gerade diese Stellen und nicht jene, die den aktiven Beitrag der Frau am Leben der paulinischen Gemeinden bezeugen, sind in der Folgezeit bis auf den heuti-

---

11 Dazu siehe Thraede, a.a.O. 125.
12 Vgl. H. Lietzmann – W.G. Kümmel, An die Korinther I.II (Tübingen ⁴1949) 75; Thraede, a.a.O. 111 f.
13 So Cancik, a.a.O. 17.

gen Tag zu den entscheidenden Stützen für den inferioren Status der Frau in der Kirche geworden[14].

Trotz dieser fundamentalen Einschränkungen und Diskriminierungen halten die Pastoralbriefe immerhin noch an einem kirchlichen Amt für die Frau fest, nämlich an dem Institut der Gemeindewitwe (1 Tim 5, 3 — 16) und an dem Amt der Diakonisse (1 Tim 3, 11)[15]. An der Entwicklung dieser Frauenämter lassen sich exemplarisch alle entscheidenden Faktoren aufzeigen, durch die die Frau aus dem kirchlichen Amtsbereich verdrängt und in eine völlig passive inferiore Rolle verwiesen wurde.

3. Die Entwicklung der frühchristlichen Frauenämter

Bei dem Witwenamt scheint es sich um eine eigenständige Form weiblichen Presbyterates zu handeln, dessen Entstehung durch die kulturellen Verhältnisse der Gemeinden im orientalischen Bereich (strenge Trennung zwischen den Geschlechtern) bedingt ist. Von daher ergaben sich als Aufgaben für die Witwe: Seelsorge unter den Frauen in deren Wohnungen verbunden mit diakonischen karitativen Diensten; ferner wird ausdrücklich der Gebetsdienst erwähnt. Bereits in der syrischen Didaskalia, einer Kirchenordnung aus den ersten Jahrzehnten des dritten Jahrhunderts, die sich in Abwehr gegen häretische Strömungen auf die Autorität der Apostel beruft, werden die Funktionen der Witwe deutlich eingeschränkt: jegliche religiöse Unterweisung, auch im kleinen Kreis, wird ihr verwehrt; von der Sakramentenspendung wird sie strikt ausgeschlossen (Taufverbot); ans Haus gefesselt, soll sie sich auf den Gebetsdienst beschränken; sie wird somit zur Asketin gestempelt.

Die Drosselung der kirchlichen Rechte und Tätigkeiten der Witwe ist den Quellen zufolge auf das Erstarken des monarchischen Episkopates zurückzuführen, für den der Verfasser der Didaskalia deutlich

---

14 Paul VI. z.B. begründet in seiner Predigt anläßlich der Erklärung der heiligen Theresia zur Kirchenlehrerin den Ausschluß der Frau von den „hierarchischen Funktionen des Lehr- und Priesteramtes" mit der Stelle 1 Kor 14, 34 (AAS 62, 1962, 593).
15 Über das Verhältnis der beiden Ämter zueinander sind im Laufe der Forschung verschiedene Hypothesen aufgestellt worden: Vgl. dazu O. Bangerter, a.a.O. 63 f.

eintritt[16]. Die Witwe, das Gegenstück zum männlichen Presbyter, wird als Konkurrenz nicht nur zu dem in der Entwicklung begriffenen männlichen Diakonat, sondern auch zum presbyterialen und episkopalen Amt gesehen und gefürchtet. Aus demselben Grund, nämlich der Furcht davor, die Witwen könnten sich die Rechte der Presbyter aneignen, stellt das Konzil von Laodicea (343) definitiv fest, Frauen sollten künfig nicht mehr als Älteste (presbyterae) in der Kirche eingesetzt werden[17]. Aus den Presbytern der alten Gemeinden sind nämlich kultische Priester mit sakramentalen Funktionen geworden, die man Frauen verweigern zu müssen glaubt. Hierbei kommt über die Herausbildung und Verfestigung der klerikalen Hierarchie hinaus noch eine weitere Ursache für die Ablehnung kirchenamtlicher Betätigung der Frau zum Vorschein: der Kampf gegen die Lehr- und Missionstätigkeit der Frauen in den als häretisch geltenden Gemeinden[18].

An die Stelle des charismatisch geprägten Witweninstituts, das auf das Gebet, allenfalls noch auf die Krankenpflege beschränkt wird, setzt darum die Didaskalia das weibliche Diakonatsamt als gefügiges Organ des Bischofs mit einem festen Platz in der kirchlichen Hierarchie. Einige Funktionen, die die Witwe ausübte, werden der Diakonisse übertragen; von der ehemaligen Tauffunktion verbleiben ihr aber nur gewisse Handreichungen bei der Immersionstaufe von Frauen (z.B. Körpersalbung aus Schicklichkeitsgründen).

Die in der syrischen Didaskalia eingeschlagene Entwicklung bezüglich des Diakonissenamtes hat in den etwa hundert Jahre später entstandenen Apostolischen Konstitutionen, der bedeutendsten pseudoapostolischen Sammlung kirchenrechtlich-liturgischen Inhalts aus dem vierten Jahrhundert, ihren Abschluß erreicht. In der Begründung des Lehr- und Taufverbotes der Konstitutionen kommen massiv frauenverachtende Tendenzen zum Ausdruck: „Wenn der Mann das Haupt des Weibes ist, so ist es nicht schicklich, daß der übrige Leib (= die Frau) das Haupt beherrsche...Wenn nämlich der Mann das Haupt des Weibes ist und er zum Priestertum befördert wird, so widerstreitet es der Gerechtigkeit, die Ordnung des Schöpfers zu zerstören und den dem Manne eingeräumten Vorrang an das

---

16 Vgl. Achelis-J. Flemming, Die syrische Didaskalia (Leipzig 1904) 276, 280 f.
17 So Bangerter, a.a.O. 79.
18 Vgl. Bangerter, a.a.O. 75; Thraede, Ärger...135.

unterste Glied abzutreten; denn die Frau ist der Leib des Mannes, sie ist aus seiner Rippe und ihm unterworfen, weswegen sie auch zum Gebären der Kinder auserwählt ist."[19]
Wenngleich die Diakonisse durch Ordination einen bestimmten Platz in der Ämterordnung der Kirche erhält und zum Klerus zählt, so ist aber doch unübersehbar, daß ihr Amt gegen die männlichen Ämter scharf abgegrenzt, diesen untergeordnet und mit der Hypothek des Antifeminismus belastet ist; schon von daher ist es der Gefahr der Verdrängung ausgesetzt. Bei zunehmendem Eindringen von asketischen Strömungen in den Raum der Kirche, welche ihrerseits wiederum auf judenchristlich-gnostische Einflüsse sowie auf neuplatonische Anschauungen zurückgehen, wird die anfänglich noch vorhandene Unbefangenheit im Umgang der Geschlechter endgültig zunichte gemacht: Die Diakonisse wird in die asketische Lebensform der gottgeweihten Jungfrauen hineingezogen, auf das klösterliche Leben zurückgedrängt und vom öffentlichen Gemeindedienst ausgeschlossen[20].
Dies ist das Ende des Frauenamtes in der Kirche sowohl des Ostens als auch des Westens, wenn auch in anderer Hinsicht eine unterschiedliche Entwicklung dieses Amtes in beiden Bereichen zu verzeichnen ist. In den von mehreren gallikanischen Synoden des vierten und sechsten Jahrhunderts erlassenen Verboten der Diakonissenordination kommt noch eine Tendenz zum Vorschein, die nicht unerwähnt bleiben sollte. Sie wirft ein Licht auf die im Gefolge zunehmender Sakralisierung des Kultes nach dem Muster alttestamentlicher ritueller Vorschriften in die Kirche eindringenden, der Frau feindlichen Strömungen. Die Frau wird nicht zuletzt auch wegen ihrer „monatlichen Unreinheit" aus dem Kultbereich verdrängt[21], eine Folge des Wiederauflebens der alttestamentlichen Reinheitsvorschriften im Ausgang der Antike und im frühen Mittelalter.

---

19 Didascalia et Constitutiones Apostolorum, hg. v. F.X. Funk (Paderborn 1905) I 191, 199, 201; Apostolische Konstitutionen (Bibliothek der Kirchenväter 63, 1874) 115 f., 120.
20 Vgl. I. Zscharnack, Der Dienst der Frau in den ersten Jahrhunderten der christlichen Kirche (Göttingen 1902), 153 f., 156; Bangerter, a.a.O. 121.
21 Nähere Ausführungen darüber unter Berücksichtigung der Quellenbelege bei I. Raming, Der Ausschluß der Frau vom priesterlichen Amt. Gottgewollte Tradition oder Diskriminierung? (Köln 1973) 38 A. 163; 39 A. 168.

4. Der Einfluß der Patristik auf Stellung und Wertung der Frau

So entwickelt sich das orthodoxe Christentum, das mehr und mehr zur etablierten Staatsreligion wird, in Abwehrhaltung gegenüber den als häretisch geltenden Gemeinden ausgesprochen frauen- und emanzipationsfeindlich. An dieser Entwicklung haben sowohl bereits die altkirchlichen Theologen als auch die Kirchenväter des vierten bis sechsten Jahrhunderts einen wesentlichen Anteil. Geprägt von der Vorstellung eines anthropologischen und ethischen Minderwertes der Frau, beschränken sie diese auf zwei Lebensformen: auf den Stand der Ehe- und Hausfrau, die als biedere Matrone in strenger Abgeschlossenheit von der Öffentlichkeit sich dem Ehemann in Gehorsam unterzuordnen hat, ferner auf den Stand der Jungfräulichkeit, womit die Forderung verbunden wird, das weibliche Geschlecht, Inbegriff der Gottfeindschaft, der sittlichen Gefährdung und Schwäche, zu transzendieren und so geistlich zum Mann zu werden[22]. Die ideologischen Stützen für diese ihre Antwort auf die Frauenfrage ihrer Zeit lieferten ihnen einerseits das römische Recht, das sich durch seine konservative Moral schon erheblich von der Realität entfernt hatte[23], andererseits biblische Stellen (Gen 3, 6; 6, 2), durch die sie ihre Auffassung von der Frau als Ursprung der Sünde und Verführerin des Mannes bestätigt fanden.

5. Repression der Frau durch Theologie und Kanonistik des Mittelalters

Der geistige Einfluß des patristischen Denkens hinsichtlich der Wertung der Frau bleibt auch für die Folgezeit bestimmend; stand doch die Autorität der Kirchenväter im Mittelalter in solch hohem Ansehen, daß ihre Aussagen als eigentliche Rechtszeugnisse galten, vergleichbar den Konzilsbeschlüssen und Erlassen der Päpste. Vor allem auf dem Gebiet der Schrifterklärung wurde den Vätern unbestritten der erste Rang zuerkannt. Ihrer Schriftexegese der (obenerwähnten) paulinischen und deuteropaulinischen Stellen über die Frau bedient sich Gratian denn auch in seinem (etwa um 1140 verfaßten) Dekretbuch, um den der Frau zugewiesenen „Stand sklavischer Unterworfenheit, aufgrund deren sie dem Mann in allem untertan

---

22 Vgl. Thraede, Art. Frau, VIII 245.
23 So Thraede, a.a.O. VIII 246.

sein muß" (dictum p.c. 11, C. 33 q. 5) zu begründen und zu legitimieren[24].

Die Verdrängung der Frau aus dem amtlichen kirchlichen Bereich nimmt in dieser Zeit mehr und mehr juristische Formen an. So kennt das Decretum Gratiani nur Verbote für die Frau, die ihr die Ausübung pastoraler Funktionen sowie kultisch-liturgischer Handlungen verwehren. Da das Decretum Gratiani bis zum Ende des zwölften Jahrhunderts alle älteren Rechtssammlungen verdrängte und, obgleich Privatarbeit, durch Gregor XIII. offiziell als erster Teil des Corpus Iuris Canonici bezeichnet wurde, ist sein Einfluß auf die Folgezeit kaum zu überschätzen. So ergänzen die Dekretalen Gregors IX. (1234) die bereits im Dekretbuch Gratians enthaltenen Vorschriften für die Frau noch durch weitere Verbote (Predigtverbot, Verbot, Beichte zu hören, sowie des Ministrantendienstes im Altarraum).

Verschiedene im Voraufgehenden bereits erwähnte Faktoren bilden zusammen die Motivstruktur dieser Verbote: die nach alttestamentlichem Muster vollzogene Sakralisierung des Kultes, im Gefolge davon die kultischen Reinheitsvorschriften des Alten Testaments, asketische Tendenzen (Zölibatsvorschrift für Priester), vor allem die Auffassung vom anthropologischen und ethischen Minderwert der Frau und ihrem dadurch bedingten status subiectionis, gestützt durch biblische, patristische und römisch-rechtliche Autoritäten. In der mittelalterlichen theologischen und kanonistischen Literatur bildet sich eine eigene Beweisführung für die angebliche Weiheunfähigkeit der Frau heraus: die „constitutio ecclesiae facta propter sexum", also die wegen des weiblichen Geschlechts aufgestellte kirchliche Bestimmung stehe der Ordination der Frau entgegen[25]. Die Diskriminierung des weiblichen Geschlechts wird hier mit eindeutigen Worten ausgesprochen, ähnlich in der Begründung des Thomas von Aquin[26]. Alle diese Begründungen sind exemplarisch für den zwi-

---

24 Über die Bedeutung der Kirchenväter innerhalb des Decretum Gratiani s. Raming, a.a.O. 54−62.
25 Vgl. Raming, a.a.O. 163.
26 S. th. suppl. qu. 39 a.1: „Quia cum sacramentum sit signum in eis, quae in sacramento aguntur, requiritur non solum res, sed significatio rei...Cum igitur in sexu foemineo non possit significari aliqua eminentia gradus, quia mulier statum subiectionis habet, ideo non potest ordinis sacramentum suscipere" (Summa theologiae, hg. v. P. Caramello, Turin/Rom 1948, Bd 4 S. 773). Die glossa ordinaria zu den Dekretalen des

schen der Geringschätzung der Frau und ihrer Stellung in der Kirche bestehenden kausalen Zusammenhang, der – ebenso wie für die mittelalterliche Theologie und die betreffenden Vorschriften des Corpus Iuris Canonici – auch bestimmend für die darauf aufbauende Dogmatik sowie für das geltende Recht ist.

6. Unrevidierter Antifeminismus in der katholischen Kirche der Gegenwart

Durch die im Jahre 1976 veröffentlichte Erklärung der Kongregation für die Glaubenslehre zur Frage der Zulassung von Frauen zum Priesteramt ist die patriarchalische Grundstruktur der Kirche mit allen ihren Implikationen erneut bestätigt worden. Der programmatische Satz der Erklärung: „Die Kirche hält sich aus Treue zum Vorbild ihres Herrn nicht dazu berechtigt, die Frauen zur Priesterweihe zuzulassen"[27] entlarvt den Ungeist, der sich als bestimmender Grundzug durch das Dokument zieht. Fern von der notwendigen Ehrfurcht vor Geist und Person Jesu, anscheinend nicht bereit zu ehrlichen historischen Analysen oder zur Kenntnisnahme der bereits vorhandenen wissenschaftlichen Ergebnisse, projizieren die Verfasser des Dokumentes ihre patriarchalische Einstellung in die Person Jesu, um die Männerdominanz noch durch göttliche Autorität zu sanktionieren[28].

Die Unhaltbarkeit der von der Erklärung vertretenen Position zeigt sich weiter in folgendem: Wenn in der Theologie der frühen Kirche sowie des Mittelalters der Status der Frau mit ihrem angeblichen Minderwert in Zusammenhang gebracht wurde, so soll derselbe Status der Erklärung zufolge Ausdruck der Andersartigkeit bzw. Ver-

---

Bernhard v. Botone (abgefaßt 1245) sagt, der Frau komme die geistliche Schlüsselgewalt nicht zu, weil sie nicht Gottes Ebenbild sei und dem Mann in völliger Unterordnung dienen müsse, s. Raming, a.a.O. 140 ff. mit A. 80, 81.

27 Erklärung der Kongregation für die Glaubenslehre zur Frage der Zulassung der Frauen zum Priesteramt (dt. Übersetzung hg. v. Sekretariat der Deutschen Bischofskonferenz) 5.

28 Es ist überdies bekannt geworden, daß von Vatikanischen Kreisen her gezielt darauf hingearbeitet wurde, daß die Anglikanische Kirche in England gegen die Frauenordination entschied. So wird Ökumene auf Kosten der Frau betrieben.

schiedenartigkeit der Frau vom Mann sein[29]. Nichts kann kritisch Denkende, durch die Geschichte der Theologie und Kirche Belehrte darüber hinwegtäuschen, daß alle derartigen Argumentationen sowie auch die in diese Kategorie gehörende Symbolargumentation (der Priester repräsentiert Christus, den Mann, das Haupt der Kirche – die Frau die Kirche als Braut Christi, von daher ergeben sich die „verschiedenen" Funktionen für beide in der Kirche), wie sie in der neueren Theologie und in der Erklärung verwandt werden, letztlich auf der Prämisse vom Minderwert der Frau und ihrem davon abgeleiteten untergeordneten Stand basieren.

Ist es angesichts dieser Reaktion der verantwortlichen Amtsträger, ihrer Verhärtung gegenüber allzu berechtigten Reformbestrebungen in der Frauenfrage noch verwunderlich, daß sich ein tiefgreifender Entfremdungsprozeß zwischen den Frauen, die sich der Hintergründe ihrer Stellung in der Kirche bewußt sind, und der amtlichen Kirche vollzieht? Die katholischen Frauen und alle Einsichtigen sind durch die Verletzung der Menschenwürde und Menschenrechte der Frau von seiten der patriarchalischen Institution Kirche herausgefordert, Strategien zur Veränderung ihrer Situation zu entwickeln. Aufgrund dessen, daß die traditionelle Theologie in allen ihren Disziplinen der patriarchalischen Institution Kirche als wesentliche Stütze dient, ist es erforderlich, daß die Stellung der Frau im Christentum, die patriarchalisch geprägte Theologie überhaupt, einer gründlichen Revision unterzogen wird. Mit anderen Worten: der Aufbau und Ausbau von „women studies" in bezug auf Religion und Kirche und im Zusammenhang damit eine gezielte Aufklärung sind ein dringendes Erfordernis in der Gegenwart[30].

---

29 „Gleichheit ist nicht Identität...Die Aufgaben sind verschieden und dürfen deshalb nicht vermischt werden." (Erklärung zur Frage der Zulassung der Frauen zum Priesteramt, 20.)

30 An der Universität Nijmegen läuft bekanntlich ein Projekt „Feminismus und Christentum" unter der Leitung von Dr. Catharina Halkes. Darüber hinaus ist am Fachbereich Katholische Theologie der Universität Münster (Seminar für Religionswissenschaft) ein Forschungsprojekt mit dem Arbeitstitel: „Die Frau im Islam und in den islamischen Gesellschaften" begonnen worden (wissenschaftliche Mitarbeiterin: Dr. theol. Iris Müller). Dieses Projekt sollte dringend auf die mit dem Islam eng verwandten Hochreligionen (Judentum und Christentum) ausgeweitet werden, um vergleichende religionswissenschaftliche Forschungen zu ermöglichen.

Ferdinand Menne

Kirchliche Sexualethik und Geschlechterrollen in der Kirche

1. Vorbemerkungen

Warum hat keine Frau diesen Artikel geschrieben? Eine notwendige und im Schreiben immer dringlichere Frage; keine überzeugende Antwort. „Mulier taceat in Concilio" (mit kleinen, bezeichnenden Ausnahmen)?

Zu dem gestellten Thema ist so viel gesagt worden und ist noch so viel zu sagen, daß man sein Problemfeld eingrenzen muß: Wenn „kirchliche Sexualethik" zur Sprache kommt, geht es überwiegend um die katholische. Mit der Kirche ist die der Bundesrepublik Deutschland gemeint, eine Kirche, die glatt in eine spätkapitalistische Übergangsgesellschaft eingepaßt ist; die lateinamerikanische zum Beispiel, die in ganz anderer Lage ist, hat auch andere sexualethische und sexualpolitische Probleme und Lösungen.

An wen wendet sich das Folgende? Sicher nicht an jene Mehrheit von Frauen und Männern, die es absurd oder lächerlich finden, in Fragen der Sexualität – im Guten wie im Schlechten – noch etwas von der Kirche zu erwarten. Indem vornehmlich von Frauen gesprochen wird, die noch von der Kirche und ihren Männern berührt werden (in jedem Sinne des Wortes), sind vor allem Kirchen-Männer die Adressaten. Vom Autor gewünscht ist die solidarische Unterstützung des lebensgeschichtlichen, kulturellen, sozialen Wandels des Lebenszusammenhangs mehrerer Frauen-Gruppen:

1. der Frauen, die beruflich und existentiell an die Kirche gebunden sind (Mitarbeiterinnen in kirchlichen Institutionen, Laien-Theologinnen, Hauswirtschafterinnen von Priestern, Ordensschwestern);

2. der Frauen, die aus formeller Bindung an die Kirche ausgeschieden sind, sowie Frauen, deren Männer den Austritt aus der Priester-Rolle vollzogen haben (Frauen „laisierter" Priester);

3. der Frauen, die ihre Religiosität als Kirchlichkeit erleben.

Gemeint sein könnten schließlich auch die Lebensumstände von Frauen, die sich selbst als unkirchlich verstehen, aber durch öffentliche Wirkungen der Kirche (in Gesetzgebungs- und -ausführungspro-

che Wirkungen der Kirche (in Gesetzgebungs- und -ausführungsprozessen, Öffentlichkeitskampagnen usw.) betroffen sind.

2. Kritische Erinnerung kirchlicher Geschichte(n)

Wer unter der kirchlichen Sexualethik und den kirchlich angebotenen Geschlechterrollen aktuell leidet, hat die verständliche Neigung, Kirchengeschichte als Unrechts- und Unterdrückungsgeschichte zu rekonstruieren. In einer solchen Beurteilung wird der Kirche aber – zumindest hinsichtlich der Neuzeit – mehr kulturschaffender und gesellschaftsbestimmender Einfluß zugestanden, als ihr tatsächlich zukommt. Lebenden Interessen, Veränderungsbestrebungen ist mehr gedient mit einer genauen historischen Vergewisserung als mit einer taktisch getroffenen Auswahl aus der Geschichte. Insoweit möchte ich mich von Michel Foucault belehren lassen: Nicht mehr nur „die bekannte große Mechanik der Repression" erneut und für die kirchliche Abteilung abzuwandeln, sondern das ganze Muster der Macht zu durchleuchten[1].

Um nicht mißverstanden zu werden: Die zusätzliche Unterdrückung durch die Kirche soll nicht verharmlost werden; ihre Mechanik war düster und grausam. Max Scheler hat – „unwissenschaftlich" erbost – seine Meinung nicht aus der Luft gegriffen, bei der kirchlichen Sexualmoral handle es sich um eine „alte(r), falsche(r) Priestermoral, die...die Geschlechtsliebe möglichst zum bloßen Trieb und libidinösen Lustverlangen herabzudrücken sucht, zum Teil aus Standesressentiment, das herabdrückt, worauf man selbst verzichten muß, teils aus Sorge um die mögliche Störung des bloßen Reproduktionsgeschäftes (das um der Macht und Ausdehnung ihrer Kirche willen den Priestern besonders quantitativ wichtig ist), teils um des edleren und tieferen Motives willen, daß ein Widerstreit zwischen Liebe zum Göttlichen und Geschlechtlichen vermieden werde – eine gewiß beachtenswerte Gefahr gerade der höchsten Formen der Geschlechtsliebe"[2].

---

1 Vgl. M. Foucault, Sexualität und Wahrheit (Histoire de la sexualité I: La volonté de savoir) (Frankfurt 1977) 93.
2 Vgl. F.W. Menne, Kirchliche Sexualethik gegen gesellschaftliche Realität. Zu einer soziologischen Anthropologie menschlicher Fruchtbarkeit (München 1971) 231.

Und auch ein Hymniker des Eros wie Walter Schubart rafft in kürzester Form historische Sachverhalte zusammen, wenn er rhetorisch erregt ausruft: „Die Askese tötet nicht den Sexus, sondern den Eros; den Sexus kann sie nicht töten. Daher ist die Geschichte der Askese eine Geschichte sterbender Erotik und zugleich ein Verzeichnis schwelender Begierden. Man denke an das schwüle, mit geschlechtlicher Spannung geladene Gewölk, das manchen Beichtstuhl umlagert. Man denke an die Gewissenskrämpfe der im Zölibat stöhnenden Priester...Wieviel namenloses Elend brachte allein diese eine asketische Institution über den katholischen Klerus aller Jahrhunderte, so daß die Geschichte der erzwungenen Ehelosigkeit mit Recht zu den dunkelsten Seiten der christlichen Entwicklung gerechnet wird. Man denke an die theologische Spekulation über das sigillum virginitatis, an die wollüstige Ausmalung der anatomischen Einzelheiten, hinter denen sich das Geheimnis der übernatürlichen Gottesgeburt verbirgt – ein Vorstellungsgebiet, auf dem die überreizte Phantasie der Unbeweibtheit unbehelligt umherschweifen konnte. Man denke vor allem an die Moraltheologie und die Pastoralmedizin, die sich oft unter dem Vorwand wissenschaftlichen Ernstes an den ausgefallensten Perversionen ergötzt."[3]

Die Zeugnisse der Kirchenväter, die die Lehre der Kirche bestimmten, sind bekannt[4]: „Du bist es, die dem Teufel Eingang verschafft hat" (Tertullian). Grundlegend der Einfluß jenes Mannes, der der heilige Augustinus werden sollte: Ohne ihm eine „moderne" Seelenlage zu unterstellen, ist doch deutlich, daß er erotisch-sexuelle Probleme seiner Jugend mit Hilfe von Aussagen der Stoa, des Gnostizismus, des Manichäismus verarbeitet, in denen die Frau als minderwertiges, entgeistetes Zeugungswesen, die Zeugung aber als Rechtfertigung der Herablassung des Mannes in das Fleisch erscheint. Augustinus war im Bereich der Sexualethik wohl noch stilbildender als Thomas von Aquin, der vom „Philosophen" (Aristoteles) gelernt hat, die Frau sei ein verfehlter Mann; er erweitert: Herabsetzung und Unterwerfung der Frau sind Folgen der Sünde; durch Sünde ist das Weib etwas Mangelhaftes und eine Zufallserscheinung. Auch an Luther ist zu denken, der die zölibatäre Denkform und Lebensweise

---

3 W. Schubart, Religion und Eros (München 1966) 252.
4 Vgl. M. Müller, Grundlagen der katholischen Sexualethik (Regensburg 1968); D. Savramis, Das sogenannte schwache Geschlecht (München 1972).

grob verdammte, von ihnen aber letztlich nicht loskam: „Alle sind wir Hurentreiber." Und also mögen sich die Frauen „ruhig zu Tode tragen, das macht nichts, sie sind drum da"[5]. Originalton von Männern, denen die Geschlechtlichkeit der Frauen vor allem unheimlich ist, so daß sie nur darauf sinnen, wie sie gezügelt werden könne.
Solche Vorstellungen untermauert die theologische Deutung der „Natur": Was biologisch der Fall zu sein scheint, wird normativ und institutionell ausformuliert; besser umgekehrt: Was der Frau gesellschaftlich und kulturell abverlangt wird, schreibt man ihr als „von Natur aus" gegeben, „ihrem Wesen entsprechend" zu.
Nun könnte dies bloße Lehre geblieben sein, graue Theorie entlasteter und zugleich alteuropäisch verklemmter Mönche. Es muß also weitergefragt werden: Was bedeutet und bewirkt diese Theorie im Kopf eines Klerikers im 15., 18. und 20. Jahrhundert, in Frankreich, England und dem verspäteten Deutschland, für das Leben einer Bauersfrau in der Bretagne, in Sizilien oder im Schwarzwald des 17. oder des 19. Jahrhunderts? Es befriedigt nicht mehr, je nach Erkenntnisinteresse negative oder positive „Stellen" aus „Schrift" und „Tradition" zu reihen, die die Beweislast dafür zu tragen haben, daß das Christentum als „Männerwelt" und durch Frauenfeindlichkeit – zwei Seiten einer Medaille – sozial bestimmt ist. Es geht auch darum, herauszufinden, wie die tradierten Sätze im Alltagsleben wirksam wurden, wie sie in Bewußtsein und Gefühlslagen nach Land, Schicht, Klasse, Bildung, Besitz unterschiedlicher Menschen verarbeitet und gesellschaftlich durchgesetzt wurden.
Entscheidend für die kirchlichen Geschlechterrollen, in denen sexualethische Lehrsätze alltäglich wirksam wurden, ist zum einen die Reservierung der Macht- und Einflußrollen für Männer, insbesondere Kleriker; im günstigen Fall erscheinen die Frauen als das „wünschenswerteste Auditorium" (Goethe). Zum anderen werden die Laien-Rollen durch das „Allianzdispositiv" (Foucault) modelliert: ein System des Heiratens, der Festlegung und Entwicklung von Verwandtschaften, der Übermittlung von Namen und Gütern, das ganz „patrilineal", vaterorientiert ist. Frauen erscheinen in ihm als „umwachsenes Ovar": „Das ganze Weib ist Gebärmutter" (Virchow)[6].
Die „vergessene" Geschichte ist demnach aufzuarbeiten, die Ge-

---

5 Vgl. J. Burri, „als Mann und Frau schuf er sie". Differenz der Geschlechter aus moral- und praktisch-theologischer Sicht (Zürich 1977).
6 Vgl. Müller, Grundlagen 69.

schichte des Alltagslebens der Geschlechter unter dem Anspruch der Kirche. Aussichtsreich ist sicher die Bemühung um jene Ansätze zu Geschichten der Liebe, des Todes, der Barmherzigkeit, der Grausamkeit, der Freude, der Angst, die Lucien Febvre 1941 in den „Annales d'histoire sociale" forderte[7]. Im Sinne einer sich als Sozialwissenschaft verstehenden Geschichtswissenschaft und einer sich historisierenden Sozialwissenschaft müßte dann noch rückgekoppelt werden an die Geschichte der Produktivkräfte und Produktionsverhältnisse.

In der Frauenforschung (als Forschung mit einem spezifischen Erkenntnisinteresse) gibt es erste Arbeiten einer alternativen Geschichtsschreibung, die unser Thema betreffen, etwa die über die „Hexen der Neuzeit" als die andere Seite der abendländischen Rational-Kultur[8].

Damit ist nur ein Programm bezeichnet, das hier auch nicht annähernd ausgefüllt werden kann. Daher wende ich mich der Frage zu, wie es mit dem Verhältnis von kirchlicher Sexualethik und den Geschlechterrollen in der Kirche gegenwärtig bestellt ist. Dazu seien zwei Beispiele ausgeführt, die mir nicht beliebig scheinen: Die Diskussion um Empfängnisverhütung/Schwangerschaftsabbruch und das Verhältnis von Priestern und Frauen.

3. Weibliche Lebensgeschichten und klerikale Herrschaft

Im Jahre 1962 veröffentlichte Marcelle Auclair „Le livre noir de l'avortement", ein Buch mit brieflichen Selbstdarstellungen verzweifelter Frauen, die eine Schwangerschaft abgebrochen hatten. Sie war damals der Meinung: „Sache der Kirche und der Priester ist es, auf die Hilferufe der Gläubigen in den Gewissensnöten des moder-

---

7 Vgl. L. Febvre, La sensibilité et l'histoire. Comment reconstituer la vie affective d'autrefois?: Annales d'histoire sociale, 1941/3, 5—20. Dazu auch: J.-L. Flandrin, Familien (Familles) (Frankfurt 1978); D. Damper/V. Rittner (Hg.), Zur Geschichte des Körpers. Perspektiven der Anthropologie (= Reihe Hanser 212, München 1976); J. van Ussel, Sexualunterdrückung. Geschichte der Sexualfeindschaft (= Rororo-Sexologie 8024/25) (Reinbek bei Hamburg 1970).
8 Vgl. C. Honegger (Hg.), Die Hexen der Neuzeit. Studien zur Sozialgeschichte eines kulturellen Deutungsmusters (= Edition Suhrkamp 743) (Frankfurt 1978) (mit einer ausführlichen internationalen Bibliographie). Dazu auch: H.P. Duerr, Traumzeit. Über die Grenze zwischen Wildnis und Zivilisation (Frankfurt ²1978).

nen Lebens offen und natürlich Antwort zu geben. Ihre Aufgabe ist zweifacher Art: erziehen und Erbarmen haben."⁹

Fragen der Empfängnisverhütung und insbesondere des Schwangerschaftsabbruchs sind in der neuen Frauenbewegung zu einem Brennpunkt von Auseinandersetzungen geworden. Im Streit um die Reform des § 218 in der Bundesrepublik Deutschland hat die Kirche entschiedenen Druck auf den Gesetzgeber ausgeübt, die kirchlichen Moralvorstellungen im staatlichen Gesetz verankert zu lassen und ihre Verletzung mit staatlicher Gewalt zu bestrafen. Und dies angesichts des gleichzeitigen Beharrens auf der Verurteilung wirksamer Methoden der Empfängnisverhütung. Daß es der Kirche nicht nur um den absoluten Schutz des Lebens gehen kann, zeigt ihre Haltung gegenüber geborenem Leben.

Um über die Frage des Schwangerschaftsabbruchs verantwortlich zu sprechen, reicht der Raum dieses ganzen Beitrags nicht. Zur Haltung der Kirche sei nur wiederholt, was Karl Barth in seiner „Kirchlichen Dogmatik" anmerkt: Angesichts des Konflikts zwischen Leben der Mutter und Leben des Kindes habe diese – „in extremen Forderungen gegenüber der Frau nie sparsam!" – etwas „fast schauerlich Respektables"¹⁰. Ob die Haltung der Kirche eher schauerlich oder eher respektabel ist, darüber kann im Letzten nur das Gewissen der konkret existierenden Frau entscheiden.

In der kirchlichen Sexualethik wird den Frauen verbal das Recht auf freie Entscheidung ihres Gewissens zugestanden, dann jedoch wird die Entscheidung und die Autonomie des Gewissens dem „unantastbaren Recht des ungeborenen Kindes auf Leben" untergeordnet, die Auslegung dieses Rechts für das kirchliche Lehramt beansprucht und die Sanktion von Verstößen den staatlichen Gerichten zugewiesen. Statt darauf aufmerksam zu machen (und entsprechende Konsequenzen zu ziehen), wie weit die männlich-technologische Modernität Traditionen wegarbeitet, Lebensmöglichkeiten beschneidet und Leben vernichtet, wird versucht, das Problem als Privatproblem der Frauen zu personalisieren. Die Logik amtskirchlicher Äußerungen läuft darauf hinaus, Frauen pauschal als gewissen- und verantwortungslos zu qualifizieren.

Was Päpste und Bischöfe fürchten, der Mensch könne den Fort-

---

9 M. Auclair, Das tödliche Schweigen. Eine Umfrage über die Abtreibung (Olten 1964) 126.
10 Vgl. Menne, Sexualethik 83.

schritt in der Beherrschung der Naturkräfte und deren rationaler Auswertung auch auf sein ganzes Leben auszudehnen versuchen, das ist bereits geschehen[11]. Der Weg geht nicht zurück zur „alten Natur", in der diese selbst zu sprechen schien. Sexualethik und Geschlechterrollen und in ihnen der Schutz des Lebens können nur gefunden und gesichert werden im Diskurs über und im gesellschaftlichen Kampf um die bewußte Natur, nova natura[12].

Der Familienforscher Edward Shorter ist der Meinung, kein Thema des Intimlebens entziehe sich einer Untersuchung mehr als die eheliche Sexualität[13]. Dem kann man nur bedingt zustimmen: Noch weiter entzieht sich oder wird entzogen das erotisch-sexuelle Leben von „geistlichen" Frauen und Männern. Zwar hat es Versuche gegeben, einige Schleier wegzuziehen: es wurde viel menschliches Elend offenbar. Frauenelend vor allem, denn wenn es auch Verletzungen von Männern gibt, so haben sie doch immer noch die größeren Möglichkeiten.

Frauenelend hat dabei verschiedene Formen, offenbart sich in einer Reihe von Geschlechterrollen in der Kirche, von denen einige genannt seien. Wünsche können unterdrückt werden und untergehen, um als Zwänge wiederaufzuerstehen: die einen verkindlichten Mann total umsorgende, ordnungs- und putzwütige Haushälterin. Bedürfnisse können auf den Weg erzwungener Sublimierung gebracht werden: die den geliebten Priester-Mann glorifizierende, im übrigen „entsagende" Jungfrau. Das Erleben unerlaubter Lust und nachfolgender Schuldgefühle: die in seelische Krankheit getriebene, überforderte Geliebte.

Doch es gelingt noch immer, diesen Problemkreis kollektiv zu verdrängen. Aus verschiedenen Gründen: Viele Betroffene versuchen, ihr Leben wieder „ehrlichzumachen" dadurch, daß sie sich laisieren lassen. „Laisieren" heißt: Den minderwertigen Weg von der Amtskirche erlaubt bekommen, weil man „es nicht fassen" konnte. Wer ihn geht, hat nach meiner Erfahrung Bitterkeit, Wut, Verach-

---

11 Vgl. Menne, Sexualethik 213. Zur Entwicklung des allgemeinen Natur- und Vernunftsbegriffs vgl. C. Urban, Nominalismus im Naturrecht. Zur historischen Dialektik des Freiheitsverständnisses in der Theologie (Düsseldorf 1979).
12 Vgl. D. Claessens, Nova Natura. Anthropologische Grundlagen modernen Denkens (Düsseldorf 1970).
13 Vgl. E. Shorter, Die Geburt der modernen Familie (Reinbek 1977).

tung zu verarbeiten, aber er hat nur selten noch Talent zum Märtyrer, der er würde, wenn er seine Erfahrungen veröffentlichte.

Denn so geht es jenen, die ihre und ihnen bekannte Leiden öffentlich machen: Kirchenmännern ist es ein Leichtes, sie unter Verdacht zu stellen, sie als Querulanten, Wichtigtuer, pathologische Fälle hinzustellen. Das gelingt um so besser, weil auch die gegenüber dem Pflichtzölibat Kritischen sagen: Da wird der Bogen doch überspannt; so zynisch sollte man das nicht formulieren; mit diesen unqualifizierten Anwürfen ist niemandem geholfen und der Sache nicht gedient.

Ein anderer Grund für das Schweige-Kartell ist das Untertauchen derer, die sich „arrangieren", die sich ohne Aufhebens eine passende Lebensform schaffen. Jene Pakte, die um erotisch-sexuelle Beziehungen zwischen Priestern und Frauen geschlossen werden, dürften zu den stärksten überhaupt gehören. Viel Einsamkeit, Heimlichkeit, Begrenzung der Verkehrsformen und mehr oder minder versteckte Anspielungen sind zu ertragen. Die Stärke dieser Priester-Männer ist die Diskretion und die Tapferkeit ihrer Frauen.

Daß die Kirche hier nicht selbst aufdeckt, daß sie ein Geheimwissen von Behörden und Spiritualen hütet, daß sie unter der Hand sehr praktische, aber auch verlogene Anweisungen für den Umgang mit Frauen und den von geistlichen Frauen gibt – dies berührt ihre Rechtfertigung und Autorität im Kern. In solchem „Wahren des Scheins", in solchem Pragmatismus drückt sich sicher die „Erfahrung von Jahrhunderten" aus, aber wohl nicht mehr die für Jahrhunderte.

Allerdings hat solches Verfahren plausible Gründe: Die Aufgabe des Pflichtzölibats würde eine Schwächung des Katholizismus als „politischer Form" bedeuten und die Rest-Macht weiter schmälern. Es hat Logik, daß ein von den Massenmedien als Papst mit „männlicher Ausstrahlung" ausgezeichneter „Heiliger Vater" die priesterliche Notlösung, die Laisierungsverfahren, blockiert.

4. Versuche zur Frauenbefreiung in der Kirche: Ordination und feministische Theologie

Die Frauenbewegung hat auch in den christlichen Großkirchen Folgen gehabt¹⁴. Ein altes Thema – die amtliche Ordination von Frauen – wurde aktualisiert. Ein Vergleich der Studie „Zur Frage der Ordination von Frauen" des Ökumenischen Rats der Kirchen mit der Erklärung der Kongregation für die Glaubenslehre zur Frage der Zulassung von Frauen zum Priesteramt macht die erwartbaren konfessionellen Unterschiede deutlich. Das katholische Ergebnis ist eindeutig: „Die Kirche hält sich aus Treue zum Vorbild ihres Herrn nicht dazu berechtigt, die Frauen zur Priesterweihe zuzulassen."¹⁵

Sich anschließend an C.S. Lewis, deckt H.U. von Balthasar den Hintergrund einer solchen Entscheidung auf: „Gewiß ist die absolute Väterlichkeit Gottes des Vaters und seine Repräsentation durch den Sohn und dessen nochmalige Repräsentation durch den Mann ,etwas, was der Ungläubige unvernünftig, der Gläubige übervernünftig nennen wird'. Aber solches muß es in der Kirche geben, wenn sie die Religion der Offenbarung bleiben soll. ,Wenn wir das undurchdringliche Element aufgeben und nur das wahren, was wir mit Klugheits- und Angemessenheitsgründen vor dem Forum der aufgeklärten Vernunft rechtfertigen können, dann vertauschen wir die Offenbarung mit einer alten gespenstischen Naturreligion', in der es Priesterinnen genug gab."¹⁶

Frauen in der katholischen Kirche kämpfen gegen diese Monopolisierung der Priesterrolle für Männer. Theologen unterstützen sie, indem sie die Lage als traditionell geworden, aber nicht dogmatisch festgeschrieben erklären.

Dieses Vorhaben, das man als Versuch der Gleichberechtigung

---

14 Eine sehr gute Übersicht (mit einem Literatur-Verzeichnis auf dem Stand von 1978) gibt: H. Meyer-Wilmes, Die Bedeutung der sogenannten Frauenfrage für die Kirchen und die Theologie. Eine (vor-)theologische Studie zur Erhellung des weiblichen Lebenszusammenhangs, Diplomarbeit (Münster 1979). Ihr gilt mein Dank sowie C.J.M. Halkes.
15 Deutsche Übersetzung, hg. vom Sekretariat der Deutschen Bischofskonferenz, 5.
16 H.U. von Balthasar im „Nachwort des Übersetzers" zu: L. Boyer, Frau und Kirche (= Kriterien 42) (Einsiedeln 1977) 95.

durch Klerikalisierung der Frau bezeichnen kann, hat gemeinsame Züge mit dem allgemeinen Streben, Frauenemanzipation durch Berufstätigkeit zu erreichen: Einerseits bedeutet dies, überwiegend gleiche Entfremdung wie der Mann auf sich zu nehmen; andererseits ist Berufstätigkeit (wirtschaftliche Unabhängigkeit, Erweiterung des persönlichen Erfahrungsbereichs usw.) notwendige, wenngleich nicht hinreichende Bedingung der Möglichkeit weitergehender Befreiung.

Zu fragen ist, ob die „Vergeistlichung" von Frauen wenigstens diese Ambivalenz weiblicher Berufstätigkeit besitzt. Selbst dann, wenn man in der Amtskirche klerikale Arbeitsmöglichkeiten für Frauen erwägen würde, kämen wohl nur besonders systemkonforme geistliche Frauen ins Gespräch („virgines probatae"). Es mag eine Hoffnung sein, daß bei einer Ordination von Frauen Kirche in keinem Falle so bleiben würde, wie sie derzeit ist; wahrscheinlicher scheint mir, daß nicht die Frauen das Kirchensystem verändern würden, sondern daß die Männerkirche die Frauen verändern würde.

Darüber hinaus würde sich das Elend der Priester im Gebrauch ihrer Erotik/Sexualität verdoppeln. „Beschneidung um des Himmelreiches willen" – wie oft und wie lange gelingt sie auf eine menschlich erwachsene und reiche Weise? Und wie oft beginnt damit eine private Leidensgeschichte, eine Geschichte von Abwehrmechanismen und Ersatzbefriedigungen, religiös getönter Masochismus? Die Päpstin Johanna – wie immer es um ihre historische Gestalt steht – sollte sie nicht ein Phantom oder ein Einzelfall bleiben?[17]

Neben dem Versuch, auf organisatorischer Ebene einen Wandel kirchlicher Geschlechterrollen zu bewirken, gibt es einen anderen hinsichtlich der kirchlich-theoretischen Wissensform, der Theologie. Vor allem in Amerika haben sich Ansätze feministischer Theologie herausgebildet, von denen einige innerkirchlich-reformatorisch, andere radikal-kritisch angelegt sind. Die entschieden kritischen Ansätze sind in ihrer Konsequenz „nachchristlich", halten die christlichen Kirchen für so unveränderlich durchtränkt von Männerherrschaft, daß Frauen in ihnen keine bedeutende Rolle spielen können. Die reformatorisch-christlichen Theologinnen dagegen reklamieren verdrängte Inhalte des Christentums, denen zufolge Mann und Frau „eins in Christus" sind.

---

17 Vgl. K. Völker (Hg.), Päpstin Johanna. Ein Lesebuch mit Texten vom Mittelalter bis heute (= WAT 31) (Berlin 1977).

Einige – nicht unbestrittene – Themen einer solchen feministischen Theologie: Weibliche religiöse Erfahrung; Tod Gottes als Tod des großen Patriarchen und eines phallokratischen Wertsystems; das Symbol der Mann/Weiblichkeit bzw. Weib/Männlichkeit (Androgynie/Gynandrie); eine „andere", nicht entsexualisierte Maria als Symbol für weibliche Erfahrungen; nicht-sexistisches Reden von Gott; Schwesterschaft/Schwesterlichkeit als kritische Kategorie. Viele Themen der „säkularen" Debatte in der Frauenbewegung wurden religiös reformuliert.

Diese „andere" Sprache der Religion steht immer in der Gefahr, reiner Überbau zu werden: Gemüt einer herzlosen Welt, Geist geistloser Zustände, imaginäre Blumen an der Kette. Das Verhältnis von Theologie und kirchlicher Praxis sollte jedenfalls nie außer acht gelassen werden; neben der Frage nach der Wissensform bleibt die nach der Organisationsweise zu stellen: Eine Geschichte von Jesus, der nicht durch Jungfrauengeburt (in welchem Idol sich nach Schubart ein Bedürfnis nach dem Wunderbaren mit Abscheu vor dem Geschlecht mischt) zur Welt kommt, sondern von der jungen Jüdin Maria/Mirjam geboren wird, wird manchen Menschen zusagen – aber auch der Glaubenskongregation? Was ist geholfen, wenn Jesus als einfühlsamer, mit Verständnis für Frauen begabter „wirklicher" Mann erscheint – angesichts des Kardinals-Kollegiums? Haben nicht die „nachchristlichen" Feministinnen und H.U. von Balthasar Recht, die das katholisch-christliche Wissenssystem für so zentral vermännlicht halten, daß jede Nachlese „anderen" Wissens von vornherein als Sammeln der Krumen vom Tische der Reichen erscheint, jedenfalls aber keine andere Praxis begründen kann?

Die Fragen in einer vorläufigen These beantwortet: Die katholisch-kirchliche Sexualethik, die katholisch-kirchliche Modellierung der Geschlechterrollen lassen nicht erkennen, wo Frauen in den Wissens- und Organisationsformen auf absehbare Zeit eine Stellung gewinnen können, die ihrem Streben nach Befreiung gerecht wird. Die Strukturen des kirchlichen Alltags lassen sich nur in den allgemeinen Strukturen verändern.

5. Mutmaßungen zu einem anderen Alltagsleben der Geschlechter

Welche Perspektiven bleiben angesichts kritischer Anfragen zur Ordination von Frauen und zur Entwicklung einer feministischen

Theologie? Damit steht die Zukunft der kirchlichen Sexualethik und die ihrer Konsequenzen für die Geschlechterrollen in der Kirche allgemein zur Debatte.

Die große Zeit kirchlicher Sexualethik begann wohl mit den Bußpraktiken und den Methoden der Aszetik und Mystik des Mittelalters. Sie endete am Ende des 18. Jahrhunderts, als eine neue „Technologie des Fleisches" entstand, „die zwar von der Thematik der Sünde nicht ganz unabhängig war, sich jedoch im wesentlichen dem kirchlichen Bereich entzog". Das „Sexualitätsdispositiv" entstand: Pädagogik, Medizin und Ökonomie machen aus dem Geschlecht eine Laien- und Staatssache, „eine Angelegenheit, in der sich der gesamte Gesellschaftskörper und fast jedes seiner Individuen der Überwachung unterziehen mußten".[18]

Das kirchliche Lehramt hat den Wandel vom „Allianzdispositiv" zum „Sexualitätsdispositiv" nicht mitgemacht, sondern bleibt bei der insbesondere Frauen bedrückenden normativen Kraft der biologischen Natur und der legalen Eheverhältnisse als Zeugungsverhältnisse.

Die Verweigerung gegenüber dem Sexualitätsdispositiv könnte eine produktive Weigerung sein, wenn sie sich argumentativ gegen die neue Beherrschung des Körpers durch seine Pädagogisierung, Medizinisierung, Ökonomisierung richtete. Die kirchliche Ablehnung wendet sich aber gegen die neue Beherrschung im Namen einer alten, kann sich darum nicht als menschenfreundliche und daher insbesondere frauenfreundliche Unzeitgemäßheit erweisen, sondern wird zur bloßen Ungleichzeitigkeit.

Immer weniger Frauen, die sich ihrer Lage und ihrer Aussichten bewußt werden, begreifen sich als Auditorium für diese Ansprache. Gegen kirchliche Fremdbestimmung hinsichtlich Sexualethik und Geschlechterrollen steht die Entscheidung von Frauen zur Selbstfindung, Selbstverständigung, Selbstorganisation. Frauengruppen bieten ein insulierendes Schonklima, das die Sicherheit gibt, Fragen auch an die Männerkirche zu stellen.

Wird eine betroffene Frau, die ihre Erfahrungen lebensgeschichtlich verarbeitet hat, nicht Verbindlicheres zum Schutz des Lebens des Embryos im Mutterleib sagen können als ein greiser Kardinal, der den Vergleich der Praxis des Schwangerschaftsabbruchs mit dem Massenmord an den Juden nicht abwehrt? Kann eine junge Mutter,

---

18 Foucault, Sexualität 140.

die ihren Einzelfall an den Biographien anderer Frauen überprüft, nicht selbstbewußt mit einem Theologen über Normen sprechen, die jener als Buchweisheit von seinen – durchweg männlichen – Kollegen gewinnt? Erzeugt die Fürsprache einer erotisch befriedigten Frau für zeitweilige Enthaltsamkeit nicht mehr Nachdenklichkeit als der Askese-Appell eines Beichtvaters, der die „Melancholie der Erfüllung" (Ernst Bloch) nicht kennt? Wirken Bedenken gegen die „normative Kraft des Faktischen" in einer spätkapitalistischen Gesellschaft nicht eindringlicher aus dem Munde einer Frau, die den Widerspruch zwischen der Klage über Bevölkerungsrückgang bei gleichzeitiger Kinderfeindlichkeit im täglichen Leben erfährt?
Ist ein Vorsprung an Erfahrung wettzumachen durch einen Vorsprung an theoretischer Beschäftigung? Würden Frauen, wären sie entlastet und wohldotiert wie ein verbeamteter deutscher Theologieprofessor, weniger „Durchdringung" sexualethischer Probleme leisten als jener?
Der wachsende Mut zur Selbstverständigung über erotisches Wissen, Bewußtsein, Handeln, in die neben Betroffenheiten, Bedürfnissen, Erfahrungen die kritische Erinnerung von Traditionen eingeht, scheint nicht isoliert lebendig erhalten werden zu können. Er ist Teil eines umfassenden Mutes zum authentischen Leben, in dem Entfremdungen (nicht Bindungen) aufgehoben sind. Wie ein authentisches Leben von Frauen aussehen könnte, daran wird gegenwärtig experimentiert, dafür gibt es kein Rezept und keine bis ins Einzelne ausgearbeitete Vorlage.
Die Meinung, das Besondere der Frauenfrage in der Kirche müsse auf das gesellschaftlich Allgemeine bezogen werden, darf nun nicht dazu führen, die Notwendigkeit vermittelnder Schritte zu leugnen. Solange Frauen in bewußter oder unbewußter Abhängigkeit von Kirchen-Männern berührt werden, muß es einen innerkirchlichen Kampf für die Menschenrechte von Frauen geben. Dabei mag auch eine feministische Theologie, eine feministische Sexualethik ihren Stellenwert haben. In ihr wird schon eine andere Sprache gesprochen, die die Selbstverständlichkeiten der kirchlich üblichen Formelsprache durchbricht[19].

19 Mir hat ein feministisch-theologischer Witz gefallen: Ein besonders verdienter Stammtischkollege darf schon einen Blick in die himmlische Seligkeit tun. Als er zurückkommt, ist er bleich und verstört. Die Freunde dringen in ihn zu sagen, wie Gott denn nun aussehe. Der Himmelsbesucher flüstert: „Sie ist schwarz!"

Letztlich geht es aber nicht nur um eine „weibliche Kultur" als autonomes, also gesellschaftsenthobenes Kunstwerk. Der Kampf um die kirchliche Sexualethik und ihre Konsequenzen für die Geschlechterrollen in der Kirche ist nur Teilschauplatz einer größeren gesellschaftlichen Auseinandersetzung, an die er objektiv angeschlossen bleibt und subjektiv angeschlossen werden muß, sollen Frauen Subjekte ihrer gesellschaftlich bestimmten Geschichte werden.

Das Herausarbeiten eines gesamtgesellschaftlich Neuen geschieht in Widersprüchen; Männer sprechen von der Synthese des patriarchalischen und matriarchalischen Prinzips: mütterliche Liebe durch Gerechtigkeit und Rationalität, väterliche Autorität durch Barmherzigkeit und Gleichheit (Erich Fromm). Oder sie reden – weiter gehend – von der regulativen Idee einer androgynen Gesellschaft, in der Männer wie Frauen anders sind als gegenwärtig; Sensibilität, Rezeptivität, Sinnlichkeit kreativ befreiende Qualitäten für beide sind: von der Emanzipation der Frau zur Emanzipation des Mannes und zur Emanzipation der Gesamtgesellchaft (Herbert Marcuse)[20].

Auch solche Männer, die sich um Einfühlung und Veränderung bemühen, begegnen Frauen, die ihnen antworten, der Mann habe die Schönheit traditioneller weiblicher Qualitäten entdeckt, als Frauen andere, unbequemere zu entwickeln begannen; die Misere des Mannes und seiner einseitigen Lebensform werde beklagt, seit Frauen aggressiv um ihre Gleichberechtigung zu kämpfen anfingen[21].

Vorläufig möchte ich gleichwohl einer Feststellung Marcuses beipflichten: „Aus der Problematik der Gleichberechtigung folgt selbstverständlich nicht, daß die Frauenbewegung den Kampf um Gleichberechtigung zurückstellen oder aufgeben sollte. Aber es gibt offenbar etwas jenseits der Gleichberechtigung. Und wenn dieses ‚Jenseits' nicht von Anfang an im Kampf für die Gleichberechtigung

---

20 Es muß sicher nicht eigens betont werden, daß Marcuse das Gegenteil jener „anthropologischen Revolution" meint, die Pier Paolo Pasolini als das Massenelend verordneter, einheitlicher Identitäten beschreibt. Vgl.: P.P.P., Freibeuterschriften (Scritti corsari). Die Zerstörung der Kultur des einzelnen durch die Konsumgesellschaft (= Quarthefte 96) (Berlin 1978).
21 Vgl. das Gespräch von S. Bovenschen und M. Schuller mit Marcuse in: Gespräche mit Herbert Marcuse (= Edition Suhrkamp 938) (Frankfurt 1978) 65–87.

steckt, in ihm virulent bleibt, dann ist wohl etwas nicht in Ordnung."[22]
Dieses Jenseits der spätkapitalistischen Ausbeutungs-, Konkurrenz-, Verdrängungs-, Wachstumsgesellschaft wird mit Begriffen umschrieben, die traditionell dem Weiblichen zugeordnet werden: bedürfnisorientiert, rezeptiv, sanft, schonend. „Vielleicht wird die wahre Gesellschaft der Entfaltung überdrüssig und läßt aus Freiheit Möglichkeiten ungenützt, anstatt unter irrem Zwang auf fremde Sterne einzustürmen."[23] In den Ideen über das wahre gesellschaftliche Leben ist aufgehoben das Wissen, daß es in ihm kein falsches Leben des Leibes und der Geschlechter geben kann.

---

22 Marcuse, Gespräche 83.
23 Th.W. Adorno, Minima Moralia. Reflexionen aus dem beschädigten Leben (Frankfurt 1969) 207.

Nadine Foley
Zölibat in der Männerkirche

1. Einleitung

Gegenwärtig sieht sich das Amtspriestertum der römisch-katholischen Kirche in zwei seiner traditionellen Eigenarten herausgefordert: in seiner Beschränkung auf männliche Amtsträger und in seiner Gebundenheit an den Zölibat. Die erste Eigenart wird durch Befürworter der Ordination von Frauen zum Amtspriestertum in Frage gestellt, die zweite durch Vertreter aus den Reihen der Priester selbst. Die Charakteristika und Dimensionen der Frage nach der Ordination von Frauen, die heute gestellt wird, sind neue Phänomene in der Kirchengeschichte und erwachsen aus der gegenwärtigen Bewegung für die Befreiung des Menschen und aus ihrer Auswirkung auf die Kirche. Der Streit um den priesterlichen Pflichtzölibat dagegen ist nicht neu, obwohl noch zu keiner Zeit so viele Priester ihrem Amt den Rücken gekehrt haben, wie dies heute der Fall ist. Wenngleich der Pflichtzölibat nicht der einzige Faktor ist, der dieses Phänomen auslöst, so ist er doch eindeutig einer der maßgeblichen Faktoren[1]. Die beiden in Frage gestellten Prinzipien haben aus der Perspektive derer, die die Fragen stellen, zumindest zwei Dinge gemeinsam: 1. Sie gehen aus von konkreter Erfahrung. 2. Das Grundproblem ist ein Problem der Menschlichkeit. Ungeachtet der Komplexität der beiden Sachbereiche treffen sie sich auf dieser Grundlage, und ihre Gemeinsamkeit ist der Grund, weshalb wir das Bild, das die Kirche von der Frau hat, in seiner Beziehung zum priesterlichen Pflichtzölibat untersuchen wollen.

Es ist nicht Absicht dieses Beitrages, zu wiederholen, was zum Thema des priesterlichen Pflichtzölibats bereits gründlich erforscht und veröffentlicht worden ist. Außer den Arbeiten der Wissenschaftler[2]

1   Siehe Karl Rahner, Der theologische Ansatzpunkt für die Bestimmung des Wesens des Amtspriestertums: Concilium 5 (1969) 194; Concilium 8 (1972) zum Thema „Der Zölibat des katholischen Priesteramts".
2   Vgl. beispielsweise die Dokumentation in den in der Anmerkung 1 zitierten beiden Concilium-Heften und Werke wie E. Schillebeeckx, Der Amtszölibat, Düsseldorf 1967.

sind seit 1967, beginnend mit der in diesem Jahr veröffentlichten Enzyklika „Sacerdotalis Caelibatus"[3] Papst Pauls VI., drei autoritative Stellungnahmen der Kirche erschienen. In dem Dokument über das Amtspriestertum der Bischofssynode von 1971[4] ist ein Abschnitt über den Zölibat enthalten, und schließlich hat am Gründonnerstag 1979 Papst Johannes Paul II. dieselbe Frage in seinem Brief an die Priester[5] angesprochen. Die Bedeutung und der Sinn aller drei Verlautbarungen liegt ganz unzweideutig in der Absicht der römischen Kirche, die Forderung des Pflichtzölibats für ihre Priester aufrecht zu erhalten.

Was hier weiter ausgeführt werden soll, betrifft speziell den Zölibat im Zusammenhang mit dem Amtspriestertum, insofern in der Kirche des Westens seit dem zwölften Jahrhundert zwischen beiden eine juristische Verknüpfung hergestellt und aufrecht erhalten worden ist. Eine kirchliche Verpflichtung zum Zölibat ist keineswegs per se eine Verpflichtung für das Amtspriestertum, wie aus der Tradition des nichtklerikalen Religionslebens deutlich hervorgeht. Auf der anderen Seite verlangt die Ordination zum Priestertum für die römische Kirche von Rechts wegen die Beobachtung des Zölibats. Diese Koppelung ist dagegen weder innerer noch notwendiger Art, da Ausnahmeregelungen gewährt werden für Ordinierte aus verschiedenen christlichen Kirchen, die konvertieren, und angesichts der Tatsache, daß die Kirchen des Ostens mit gewissen Einschränkungen einen verheirateten Klerus besitzen. Für den Westen ist der Zölibat für das Amtspriestertum eine Angelegenheit der Kirchendisziplin und durch Kirchengesetz auferlegt.

Das wiederum bedeutet jedoch nicht, daß es in den Reihen der Priester nicht Männer gäbe, die die Ehelosigkeit als die von ihnen frei gewählten Lebensform vorziehen, wie etwa die Ordensgeistlichkeit. Tatsächlich gibt es viele, die dies tun. Sie sind die einzigen, die das echte Ideal des Eheverzichts um des Reiches Gottes willen hoch halten und es in Aufgeschlossenheit für alle Seiten der menschlichen Situation leben in einer Herzenshaltung, die weder ein Manipulieren anderer zuläßt noch die Auferlegung vorbestimmter Beschränkun-

---

3 AAS 59 (1967) 657—697.
4 AAS 63 (1972) 897 ff.
5 Schreiben Papst Johannes Pauls II. an alle Priester der Kirche zum Gründonnerstag 1979: Verlautbarungen des Apostolischen Stuhls 7, Bonn 1979.

gen in den zwischenmenschlichen Beziehungen. Doch ist es ebenso offensichtlich, daß für viele Priester, vielleicht für die Mehrheit, der Zölibat keiner persönlichen Wahl entspricht, sondern während ihrer Vorbereitung auf den Priesterberuf als unerläßliche Bedingung akzeptiert worden ist. Für manche wirkt dieser Zölibat als Störfaktor für ihr seelisches Gleichgewicht und führt zur spirituellen Lähmung[6]. Ihr Dienst ist weder für sie selbst noch für die Menschen, mit denen sie zu tun haben, lebensspendend. Dementsprechend erwächst die eigentliche, reale Frage nach dem Zölibat aus dem existentiellen Zusammenhang zwischenmenschlicher Beziehungen, wie sie von vielen Priestern erlebt und von denen, auf die sie sich beziehen, bemerkt werden.

Die gegenwärtige Forschung im Bereich der Geschichte, der Tradition, der Psychologie, der Soziologie, der Spiritualität und des juristischen Status des priesterlichen Zölibats wurde ausgelöst durch die anhaltende Diskussion über seine Beziehung zum priesterlichen Amt als solchem. Die amtlichen Antworten, von denen Papst Paul VI. Enzyklika die umfassendste ist, führten biblische und theologische Gründe für den priesterlichen Pflichtzölibat ins Feld, für seine kirchliche und eschatologische Bedeutung, seine Beziehung zu menschlichen Werten, soweit sie Grundsätze für die priesterliche Formung und Warnungen vor Gefahren für die priesterliche Treue abgeben. Eins der Themen, von denen sie nicht spricht, das aber implizit in dem Grundprinzip des priesterlichen Zölibats enthalten ist, ist die kirchliche Wertung der Frau, die durch die Zölibatsforderung für den Priester institutionalisiert wird. Dieser Einzelaspekt einer zugegebenermaßen verwickelten Frage, ein Aspekt, der nur für Frauen einleuchtend ist, soll den Hauptpunkt der folgenden Ausführungen abgeben. Hierzu ist zunächst ein kurzer Überblick erforderlich über das, was die Kirche über die Frau lehrt.

2. Kirche und Frau

Der Frau, die kritisch die verschiedenen Abhandlungen über die Frau in amtlichen kirchlichen Verlautbarungen liest, wird recht bald deutlich, daß die Autoren der betreffenden Dokumente bei ihrer

---

6 Siehe Eugene Kennedy, Stress in Ministry – an Overview: Chicago Studies XVIII (Frühjahr 1979) 10–11.

Arbeit die wirkliche Welt der Frau völlig außer Acht lassen und zu ihrer heutigen Erfahrungsweise keinerlei Kontakt haben. Das ist um so bedauerlicher, als Papst Johannes XXIII. die gegenwärtige Zeit als eine Periode verkündete, in der die Erwartungen der Frau, zusammen mit denen der wirtschaftlich und politisch Unterdrückten, auf einen Abbau lange ertragener Superiorität-Inferioritätsbeziehungen drängen, in denen zahllose Menschen gehalten werden und denen die Kirche ihre besondere Aufmerksamkeit zuwenden muß[7]. Papst Johannes identifizierte ganz richtig die neuen Bewegungen als aus der Erfahrung der Menschen erwachsend, eine Erkenntnis, die in dramatischer Form an die Oberfläche gelangte, als während des Zweiten Vatikanums die Konzilsväter begannen, die Situation der Völker der Dritten Welt ins Auge zu fassen. Ihre Bischöfe waren Männer, die ihre Lebensverhältnisse teilten und ihr Elend mitlebten. Das beredte Zeugnis der Bischöfe von ihrer Treue zu ihren armen und notleidenden Völkern und von der Mitschuld der Kirche an der Entstehung der Ursachen dieser Notlage durch ihre mangelnde Aufmerksamkeit, machte auf dem Konzil einen großen Eindruck und änderte radikal seine Richtung. Die Bedeutung der Erfahrung als „locus theologicus" wurde anschließend anerkannt und später dann ausdrücklich formuliert in dem Apostolischen Schreiben „Evangelii nuntiandi" über die Evangelisierung der Welt von heute[8]. Wenn die Kirche heute die Förderung der Menschenrechte für alle Menschen und der sozialen Gerechtigkeit als konstituierendes Element der Verkündigung des Evangeliums verficht, so erwuchs diese Betonung aus der gesteigerten Aufmerksamkeit für die Erfahrung der Völker, die wirtschaftlich und politisch unterdrückt waren, und aus der theologischen Reflexion über diesen Zustand.

Die Bewegung der Frauen zur Erlangung der Freiheit in Gesellschaft und Kirche hat auch ihre Grundlage in der Erfahrung. Doch in diesem Falle gibt es keinen Zugang, durch den ihre Erfahrung bis zu der Ebene vordringen könnte, auf der kirchliche Lehre und Politik formuliert werden. Nur Frauen selbst haben die erforderliche Kompetenz, von ihrer eigenen Erfahrung zu sprechen. Aber sie sind systematisch ausgeschlossen von den ausschließlich von Männern besetzten, zölibatgebundenen, hierarchischen Führungsstellen. Doch gibt es innerhalb dieser Stellen Leute, die über sie, zu ihnen

---

7 Pacem in Terris: AAS 55 (1963) 267 f.
8 AAS 68 (1976) 5—76.

und für sie sprechen. Sie vertreten hartnäckig eine Art „Theologie der Frau", die in sich einen alten Mythos enthält, unbeeindruckt von den Entdeckungen und Erkenntnissen der heutigen Wissenschaften und vollständig ohne Beziehung zur Erfahrung einer wachsenden Zahl von Frauen.

In den verschiedenen kirchlichen Äußerungen werden Frauen ständig angesehen und dargestellt, als hätten sie eine „eigene Natur" und innerhalb der menschlichen Tätigkeit eine „spezifische Rolle" zu spielen[9]. So oft er beteuerte und betonte, wie notwendig es sei, das soziale, wirtschaftliche und politische Wohlergehen der Frauen entsprechend den in der heutigen Welt vor sich gehenden Entwicklungen zu fördern, fügte Papst Paul VI. regelmäßig die modifizierende Einschränkung hinzu, daß dabei die „eigene Rolle" der Frau gewahrt werden müsse. In seiner Ansprache an die katholischen Juristen Italiens im Dezember 1972 erklärte Papst Paul schließlich, was er als einzige Verschiedenheit der Frau ansieht: „Die wahre Befreiung der Frau besteht nicht in einer formalistischen oder materiellen Gleichberechtigung mit dem andern Geschlecht, sondern in der Anerkennung dessen, was die weibliche Persönlichkeit als wesentliches Spezifikum besitzt: der Berufung der Frau, Mutter zu sein."[10] In ganz ähnlicher Weise kreist das Hauptargument der Erklärung zu der Frage einer Zulassung von Frauen zum Amtspriestertum um die Idee von verschiedenen Naturen, die festgelegte Rollen bedingen. „Die gesamte sakramentale Ökonomie basiert in der Tat auf natürlichen Zeichen, auf Symbolen, die dem menschlichen Seelenleben aufgeprägt sind...Die gleiche natürliche Ähnlichkeit ist erforderlich für Personen wie für Dinge: Soll Christi Rolle in der Eucharistie sakramental zum Ausdruck gebracht werden, so bestände diese ‚natürliche Ähnlichkeit', die zwischen Christus und seinem Diener bestehen muß, nicht, wenn die Rolle Christi nicht von einem Mann übernommen würde. In einem solchen Falle wäre es schwierig, in dem Diener das Abbild Christi zu erkennen. Denn Christus war und bleibt ein Mann."[11]

---

9 Siehe meinen Artikel: Woman in Vatican Documents 1960 to the Present: James Coriden (Hg.), Sexism and Church Law (New York 1977) 82—108.
10 The Right to be born: The Pope speaks XVII (Winter 1973) 335.
11 AAS 69 (1977) 98—116.

Die Formeln von den „je eigentümlichen Naturen" und den „spezifischen Rollen", die sich durch sämtliche kirchliche Verlautbarungen hindurchziehen, lassen die zugrundeliegenden scholastischen Kategorien erkennen. In unserem Zusammenhang versteht sich die „eigentümliche" Tätigkeit von irgendetwas als jene differenzierende Tätigkeit, die die Unterschiedlichkeit des Wesens des Betreffenden ausmacht. In klassischer Zeit fanden diese ursprünglich griechischen Seinskategorien ihre konkrete Anwendung beispielsweise in dem „Porphyrischen Baum". Auf der höchsten Seinsebene stand in diesem Schema das menschliche Individuum, das sein ihm eigenes Wesen durch die spezifische Tätigkeit des Denkvermögens, ausgeübt in Vernunft und Willen, offenbarte und sich hierdurch vom Tier unterschied, das seinerseits auf einer niederen Seinsebene seine Eigentümlichkeit durch sein Empfindungsvermögen und die Ortsveränderung kenntlich machte, wodurch es sich als Wesen erwies, das sich über die niederen Organismen, nämlich die Pflanzen usw. erhob, mit denen es im übrigen vieles gemeinsam hatte.

Solche Denkprinzipien sind im Licht einer weiter fortgeschrittenen biologischen Wissenschaft archaisch. Doch muß auf sie zurückgegriffen werden, um deutlich zu machen, was nun eigentlich gemeint ist, wenn in einer derart beharrlichen Weise die Mutterschaft als die eigentümlich spezifische Rolle der Frau hervorgehoben wird. Hier stoßen wir auf eine Anzahl Implikationen. Werden die Elemente der kirchlichen Verlautbarungen im scholastischen Kontext gesehen, so folgt daraus offenbar, daß die Funktionen des Denkvermögens, nämlich Vernunft und Wille, die spezifischen Tätigkeiten des Mannes sind, während für die Frau die spezifische eigene Tätigkeit die Mutterschaft ist.

Ist das aber ein richtiger Denkvorgang, so kann daraus der Schluß gezogen werden, daß es nicht eine menschliche Natur gibt, sondern zwei[12], und daß die der Frau offensichtlich auf einer niederen Stufe der Seinsebene steht als die des Mannes, ja möglicherweise sogar auf einer untermenschlichen Stufe. Dann aber vertreten die amtlichen kirchlichen Stellungnahmen ein Menschenbild, in dessen Rahmen es zwei menschliche Naturen gibt, von denen die der Frau auf ihre biologische Rolle in der Hervorbringung von Nachkommenschaft konzentriert ist. Offenbart sich, wie es bei Anwendung der scholasti-

---

12 Siehe auch André Guindon, L'être femme: deux lectures: Eglise et Théologie IX (Januar 1978) 111–121.

schen Kategorien der Fall zu sein scheint, menschliche Natur durch die Tätigkeit von Vernunft und Willen, dann erweist sich folgerichtig die Frau als weniger denn im Vollsinne menschliches Wesen. Oder um Freuds Satz zu gebrauchen: In ihrer „Biologie liegt Schicksal". Die Gesamtheit ihrer menschlichen Möglichkeiten, einschließlich Vernunft und Willen – wofern diese ihr überhaupt zuerkannt werden –, sind beschränkt und abhängig von ihrer Funktion des Kindergebärens. Diese Schlußfolgerung dürfte indessen unvereinbar sein mit den scholastischen Prämissen, auf denen sie aufbaut, da in diesen kein Unterschied zwischen männlich und weiblich gemacht wird, wenn generell von menschlicher Natur die Rede ist, obwohl in den Perioden, in denen die Scholastik in Blüte stand, die Idee, daß die Frau ein Voll-Mensch sei, wohl niemals positiv in Erwägung gezogen worden ist.

Dieser kurze Versuch, einen begrifflichen Unterbau abzuleiten, auf dem der Sinn dessen, was die Kirche heute über die Frau zu sagen hat, näher untersucht wird, könnte trügerisch erscheinen. Doch scheint dieses Verfahren angesichts der sich dabei ergebenden Evidenz durchaus legitim zu sein. Darin liegt keineswegs die Behauptung, diese philosophische Analyse stelle den Grund dar für die Stellung, in der die Frau in Kirche und Gesellschaft gehalten wird. Vielmehr ist die theoretische Formulierung zweifellos eine nachträgliche Rationalisierung bereits seit langem vertretener Ideen. Das ist indes nicht überraschend im Licht der Theologie des Mittelalters, die diese Idee widerspiegelt[13]. Überraschend ist vielmehr, daß hier bis heute Voraussetzungen verewigt werden, ohne daß man sie im Licht einer weiter entwickelten Biologie und der anderen Humanwissenschaften prüft. Und es verdeckt vielleicht unterbewußte Einstellungen der Frau gegenüber, deren Ursprünge noch weiter zurück liegen.

Die Quelle der Vorstellungen von der Frau als inferior, unvollkommen, unrein, verführerisch und andere verunreinigend ist natürlich älter als die griechische Philosophie. Primitive Völker überall auf der Welt verhinderten jede Art Umgang mit Frauen vor wichtigen männlichen Betätigungen wie Jagd, Staatsgeschäften oder Kriegführung. Frühe Kulturen stellten Blut-Tabus auf und hielten Frauen fern von kultischen Feiern, weil sie angeblich geeignet waren, Heiliges zu

---

13 Siehe Eleanor Como Mc Laughlin, Equality of Souls, Inequality of Sexes: Woman in Medieval Theology: Rosemary Radford Ruether (Hg), Religion and Sexism (New York) 213–266.

entweihen. Umgang mit Frauen, vor allem geschlechtlicher Verkehr, wurde allgemein als Befleckung und Schwächung für den Mann angesehen. Auf den bewußten und unbewußten Ebenen kultureller Gestaltung bestätigen derartige Einstellungen und aus ihnen erwachsende Verhaltensweisen das hartnäckige Fortbestehen einer unterschwelligen Furcht vor der Frau im Zusammenhang mit ihren körperlich-biologischen Vorgängen, namentlich mit ihrer Mutterschaft, ihrer geahnten Beziehung zur Erde und ihrer Fruchtbarkeit sowie ihrer geheimnisvollen Macht über die Männer[14].

Für viele katholische Frauen ergibt sich heutzutage jedoch die Frage, ob die Kirche wirklich begriffen hat, daß sich durch die Menschwerdung Gottes in Jesus Christus ihr Status grundlegend gewandelt hat oder nicht. In den vielen Abhandlungen über den komplementären Charakter der weiblichen Rolle zu der des Mannes, über die unersetzbare, ja exklusive Rolle der Mutterschaft, die sie in Familie, Gesellschaft und Kultur zu spielen berufen ist, und über die unschätzbaren Eigenschaften der weiblichen Persönlichkeit entdecken sie nicht eine Lehre von der Frau, die ihre individuelle Personalität frei macht und fördert, sondern eher eine subtile „theologische" Verstärkung der Wirksamkeit unüberprüfter Prämissen über die Frau, die unvereinbar sind mit ihrem erwachenden Selbstbild.

Zu einer Zeit, in der Frauen berechtigtermaßen ihre volle menschliche Persönlichkeit geltend machen mit allen damit zusammenhängenden Folgerungen für die Beteiligung am sozialen, wirtschaftlichen und politischen Leben, stoßen sie auf eine kirchliche Lehrmeinung, die nicht vereinbar ist mit ihrer sich entwickelnden Selbstidentität. Die Frauen gewinnen den Eindruck, daß die beharrliche Betonung ihrer Rollen – und das Wort ist vielsagend – die bedeutend wichtigere Frage verdrängt, was die Frau nun eigentlich ist: nämlich eine menschliche Persönlichkeit mit einzigartigen ergänzenden Eigenarten und Gaben. Noch bevor die Frau Mutter ist, ist sie Person mit eigener Identität. Mutterschaft ist sicher etwas Edles, doch überlagert sie keineswegs die Personalität. Doch hat in Theorie und Praxis die Idee, die Frau finde in der – natürlichen oder geistigen – Mutterschaft ihre gesamte Identität und Erfüllung, ihre Wirkung getan. Sie hat sich bei Frauen wie Männern festgesetzt, und beide sind dabei abgewertet worden. Heute anerkennen viele Frauen und Männer diesen Sachverhalt und wenden sich einem Vorgang der Selbster-

14 Siehe Wolfgang Lederer, The Fear of Women (New York 1968).

kenntnis zu, unbelastet von den stereotyp gewordenen Schablonen an das Geschlecht gebundener Perspektiven. Sie gewinnen eine Fülle von Erkenntnissen, die sie im Licht des Evangeliums überprüfen können, aus dessen Botschaft der Freiheit ihnen ein Echo ihrer Erfahrung wiederklingt. Und sie bieten der Kirche ein unabsehbares neues Potential für ein tieferes Eindringen in den Sinn des Evangeliums, in dessen Mittelpunkt die Person Jesu Christi steht.
Andererseits ist das, was die Kirche den Frauen bietet und im Großen der Welt als Erklärung gibt, nichts anderes als eine verschleierte Rationalisierung für den untergeordneten Status, in dem die Frauen in Schranken gehalten, abgeschirmt und gehindert werden, in vollem Umfang an den Wirkungen der Menschwerdung teilzunehmen. Durch ein solches Verfahren erhärtet die Kirche die Prämissen einer patriarchalischen Ordnung und verewigt in jeglicher Art von Gesellschaft die Über- und Unterordnungsbeziehungen. Der Widerspruch zu der Erlösungsbotschaft des Evangeliums wird von immer mehr Frauen als Frustration und Beeinträchtigung erlebt. Sie entdecken sich als Opfer einer in der kirchlichen Struktur verkörperten Ideologie, die ihnen keinerlei Möglichkeit beläßt, irgendeinen Anspruch zu vertreten. Der priesterliche Zölibat ist sowohl ein symbolischer Ausdruck dieser unguten Lage als auch ein reales Hindernis zu ihrer Klärung.

3. Priesterlicher Zölibat und Frau: Symbol und Hindernis

Der priesterliche Zölibat ist ein einzigartiges Symbol für die Beziehung der Frau zu der patriarchalischen Kirche. Patriarchalische Gesellschaften institutionalisieren allgemein ihre Idee von der Frau. Die Kirche, die sich selbst als eine einzigartige Gesellschaft bezeichnet, eins „vom Ursprung her in ihrer Natur und in ihren Strukturen"[15], verfährt ebenso in einer ganz einzigartigen Weise, wenn sie Zölibat und Priestertum miteinander koppelt und folglich mit der Autorität und Ausübung der Macht in der Kirche. Die Kirche, der Leib Christi, ist heilig. Ihre Riten sind heilig. Sie ist in ihrem Wesen Sakrament. Sie ist das Haus Gottes und der Wohnsitz Gottes bei den

---

15 Erklärung der Kongregation für die Glaubenslehre zur Frage der Zulassung der Frauen zum Priestertum: Verlautbarungen des Apostolischen Stuhls 3, Bonn 1976.

Menschen, voll himmlischer Gaben für alle Ewigkeit. Mit diesen Sätzen unter anderen beschreibt „Lumen Gentium" den übernatürlichen Charakter und die Sendung der Kirche[16].

Ganz ähnlichen Anspielungen begegnen wir, wenn es um die Darstellung und Beschreibung des Priestertums geht. Ordinierung zum Priestertum ist etwas Heiliges. Während alle Gläubigen in Christus zu einer „heiligen, königlichen Priesterschaft" gemacht worden sind, „haben" einige unter ihnen „in der Gemeinschaft der Gläubigen die geheiligte Macht des priesterlichen Ordo, das Opfer darzubringen und Sünden zu vergeben". Ganz klar und deutlich fügt das Amtspriestertum zur Heiligkeit des Volkes Gottes die Befähigung hinzu, eine heilige Gewalt auszuüben. „In Verbindung mit dem bischöflichen Ordo nimmt der Priester teil an der Autorität, durch die Christus seinen Leib erbaut, heiligt und leitet." Aufgrund des besonderen Charakters, der im Weihesakrament verliehen wird, sind Priester durch die Salbung des Heiligen Geistes „Christus, dem Priester, in solcher Weise gleichförmig gemacht, daß sie fähig sind, in der Person des Hauptes zu handeln."[17]

In seiner Enzyklika „Sacerdotalis Caelibatus" spricht Papst Paul von dem geheiligten Zölibat des Klerus, von dem goldenen Gesetz des heiligen Zölibats, der vollkommenen Keuschheit der Diener der Kirche, die „in besonderer Weise gemäß ist" für die Diener Gottes. Im Gegensatz zur Ehe, die von Jesus erhoben und zum Sakrament gemacht ist, „hat er einen neuen Weg geöffnet, auf dem das Geschöpf, der Mensch, vollständig und unmittelbar dem Herrn anhängend und nur um den Herrn und seine Angelegenheiten besorgt ist"[18].
„Der gottgeweihte Eheverzicht der Diener des Heiligtums macht in der Tat die jungfräuliche Liebe Christi zu seiner Kirche und die jungfräuliche übernatürliche Fruchtbarkeit dieses Ehebundes sichtbar, kraft deren die Gotteskinder nicht aus Fleisch und Blut geboren sind".[19] Papst Paul VI. führt diese Idee noch weiter, wenn er erklärt, der Priester suche, indem er auf die dem verheirateten Manne eigene Vaterschaft verzichtet, „eine andere Vaterschaft, ja eine eigene Mut-

---

16 Dogmatische Konstitution über die Kirche des Zweiten Vatikanischen Konzils.
17 Dekret über Amt und Leben der Priester des Zweiten Vatikanischen Konzils.
18 Vgl. Anmerkung 3.
19 Ebd.

terschaft, in Erinnerung an die Worte des Apostels über die Kinder, die er unter Schmerzen gebiert"[20].
Wenn eine Frau nacheinander in diesem Sinne lautende Schilderungen von der Heiligkeit der Kirche, dem sakralen Charakter des Amtspriestertums und der Heiligkeit des Zölibats liest, wird sie sich sehr klar darüber, daß sie wenig oder keinen Platz im Rahmen dieser Thematik hat. Und sie kann nicht umhin, daraus zu schließen, daß ihr Ausschluß mit den Vorschriften über den Bereich des Heiligen zu tun hat. Zwar kann sie annehmen, daß sie zum Volk Gottes gehört, das als heilig charakterisiert wird. Doch wird die aufmerksame Lektüre anderer kirchlicher Verlautbarungen, die in sich ständig wiederholenden ausschließlich im Maskulinum formulierten Wendungen abgefaßt bzw. darin übertragen[21] sind, bei ihr durchaus einen Zweifel selbst diesem Zugeständnis gegenüber wecken können. In den Abhandlungen über das Priestertum ist kein Platz für sie, und wenn die Rede auf den Zölibat kommt, wird sie sich klar darüber, daß sie im Schatten der Randbezirke der Diskussion angesiedelt ist, namentlich, wenn der Priester gewarnt wird vor den Versuchungen gegen die Berufstreue, gegen die er sich wappnen muß.
Eine offenkundige Bedeutung des Begriffs Zölibat im kirchlichen Sprachgebrauch ist doch wohl „nicht verheiratet mit einer Frau." Obwohl der Form nach negativ, im Gegensatz stehend zu dem beachtlichen Material, das als positiver Gehalt und Wert des Zölibats angeführt wird, hat dieser Begriffsinhalt eine für die Frau kritische Nebenbedeutung. Ist der eigentümliche Charakter der Kirche, ihrer Priester und ihres Zölibats der Charakter der Heiligkeit und ist der nichtzölibatäre Stand ungeeignet für das heilige Priestertum, ungeachtet der Tradition der östlichen Kirche, dann ist damit doch wohl etwas Definitives gesagt über die Frau und über die ehelichen Beziehungen des Mannes zur Frau. Die Frau ist ungeeignet, dem Bereich des Heiligen oder der Person des geheiligten Dieners der Kirche zu nahen. Überdies befleckt der geschlechtliche Verkehr den geheiligten Amtsträger und macht ihn ungeeignet für seine priesterliche

20 Vgl. Anmerkung 5.
21 Die englische Übersetzung von Papst Johannes Pauls II. Enzyklika „Redemptor Hominis" ist hierfür ein typischer Beispielfall: Siehe Origins VIII (22. März 1979) 625—643.

Funktion[22]. Die kirchlichen Dokumente sagen dies nicht in so vielen Worten aus, doch stehen diese Aussagen als unausweichliche Schlußfolgerungen hinter dem, was in der rationalen Begründung für den priesterlichen Pflichtzölibat und der Rhetorik über die eigentümliche Natur, die spezifischen Rollen und die komplementäre Beziehung der Frau zum Manne enthalten ist[23]. Sie legen die Annahme nahe, daß die Kirche den Sinn dessen nicht wirklich akzeptiert hat, was geschehen ist, als Jesus einer von uns – Frau und Mann – geworden ist, uns gleich in allem außer der Sünde.

Der zur Institution erhobene Zölibat hält die Frau fern von der Priesterkaste und erklärt implizit, daß die Kirche in ihrer hierarchischen Ausprägung die Frau nicht braucht. Ganz unbeabsichtigt stärkt Papst Johannes Paul II. diese Schlußfolgerung zweifellos, wenn er behauptet, daß der Priester durch den Verzicht auf die Vaterschaft „eine andere Vaterschaft und selbst eine andere Mutterschaft" sucht, wobei er diese letztere Tätigkeit später einmal als „die ewige Berufung der Frau" bezeichnet[24]. Wie soll eine derart seltsame Androgynie Zeugnis sein für „Symbole, die dem menschlichen Seelenleben eingeprägt sind"? Wenn Priestertum irgendwie Mutterschaft verkörpern, symbolisieren und entsprechend fungieren soll, wieviel angemessener wäre es dann, Frauen zu ordinieren.

Die Tatsache, daß der geheiligte Zölibat aufs engste an die kirchliche Autorität gebunden ist, schafft eine unüberwindliche Schranke gegen die Eröffnung eines Dialogs über die vielen Fragen, die mit der Frau und ihrer vollen Mitgliedschaft und Teilhabe in der Kirche zusammenhängen. Die weibliche Selbsterfahrung als individuelle

22 Siehe Celibacy, Canon Law and Synod 1971: Celibacy in the Church, S. 114, wo James Coriden die Ausführungen Kardinal Enrique v. Tarancons vor der Bischofssynode 1971 zusammenfassend dargestellt hat. Der Kardinal hat hier ausdrücklich erklärt, die Kirche verlange das Charisma des Eheverzichts nicht aus Gründen der „rituellen Reinheit". In der Vergangenheit dagegen war dies entschieden der Fall, und aus der Perspektive der Frau gesehen, ist diese Auffassung offenbar immer noch wirksam. Zur Thematik der „kultischen Reinheit" siehe Schillebeeckx (Anmerkung 2).
23 Demetrios Constantelos erklärt: „Die Betonung des Zölibats verbirgt an sich und unterbewußt in sich die patriarchalische Idee, welche die Frau in eine sekundäre Stellung drängt oder sie als den Weg ansieht, auf dem die Sünde in die Welt gekommen ist": Marriage and Celibacy of the Clergy in the Orthodox Church = Celibacy in the Church 36.
24 Siehe die Ansprache bei einer Generalaudienz: L' Osservatore Romano (Englische Ausgabe) Nr. 3 (564), 15. Januar 1979, 9.

menschliche Person mit ihren eigenen Talenten und Fähigkeiten bildet die entscheidende Evidenz, welche die seit langem herrschenden kirchlichen Verhaltensweisen als falsch erweist. Während die Frauen langsam und mit viel Mühe Einbrüche in die sozialen, wirtschaftlichen und politischen Bereiche der weltlichen Gesellschaft erzielen, sind entsprechende Möglichkeiten in der Kirche schlechthin nicht vorhanden. Innerhalb der offiziellen Kirche gibt es kein Forum für theologische Reflexionen auf der Grundlage der weiblichen Selbst- und Welterfahrung. Die Strukturen des kirchlichen Patriarchats sind abgeschirmt gegen ein solches Bemühen, und viele Frauen sind zutiefst enttäuscht durch den beständigen Affront gegen ihre menschliche Persönlichkeit, den sie erleben bei dem Versuch, sich mit den Ungerechtigkeiten und Unbilligkeiten auseinanderzusetzen, die innerhalb der Kirche fortbestehen.

Bei dieser Frage handelt es sich deutlich um eine Frage der Macht und der Machtausübung. Das Wort „Macht", im Zusammenhang mit der Motivierung der Frau bei ihrem Streben nach voller Gleichheit, bringt die Männer allgemein aus der Fassung. Die klassische Verunglimpfung der Befreiungsbewegung der Frauen besteht in der verachtungsvollen Beschuldigung, die Frauen suchten nur, Macht zu gewinnen. Obwohl das Wort unheimliche Obertöne hat, wenn es um Frauenfragen geht, sollte es für die Realität genommen werden, die es bezeichnet. Grundlegende Macht ist das, was in der Meisterung des eigenen Lebens ausgeübt wird, – sei es in eigener Person, sei es in Abstimmung mit anderen. Sie ist an die Anerkennung dessen gebunden, daß der Betreffende im Vollsinne Person ist. Das ist die Macht, die die Frauen in der weiteren Frauenbewegung erstreben und unter deren Aspekt sie ihre Stellung in der Kirche ins Auge fassen. In einer Hinsicht betrifft dieses Problem alle Laien, die Frauen jedoch in einer besonderen Weise.

Während die Laienschaft generell in der Kirche keine Rechte genießt, sind die Frauen als undifferenzierte Klasse doppelt ausgeschlossen. Keine Frau kann die Demarkationslinie zwischen Kleriker und Laien überschreiten. Es ist daher recht merkwürdig, daß im Nachgang zu den amtlichen Verlautbarungen über die Frau und das Amtspriestertum die Notwendigkeit beteuert wird, daß Frauen in die Entscheidungsfindung einbezogen werden[25]. Jegliche wichtigere

---

25 Erzbischof Joseph Bernardin, „Statement": Anne Marie Gardiner (Hg.), Women in Catholic Priesthood: an Expanded Vision (New York 1976) 195.

Entscheidung in der Kirche wird auf den höheren Stufen der zölibatären kirchlichen Hierarchie getroffen, auf denen selbst der niedere Klerus wenig Einfluß besitzt und von denen die Frau kategorisch ausgeschlossen ist.

Die übliche Erfahrung der Frauen bestätigt diese Realität nach wie vor. Frauen können ihre Angelegenheiten nicht einmal direkt vor die nationalen Bischofskonferenzen bringen. Leiterinnen von Kongregationen weiblicher Religiosen sehen die Wege zur Diskussion gemeinsamer Anliegen mit den Bischöfen blockiert, während von seiten der Bischöfe einseitig Entscheidungen gefällt werden, die das Wohlergehen ihrer Gemeinschaften betreffen. Frauen mit qualifizierter beruflicher Ausbildung und Erfahrung dienen in Diözesanämtern nach wie vor in Stellungen, in denen sie Priestern mit geringerer beruflicher Qualifikation untergeordnet sind. Frauen bekommen von kirchlichen Amtsträgern hoher Ränge gesagt, sie besäßen nicht die Kompetenz, sich an Projekten wie etwa der Reform der kirchenrechtlichen Bestimmungen über Religioseninstitute zu beteiligen, und sie verfügten nicht über die Art von Urteilsfähigkeit, die für die Ausübung einer richterlichen Tätigkeit am Ehegericht erforderlich sei.

Wenn neue liturgische Rollen für Laien geschaffen oder der Zugang zu ihnen für Laien geöffnet wird, so ist damit beabsichtigt, sie männlichen Laien zugänglich zu machen. Das Dekret Ministeria Quaedam[26] ist ein Beispielfall dafür. Frauen können weder die Ränge von Akolythen, Lektoren, außerordentlichen Dienern noch von ständigen Diakonen oder Predigern erlangen. In einer gönnerhaften Laune wird ihnen dann gesagt, „die Kirche schulde Frauen im Laien- wie im Religiosenstand in hohem Maße Dank für ihren Einsatz und ihren liebevollen Dienst"[27], eine besonders aufschlußreiche Art von Erklärung, insofern sie die Frauen außerhalb der „Kirche" stellt. In diesem Sinne ist es eine ehrliche Feststellung des Status quo, wie Frauen ihn erleben. Und so ließe sich die Litanei repressiver Erfahrungen fortsetzen.

---

26 Herbst 1972. Nach den Beteuerungen des Wunsches der Mutter Kirche, „alle Gläubigen" zur vollen, bewußten und aktiven Teilnahme an den liturgischen Feiern zu führen, wird in Regel 7 ausgeführt: „In Übereinstimmung mit der ehrwürdigen Tradition der Kirche bleibt die Übertragung der Ämter des Akolythen und des Lektors den Männern vorbehalten."
27 Erzbischof Joseph Bernardin (Anmerkung 25).

Gewiß gibt es Durchbrüche in vielen Einzelbereichen, namentlich in örtlichen Situationen und unter Menschen – Männern und Frauen, Priestern, Religiosen und Laien –, bei denen das Empfinden für die fundamentale Ungerechtigkeit wächst. Außergewöhnliche Präzedenzfälle sind in manchen Situationen geschaffen, in denen pastorale Erfordernisse auf dem Spiel stehen. Das Dokument „Die Rolle der Frau bei der Verbreitung des Evangeliums" hält fest, daß in Missionsgebieten Frauen Pfarreien verwalten, predigen, taufen und Trauungen beglaubigen dürfen[28]. In solchen Fällen entwickelt sich unter dem Druck des Priestermangels eine Verbesserung der Rechte der Frau, parallel zu dem, was in der Gesellschaft schlechthin langsam eintritt. Aber innerhalb der Kirche kann diese Entwicklung nicht mehr weiter voranschreiten. Denn danach ist eine Linie gezogen, über die hinaus kein Weg führt. Und sie ist gekennzeichnet durch die Institution des den Männern vorbehaltenen zölibatären Priestertums.

Die Zugeständnisse, die Frauen gemacht werden, sind Ausnahmen und Herablassung. Sie erleichtern keineswegs die radikale Ungleichheit, auf die Frauen in der Praxis stoßen, wenn sie erleben, wie die Mitglieder des elitären priesterlichen Korps sich diesen Grundsatz zueigen gemacht haben. Ihre gesamte Ausbildung hat die Priester darin bestärkt, was vielleicht eine unbewußte Erkenntnis ist: daß sie niemals auf der Ebene der Gleichheit zu einer Frau in Beziehung treten dürfen. Daraus erwächst eine eingefleischte Haltung, die die Frauen als inferior ansieht und die sich gewohnheitsgemäß darin äußert, daß man sie einerseits unter klerikale Bevormundung und Schirmherrschaft stellt, andererseits immer wieder das Lob des weiblichen Standes beteuert. Bei dieser frauenfeindlichen Mentalität der Priester reicht die formelle Lehre der Kirche über die Frau in die alltäglichen Ereignisse hinein, bei denen Frauen und Mitglieder des Klerus aufeinander einwirken. Immer häufiger sind solche Situationen die einzigen, in denen Priester und Frauen, Laien und Religiosen sich im kirchlichen Dienst engagieren. Die Ergebnisse sind oft schmerzlich für die beteiligten Personen und unreparierbar nachteilig für das geistliche Amt.

Der gesamte Bereich kann nur von Priestern selbst in adäquater Wei-

---

28 Siehe Katherine Gilfeather, The Changing Role of Women in the Catholic Church in Chile: Journal for Scientific Study to Religion XVI (März 1977) 39–54.

se in Angriff genommen werden. Doch dabei wird evident, daß die sogenannte „Krise des Priestertums" an ihren Wurzeln eine Identitätskrise ist: die Folge der starren Koppelung von Autorität und Zölibat in seiner Auswirkung auf das Leben der Priester. Auf der Ebene der praktischen Erfahrung erkennen viele Priester tatsächlich die Bedeutung dessen, was Schillebeeckx meint, wenn er sagt: „Zölibat gehört nicht zu der Art von Dingen, die man aufnehmen kann, nur weil man seinen Weg mit etwas anderem weitergehen muß."[29]

In einem scharfsinnigen Artikel über den Zölibat geht Rodger Balducelli seiner biblischen Grundlegung in der Lehre Jesu einerseits und dem Ursprung der Entscheidung für den Zölibat bei denen nach, die diese Entscheidung treffen. Er schildert, wie die Wirklichkeit des Reiches Gottes einen Menschen so ergreifen kann, daß die Entscheidung für den Zölibat aus einer existentiellen Unfähigkeit erwächst, etwas anderes zu wählen. Die Entscheidung „um des Reiches Gottes willen" (Mt 19, 21) wird von Balducelli als ein Fall von Ehelosigkeit gedeutet, die den Betreffenden mehr in ihren Bann schlägt, als daß sie das Ergebnis einer wohlerwogenen Entscheidung für die Ehelosigkeit um des kommenden Reiches willen wäre. „Das Ereignis des Eheverzichts muß als etwas verstanden werden, das im Rahmen einer größeren religiösen Erfahrung eintritt und als deren existentielle Auswirkung."[30] Erfolgt dann eine Entscheidung für den Zölibat in dem besonderen Bereich des Verhältnisses eines Menschen zu Gott, so kann sie von keinem in Regie genommen werden, weder von dem einzelnen selbst noch von irgendjemandem sonst. Ganz sicher aber kann sie nicht durch Gesetz befohlen werden. Natürlich ist es möglich, daß Menschen, die nach dem Priestertum streben, auch dadurch zur Wahl der Ehelosigkeit angetrieben werden, daß Gott in ihrem Leben wirksam wird. Ist das jedoch nicht der Fall, so ist Zölibat für sie eine Gesetzesbefolgung, die die Verhinderung der Ehe mit sich bringt und die Notwendigkeit, die Verteidigung dieses Verbotes gegen die angenommene Gefahr zu verstärken, die die Frau darstellt. Eine naheliegende Konsequenz für den Priester, die bisweilen unter der Verkleidung als „Pastoralpsychologie"[31] zutage tritt, ist die Ten-

---

29 A.a.O. 120.
30 Decision for Celibacy: Theological Studies XXXVI (Juni 1975) 227f.
31 Ein besonders bedrückendes Beispiel ist Willibald Demal, Pastoral Psychology in Practice (New York 1955) 54—65.

denz, Geschlechtlichkeit und Frau herabzusetzen. Nur Priester wissen, in welchem Umfang sie versteckt und offen aus einer solchen Geisteshaltung heraus reden und handeln. Aber Frauen können es intuitiv erkennen.

Die Folgen des zölibatär-patriarchalischen Systems werden einzig und allein von den Priestern erfahren und bilden für viele Priester eine Quelle ständigen seelischen Druckes. Psychologische wie soziologische Untersuchungen haben erkennbar gemacht, welchen Schaden die Zölibatsverpflichtung an der Persönlichkeit vieler Priester angerichtet hat, die dadurch jeglicher menschlicher Intimitätserfahrung verlustig gehen. Aber der Priester ist auch eingeschlossen in ein Kontrollsystem, das ihn in wirksamer Weise umfaßt hält, zugleich aber von ihm fordert, daß er ein selbst nicht partizipierender Sprecher für eine von oben her gesetzlich festgelegte autoritäre Kirchenpolitik ist. In engem Kontakt mit den seelsorglichen Bedürfnissen des Volkes stehend, sieht er sich oft in Konfliktsituationen, ohne daß er die Befugnis hätte, auch im Gefühlsbereich an niederschmetternden menschlichen Problemen des gläubigen Volkes Anteil zu nehmen[32]. Geschieht dies, so erlebt der Priester seine Entpersönlichung auf seine eigene Weise und lernt die Auswirkungen des patriarchalischen Systems auf diejenigen kennen, die in den untersten Schichten tätig sind.

Einsichten in dieses Phänomen stammen von Männern, die im Gefolge der Frauenbewegung begonnen haben, die Quellen ihrer eigenen Unterdrückung zu erforschen[33]. Joseph H. Pleck hat über die Arten und Weisen geschrieben, wie die herrschende Macht in einem patriarchalischen System Frauen, Männer und Gesellschaft beeinflußt. Dabei bemerkt er, daß unter einem patriarchalischen System „menschliche Beziehungen zu anderen Menschen sich nur nach patriarchalischen Normen bilden und gestalten können, obwohl sie weniger offensichtlich sind als die Normen, die die Mann-Frau-Be-

---

32 Siehe Richard A. Schoenherr, Holy Power? Holy Authority? and Holy Celibacy?: Celibacy in the Church 234—235; Cletus Wessels, Priest's Liberation: Priests for Equality (Juli 1979) 1—4.
33 Einen Überblick über die Literatur dieser Bewegung gibt James B. Harrison, Men's Roles and Men's Lives: Signs, Journal of Women in Culture and Society IV (Nr. 2, 1978) 324—336.

ziehungen beherrschen"[34]. Welches diese Normen in der zölibatär-patriarchalischen Kirche sind, können Priester durch Bemühungen der Bewußtseinsweckung entdecken. Doch natürlich werden die befördert, die sich die Werte der Institution in der beispielhaftesten Weise zueigen machen und entsprechend zu höheren Ämtern berufen werden. In weltlichen patriarchalischen Gesellschaften entsprechen die Rangordnungen den Kriterien für die Maskulinität, wie die betreffende Gesellschaft sie sich zueigen macht. In der Kirche, wo der Zölibat das Potential der „Maskulinität" im Sinne des weltlichen Mannes-Bildes verringert, zeigen die Autoritätsebenen immer noch Grade der Macht an. Die auf den untersten Stufen der hierarchischen Leiter stehen, verfügen über die geringste Macht, ja sie stehen faktisch dem weiblichen Status der „Unterklasse", die jedes patriarchalische System braucht, am nächsten. Angesichts der Regeln und Normen, nach denen jedes patriarchalische System funktioniert, ist es für einen Mann – und Priester bilden da keine Ausnahme – eine unerfreuliche Situation, dazuzugehören.

Es darf demnach nicht überraschen, daß sich Priester, wenn sie ein Gespräch über den Zölibat beginnen wollen, in dem seltsamen Netz fangen, das von den Ufern des Zölibats und der Autorität aus gewoben ist. Und in diesem Falle teilen sie mit der Frau die Erfahrung, daß es für sie keine Zuflucht gibt. Ihnen wird von höherer Stelle die Möglichkeit genommen, an einer Entscheidung über den Zölibat teilzunehmen. Folglich gibt es keinen Weg, daß ihre Erfahrung zu einem „locus theologicus" wird, der als Ausgangsbasis dienen kann, von der aus die Kirche sich zu neuen Ebenen kirchlichen Verständnisses und neuer Ausdrucksformen der Art und Weise öffnet, auf die Jesus Christus die Freiheit seiner Jünger gewirkt hat.

Letztlich ist die eigentliche Frage für die Kirche, die den Problemen der Frau und des priesterlichen Zölibats zugrundeliegt, ihr Zeugnis für die Inkarnation in ihren Gliedern und in ihrer kirchlichen Amtsorganisation. Und ganz offenbar liegt der Kern des Ganzen in der menschlichen Sexualität, einem Bereich, der dringend einer soliden theologischen Fundierung bedarf, die ihrerseits aus den seit über hundert Jahren durchgeführten Studien der Humanwissenschaften ihren Nutzen zieht und für die quälenden Probleme der Menschen

---

[34] Men's Power with Women, Other Men and Society: A Men's Movement Analysis: Women and Men, the Consequences of Power (Cincinnati 1976) 16.

angesichts des wirren moralischen Klimas dieser Zeit eine neue ethische Orientierung bietet. Leider werden, bis dieses Werk getan und in der Kirche wirksam geworden ist (ein Projekt, in dessen Bewältigung die Frauen direkt einbezogen werden müssen), die Schwierigkeiten hinsichtlich der Fragen der Frau in der Kirche und des priesterlichen Zölibats und seiner Beziehungen zum Amt des Priesters weiter bestehen bleiben, und unnötige Beschränkungen werden weiterhin das Potential der Kirche bei ihrem Zeugnis für Christus in der Welt einengen.

In ihrem Dokument „Die Rolle der Frau bei der Verbreitung des Evangeliums" schreibt die Kongregation für die Glaubensverbreitung: „Zweifellos leiden Ordensschwestern oft und tief beim Anblick des vernachlässigten Zustandes christlicher Gemeinden, die bedroht sind von dem Verlust von Lebenskraft und vom Untergang. Ihre Bitten um größere pastorale Verantwortung entspringen diesem Schmerz und nicht einem Geist der Anmaßung. Diese Bitten sollten voll Sympathie und mit der durch die Umstände erforderten Dringlichkeit geprüft werden."[35] Hier ist auf „Schwestern" Bezug genommen. Tatsächlich aber betrifft das, was hier geschildert ist, viele Frauen und Männer, die nach Mitteln und Wegen Ausschau halten, wie sie in größerem Umfang in den Dienst der Kirche einbezogen werden können. Doch geschlechtsbedingte und durch den Zölibat errichtete Schranken hindern sie, Kommunikatoren der heilenden, versöhnenden und gefeierten Liebe Christi in der Welt zu sein. Gleichzeitig wird dadurch das Potential der Kirche für die Erfüllung ihrer Sendung in der Welt begrenzt. Die „durch die Umstände erforderte Dringlichkeit" ist groß. Doch für die führenden Leute der Kirche ist sie noch nicht groß genug, den Dialog aufzunehmen, auf die Glieder ihrer Kirche zu hören und zu entdecken, welch große Reserven an Dienstbereitschaft für das Werk der Verkündigung des Evangeliums zur Verfügung stehen.

In dem Maße, wie die Zahl der Priester schwindet und mehr und mehr hochmotivierte Frauen enttäuscht sind von einer Kirche, die sie aussondert und von sich fern hält, verliert die Kirche zweifellos an wertvollem verfügbarem Personal. Doch verliert sie noch etwas viel Wesentlicheres: ihre Glaubwürdigkeit als Zeugin für den, der gekommen ist, damit „alle Leben haben und es in größerer Fülle haben" (Joh 10, 10). Was bleibt, ist die höchst sichtbare zölibatär-

---

35 Vgl. Anmerkung 28.

patriarchalische Kirche, die mehr ihre eigene Botschaft der Intransigenz verkörpert als die vom Geist ihren Gliedern geschenkten Gaben und als die reale Welt der Frauen und Männer, für die selbst heute das Wort Fleisch geworden ist.

Elizabeth Carroll

Kann die Herrschaft der Männer gebrochen werden?

T.S. Eliot hat geschrieben: „Das, was wir waren, wird jeden Augenblick neu und grundsätzlich in Frage gestellt."[1] Der Titel dieses Aufsatzes will eine solche grundsätzliche Infragestellung einleiten. Die Frage „Kann die Herrschaft der Männer überwunden werden?" scheint anzunehmen, daß die Herrschaft der Männer tatsächlich gegeben ist, daß sie schlecht ist, und vielleicht auch, daß sie unvermeidbar ist. Dieser Aufsatz wird die erste Annahme zu nuancieren versuchen, die zweite beweisen, Gründe angeben, um die dritte zurückzuweisen, und in all dem eine positive Antwort auf die Titelfrage geben. Um all das zu leisten, werden wir uns auf die Ergebnisse der Verhaltens- und der Gesellschaftswissenschaften stützen, darüber im Licht einer christlichen Anthropologie reflektieren und einige Richtlinien für ein Handeln zu formulieren versuchen, das uns auf den Weg zu einer Gesellschaft bringt, in der Liebe und Gegenseitigkeit wirklicher und wahrer werden.

1. Die Tatsachen

„Herrschaft" ist das grundlegende Prinzip für den Aufbau der Gesellschaft und das Verhalten der Individuen, das davon ausgeht, daß die Beziehungen unter den Menschen in einer Gesellschaft nur funktionieren können, wenn eine Gruppe oder wenigstens einige Individuen einer Gruppe das Recht haben, andere zu beherrschen. Es gibt meistens einen Unterschied in Rasse, nationaler Herkunft, sozialer Schichtzugehörigkeit, Religion oder Geschlecht zwischen denen, die herrschen, und denjenigen, die beherrscht werden. Jede Herrschaft geht darauf zurück, daß den Menschen zur Überwindung der Unterschiede zwischen ihnen nur die reine Macht als Mittel übrigbleibt. Das „Andere", Unterschiedliche, wird dann als das Minder-

1 T.S. Eliot, Four Quartets (New York 1943) 26.

wertige und Untergeordnete betrachtet, in die eine oder andere Form von Abhängigkeit gezwungen und in ihr gehalten. Die Herrschaftsausübung geschieht normalerweise in hierarchischer Über- und Unterordnung[2].

Mit der Ausübung von Herrschaft kann sehr unterschiedliches Verhalten einhergehen: von der Anwendung und Androhung physischer Gewalt bis zum warnenden oder strafenden Blick. Am gefährlichsten, weil am undurchschaubarsten, aber ist die Form der Machtausübung, die in der Struktur des gesellschaftlichen Lebens, der Wirtschaft, Politik oder Religion so angelegt ist, daß der Ausschluß der untergeordneten Gruppe von der Teilnahme an dem erwirtschafteten Reichtum, an den erkämpften Rechten oder an den Entscheidungsprozessen zum Wesen der Dinge zu gehören scheint. Um diese Formen der Unterdrückung zu rationalisieren, werden Ideologien entwickelt, die erklären sollen, weshalb die Dinge vernünftigerweise so sein müssen, wie sie sind. Durch die Trägheit der Gewohnheit werden nach einer bestimmten Zeit ein solches System der Herrschaft und die entsprechende Ideologie von allen angenommen, nicht nur von den Herrschenden, in deren Interesse sie liegen, sondern auch von den Beherrschten, auch wenn sie dadurch in ihrer Menschlichkeit angetastet und verletzt werden. „So ist es halt" oder „So hat es eben kommen müssen" ist die fatalistische Reaktion besonders der Untergeordneten, die dann das tatsächlich Gegebene für das einzig Mögliche halten, mit dem man sich arrangieren muß.

Die Herrschaft der Männer ist das allgemeine Prinzip der Herrschaft, das jetzt in dem Unterschied der Geschlechter seine konkrete Anwendung und Möglichkeit sucht. Man hat die Gründe für die sogenannte Überlegenheit der Männer mit biologischen, psychologischen oder sozialen Argumenten und „Gegebenheiten" zu erklären versucht: der Mann hat mehr Muskeln und ist deshalb von Natur aus auch stärker, oder: die totale Unkenntnis der eigentlichen Vorgänge der menschlichen Fortpflanzung ermöglichte von Anfang an eine bestimmte Rollenverteilung, die dann auch weiter aufrechterhalten wurde, oder: primitive Ängste und sexuelle Phantasien der Männer brachten sie von vornherein dazu, der Bedrohung, die von der Frau für sie ausging, durch Zwang und mit Hilfe ihrer physischen Überlegenheit vorzubeugen, schließlich: von ihrer ganzen Veranla-

---

2 E. Boulding, The Underside of History (Colorado 1976) 38.

gung und von ihren Interessen her waren Frauen schon immer auf Haus und Kind fixiert.

Einige Soziobiologen sehen die Ursprünge für die männliche Herrschaft schon in den primitivsten Stadien der Menschheitsgeschichte, ja schon im Verhalten der Primaten und Menschenaffen angelegt. Für ihre Argumentation ist der Unterschied in bezug auf die physische Kraft zwischen Mann und Frau grundlegend[3]. Andererseits meinen heute viele ernsthafte Wissenschaftler, daß in der Zeit, da die Menschen noch Sammler und Jäger waren, Verhaltensmuster, die von der Gleichberechtigung beider Geschlechter ausgingen, vorherrschten: die physische Kraft der Männer sei damals nicht die einzige Quelle des Wertes gewesen. Damals waren „die kognitiv-analytischen, die symbolisch-ästhetischen und die Gesellschaft und Gemeinschaft ermöglichenden und fördernden Talente von Mann und Frau voll entwickelt und wurden auch voll eingesetzt"[4].

Während der Jungsteinzeit scheint, gefördert durch die Entdeckung der Landwirtschaft, die furchteinflößende und geheimnisvolle Fruchtbarkeit der Frau das soziale Denken beherrscht zu haben. Es war die Zeit des „Kultes der Großen Mutter", der Muttergottheiten. Das neue Wissen um die große Rolle der Fruchtbarkeit prägte das ganze kulturelle Leben, und dies war so „der große Augenblick der Frau in der Geschichte"[5]. Als aber die Metallverarbeitung entdeckt wurde, besonders als in der Eisenzeit Pflüge und Waffen aus Eisen eingesetzt wurden, trat der Unterschied in physischer Stärke zwischen Mann und Frau stärker ins Bewußtsein. Beutezüge und Eroberungskriege, „eher auf die Aneignung fremden als auf die Erarbeitung eigenen Wohlstandes bedacht", gingen zusammen mit der Entstehung der Mythen von Kriegsgöttern. Der Mutterkult verblaßte und geriet in Vergessenheit[6]. Männer wußten jetzt um ihre Vaterrolle in der Erzeugung des Menschen und betrachteten ihre Frauen als Gefäß, dem sie ihren mächtigen und allein genügenden männli-

---

3 Zum Beispiel R. Andrey, The Social Contract (New York 1970); L. Tiger, Men in Groups (New York 1971); L. Tiger/J. Sheper, Women in the Kibbuz (New York 1975).
4 Boulding, a.a.O. 77.
5 Ebd. 111—156.
6 Ebd. 170—172; 192—193. Für die Diskussionen über die Mutterkulte konsultiere man S. Pomeroy, Goddesses, Whores, Wives and Slaves (New York 1976) 13—15.

chen Samen anvertrauen konnten, damit er dort wachse und reife[7]. Besonders die Entwicklung der Städte, die damit einhergehende Differenzierung der gesellschaftlichen Aufgaben und die Entstehung sozialer Schichten und Gruppen verminderte noch weiter die Wertschätzung der Frau. Elise Boulding schreibt darüber: In einer Stadt „gibt es eine Menge materieller Güter verschiedener Art, in ihr gibt es auch Frauen; für Männer aber ist es der Ort, wo sie erst richtig sich zu verwirklichen anfangen"[8]. Die Zuständigkeit der Frauen, besonders der Frauen, die ein typisches Produkt der Städte sind: der Frauen aus der Mittelschicht, wurde immer mehr eingeengt auf die häuslichen Aufgaben. Dies verhinderte aber nicht, daß arme Frauen sich im Bergbau und an verschiedensten Arbeitsstätten verdingen mußten; aber auch dort wirkte die niedrige Einschätzung der Frau sich aus in den elenden Bedingungen, unter denen sie arbeiten mußte, und dem geringeren Lohn, den sie für ihre Arbeit erhielt. Wenn Frauen außer Haus arbeiteten, dispensierte sie das keineswegs von der ganzen psychologischen Belastung und Arbeit in Haushalt und Familie.

Elise Boulding ist der Meinung, daß diese doppelte Arbeitsbelastung einer der wichtigsten Gründe ist, weshalb die Frauen so leicht vom politischen und öffentlichen Leben ausgeschlossen werden konnten und können[9]. Denn auch noch heute beträgt sowohl in den kapitalistischen als in den sozialistischen Ländern, sowohl in den Entwicklungsländern als in den reichen Ländern auf der ganzen Erde der Durchschnittslohn der Frau weniger als zwei Drittel dessen des Mannes. Die Anzahl der Frauen, die weder schreiben noch lesen können, ist weit höher als die der männlichen Analphabeten[10]. Dadurch aber sind die Frauen auch sehr stark behindert in ihrer Möglichkeit, kritisch ihre Gesellschaft zu betrachten und Wege zu finden, sie zu ändern. Der Zugang zu öffentlichen Aufgaben oder zu Aufgaben mit

---

7 Pomeroy, a.a.O. 4.
8 Boulding, a.a.O. 191.
9 Ebd. 146.
10 C. Safilios Rothschild, The Current Status of Women, Cross-Culturally: Theological Studies 36 (1975) 577—604. E. Boulding erzählt, daß es viele alte Geschichten gibt, in denen die Frau mit der Erfindung des Alphabets in Zusammenhang gebracht wird. (Dies wäre dann ironischerweise eine Bestätigung für die Fähigkeit der Frauen, analytisch zu denken, besonders wenn man an die späteren Märchen denkt, daß sie kaum intellektuelle Fähigkeiten besäßen, und daran, daß man ihnen deswegen das Lesen und Schreiben verwehrte.)

großer Verantwortung in Politik, Wirtschaft und Religion wird ihnen nur widerstrebend geöffnet, auch wenn Frauen sich schon längst das Wissen und die Ausbildung erkämpft haben, die zur Ausübung dieser Aufgaben nötig sind.

Der Ausschluß der Frauen vom öffentlichen Leben, der auf die Zeit der Gründung der ersten Städte und der ersten Großreiche zurückgeht, ist unter Berücksichtigung der Tatsache, daß das Maß des Ausschlusses durch die Jahrhunderte variierte und es die Ausnahmen gab, die die Regel bestätigten, eine bleibende Gegebenheit in der weiteren Geschichte der Menschheit und dauert bis heute an. Die Tatsache, daß auch in der Religion immer Männer bestimmten, gab dem allgemeinen Patriarchalismus auch noch religiöse Bestätigung und Autorität.

Die Kirche, die aus einer patriarchalischen Tradition kam (d.h. aus dem jüdischen Gesetz, vor allem wie es zur Zeit Jesu gehandhabt wurde), sah für die Frau keinen anderen Platz vor als häusliche Aufgaben. Wenn die Frau geschätzt wurde, war es nicht wegen ihrer eigenen Person, sondern wegen des Mannes, von dem sie geheiratet worden war, und wegen der Kinder, die sie geboren hatte (vgl. 1 Tim 2, 15). Der Bund Gottes mit den Menschen wurde durch die Beschneidung zum Ausdruck gebracht, aber bekanntlich werden nur Männer beschnitten. Frauen waren nicht verpflichtet zu den Zeiten des täglichen Gebetes, sie brauchten nicht am Kult im Tempel teilzunehmen. Es war nicht nötig, daß sie etwas Besonderes lernten oder gar studierten, auch nicht die Thora. Vor dem Gericht hatte ihr Zeugnis keinen Wert, und in der Öffentlichkeit sollten sie schweigen, auch ihrem Mann gegenüber und auf jeden Fall, wenn ein Rabbi anwesend war. Der jüdische Mann dankte jeden Tag ausdrücklich Gott, daß er keine Frau war. In einem solchen Kontext[11] trat Jesus auf, aber er wollte den Menschen die erlösende Gnade bringen, die „alles neu macht"[12] sowohl für Männer als für Frauen. Die stereotypen, althergebrachten und herrschenden kulturellen Verhaltensmuster zeigten sich allerdings vorläufig stärker als die Erneuerung, die einen Augenblick lang von Jesus ausgegangen war. Einige rabbinisch argumentierende Stellen aus den Paulusbriefen und spätere Kommentare der Kirchenväter dazu begünstigten diese Verdrängung des neuen

---

11 P. Bird, Images of Women in the Old Testament: R. Ruether (Hg.), Religion and Sexism (New York 1974) 77.
12 Vgl. Offb 21, 1—3.

Verhaltens, das Jesus den Frauen gegenüber gezeigt hatte: die Christen vergaßen sein Beispiel. Sie konnten die Frau nur noch mit zwei stereotypen, sich ausschließenden Kategorien beurteilen: entweder war die Frau für sie die große Verführerin zum Bösen und zur Sünde wie Eva. Oder sie war das glänzende Beispiel aller Tugenden wie Maria. Dazwischen gab es keinen Platz für Frauen als normale Menschen mit Schwächen und Stärken, mit Bedürfnissen und Fähigkeiten.

2. Die Männerherrschaft ist etwas Schlechtes

Auch wenn das Judentum und später die Kirche die Sklaverei lange Zeit kaum in Frage gestellt haben, würde heute ein wirklich engagierter Gläubiger kaum bestreiten wollen, daß Sklaverei, Unterdrückung und Enteignung von Rechten und Besitz unter welcher fadenscheinigen Legalität auch immer eindeutig schlecht sind. Neuere theologische Richtungen, die so unterschiedlich sind wie die Befreiungstheologie, die charismatische Geistbewegung in der Kirche, die größere Aufmerksamkeit für menschliche Erfahrung und der Versuch, sie zu erweitern und ihren religiösen Wert zu entdecken, die Biographie als gelebte Theologie und die Theologie als reflektierte und vertiefte Biographie, der neue Personalismus in der Theologie verstärken die einstimmige Überzeugung, daß es schwere Sünde ist, nicht alles zu tun oder gar zu verhindern, daß die Rechte, Fähigkeiten und Gaben irgendeiner Gruppe oder irgendeines Menschen entdeckt, bestätigt und gefördert werden.

Macht, die in Form von Herrschaft und Unterdrückung ausgeübt wird, ist schlecht, denn sie verletzt das Wesen der Autorität, das darauf gerichtet ist, andere zu fördern, ihnen die Mittel zu geben, frei zu werden und ihre schöpferischen Fähigkeiten und ihre Arbeit so gut wie möglich für sich selbst und für das allgemeine Wohl aller einzusetzen und fruchtbar werden zu lassen. Autorität, die ihr Wesen vergißt, wird nackte Ausübung der Macht, durch die der Wille der Herrschenden den Untergeordneten aufgezwungen wird. Der Herrschende bestimmt, wie die Rolle, die Ideale, die Mentalität, die Fähigkeiten und Tugenden des Untergeordneten zu sein haben, denn nur so kann dieser ein geeignetes Instrument in den Händen des Herrschenden für die Ziele des Herrschenden sein. Mit anderen Worten: Herrschaft als Unterdrückung verhindert Selbstentdekkung und Selbstbestimmung. Sie zwingt anderen eine Ideologie auf, damit sie nach den Normen dieser Ideologie lernen, was für sie wichtig und belanglos ist, was sie tun und was sie lassen sollen, was sie aus der vergangenen Geschichte der Menschheit bewundern müssen und an welche Erfahrungen und Leiden der Menschen in der Vergangenheit auf keinen Fall angeknüpft werden soll. Menschen werden nicht dementsprechend eingeschätzt, was sie konkret zum Leben und zum Gemeinwohl der Gesellschaft beitragen, sondern nach der Stufe, die sie in der Machtstruktur der Gesellschaft erreicht haben, ob sie „in" sind, ob sie zu den oberen so oder soviel tausend gehören, oder nicht. Solche Herrschaft hat es dauernd nötig, die Wahrheit zu verdrehen.

Im Fall der männlichen Herrschaft entstand die Unsitte, die Frauen nicht nur von jeder öffentlichen Aufgabe in Politik und Religion fernzuhalten und zu verhindern, daß sie die Gewandtheit von Können und Intellekt erlernen konnten, die sie zu Führungsaufgaben befähigt hätte, sondern sie sogar zu Hause, in Angelegenheiten des Haushalts und der Familie, völlig dem Manne zu unterwerfen: arbeiten durften sie, Verantwortung aber mutete man ihnen auch zu Hause kaum zu. Um diese Strukturen der Unterdrückung zu festigen, besteht in der Ideologie der männlichen Überlegenheit die allesbeherrschende, wenn auch heute noch kaum ausgesprochene, dann doch immer zutiefst wirksame Annahme: „Männer sind diejenigen, die überall im Mittelpunkt stehen sollen und einzig wichtig sind. Frauen leiten ihren Wert ab von der Bedeutung, die sie für diese Männer haben."[13] „Männer sieht man als stark, selbstgenügsam, als Menschen im vollsten Sinn des Wortes an. Frauen sind schwach, sind die Statisten in einem Spiel, das wesentlich von den Männern als den Hauptakteuren bestimmt wird. Die Natur des Mannes ist die Natur des Menschen, Frauen sind von Anfang an Helferin des Menschen."[14]
„Weibliche" Eigenschaften werden nicht nur herablassend oder mitleidig mit den „männlichen" verglichen, sie werden auch von diesen männlichen ausgehend definiert als deren Gegensatz, deren Fehlen oder deren Ergänzung. Rationalität ist das Privileg der Männer, Intuition, Muttertrieb und Gefühl – wenn nicht Gefühlsseligkeit – die Domäne der Frau. Nachdem so feststeht, wer rational ist und wer

---

13 M. French, The Women's Room (New York 1978) 289.
14 C.C. Gould/M.W. Wartofsky, Women and Philosophy (New York 1976) 192.

nur die spezifisch weiblichen Eigenschaften hat, wird die Wertung vollendet: Rationalität ist ja das einzig Wesentliche, die weiblichen Eigenschaften, wenn sie nicht in übertriebener Form als spezifisch weibliche Untugenden erscheinen, sind höchstens zweitrangig[15].

Aus dem männlichen Chauvinismus entstand durch die Jahrhunderte ein Sumpf von Gemeinplätzen und Vorurteilen über die Frau, die oft untereinander so widersprüchlich sind, daß man sich wundert, wieso männliche Rationalität und Logik das noch nicht bemerkt haben. Das, was in der Philosophie, der Theologie und in den Rechtswissenschaften das Interesse der Forscher und Denker fesselt, ist das Leben der Männer, die Gesellschaft der Männer, die Religion der Männer. Frauen können dann, wie von Thomas von Aquin, nur definiert werden als „unvollständig und mit unzureichender Kraft gezeugt", ohne „eminentia": ohne Erhabenheit und Glanz und Würde, nicht fähig zu Großem[16].

Dort, wo die menschlichen Beziehungen am intimsten und am innigsten sein sollten, wird diese Beziehung von einer unterschiedlichen Wertschätzung von Mann und Frau, von einem Schema der Überordnung-Unterordnung, des Wertvollen und des Niedrigen, des Herrschens und des Dienens, noch verstärkt vom griechischen Dualismus zwischen Geist und Fleisch pervertiert und ins Gegenteil verkehrt. Das, was menschliche Gegenseitigkeit sein könnte, wird so in der Quelle vergiftet. Den Frauen wurde über Jahrhunderte hinweg ihre Minderwertigkeit eingeprägt, und sie haben sie leider auch verinnerlicht[17]. Der Zwang, unter dem die Männer inzwischen stehen, sich dauernd überlegen zu zeigen und beherrscht zu bleiben, hat auch für sie inzwischen schon längst negative, destruktive Folgen. Die Kirche verlor aus dem Auge, daß Frauen und Männer nur eine einzige Aufgabe haben, nämlich die, Mensch zu sein: jetzt heißt es, die Frauen sollten „voll ihren eigenen Aufgaben nachgehen, in Übereinstimmung mit ihrer eigenen Natur"[18]. Die Kirche ermutigt die Frauen zu einem falschen Selbstbild: sie sollen vergessen, was sie nach Gottes Schöpfung sind: zuerst Mensch und auch Frau, und nicht zuerst Frau, dann vielleicht auch noch Mensch: „Gott schuf

---

15 Ebd. 263 und 23.
16 Summa Theologica I q. 92 a. 1 ad 1 m und Supplementum q. 39 a. 1.
17 Vgl. Johannes XXIII., Pacem in terris 41–43; J. Gremillion (Hg.), The Gospel of Peace and Justice (New York 1976) 209–210.
18 „Gaudium et Spes" 29 und 60.

den Menschen nach seinem Bild. Als Mann und Frau schuf er sie."
Der obenerwähnte Satz erinnert an die Definition des Thomas:
Frauen seien unvollständige, d.h. fehlerhafte Wesen. Andererseits
aber lobt die Kirche in den Frauen Eigenschaften, die eigentlich alle
wirkliche Christen haben sollten: Feingefühle und geschärftes
Empfindungsvermögen, Kreativität, Milde, Fähigkeit, am Leiden
anderer Anteil zu nehmen und zu helfen, Aufmerksamkeit, die Fähigkeit, sich in andere hineinzuversetzen und von ganzem Herzen,
„warm" zu lieben[19].
Daß die Kirche nicht bereit ist, der Frau zuzugestehen, sie sei voll
Mensch und voll als Mensch handlungsfähig, wird auch deutlich in
ihrem Verhältnis gegenüber der Frau in der Kirche, sprich: ganz konkret im Gottesdienst. Nicht nur muß die Tradition, in der es aber
schon andere Tendenzen gab und die schon in vielen Punkten dann
doch nicht die maßgebende Tradition zu sein schien, auch hier wieder herhalten, um falsche Privilegien zu schützen und einer ernsthaften Betrachtung der Frage, ob Frauen nicht doch geweiht werden
sollten, von vornherein vorzubeugen, sondern es werden ihnen im
Gottesdienst auch spezifische Laiendienste als Meßdiener oder Lektoren verwehrt[20]. Statt den Frauen zu helfen, ihre Minderwertigkeitsgefühle abzulegen, verstärkt die Kirche sie im Gegenteil, z.B. in
der Liturgie, wo die Texte so formuliert werden, als ob es im Gottesdienst nur Männer gäbe. Vor lauter Brüdern wird die Mehrzahl, werden die anwesenden Schwestern übersehen.
Die sexuelle Herrschaft ist übrigens ein Paradigma für die anderen
Formen der Unterdrückung. Die Verhaltensmuster, die Männer
schon zu Hause einüben und die sich tief in ihrer Psyche (und entsprechend in der der Frauen) einprägen, beeinflussen ihr Überlegenheitsgefühl auch außerhalb ihres Zuhause und fördern Rassismus,
Klassendünkel, religiöse Intoleranz, aggressiven Nationalismus und
Imperialismus und viele Äußerungen unterschiedlichster individueller Vorurteile. Unterdrückende Herrschaft nimmt nicht nur
dem Unterworfenen seine Menschlichkeit, sondern entmenschlicht
auch den, der meint, von ihr zu profitieren. Das Wissen um dieses
Übel hat zugenommen. Zu dulden, daß es weiter bestehen kann, ist

---

19 Vgl. die Neujahrsbotschaft 1975 von Paul VI.: AAS 67 (1975) 65.
20 Paul VI., Ministeria Quaedam: AAS (1972) 529—534, hier 533; Die
   römische Glaubenskongregation, Circa quaestionem admissionis mulierum ad sacerdotium ministeriale: AAS 69 (1977) 98—116.

in der Terminologie von Juden und Christen Sünde, schwerste Sünde.

3. Ist die Männerherrschaft unvermeidlich?

Da in den unterschiedlichsten Gesellschaften und in den unterschiedlichsten Bereichen dieser Gesellschaften zu allen Zeiten die Herrschaft der Männer ständig wieder neu erscheint, könnte man daraus folgern, man könne dagegen gar nichts tun. Heute hört man Stimmen, die behaupten, daß der Unterschied zwischen den Geschlechtern angeboren, in den Genen vorprogrammiert und daher unabänderlich ist. Einige Soziobiologen ziehen aus ihren Beobachtungen des Verhaltens von Primaten, die dann auch für Menschen Gültigkeit haben sollten, die Folgerung, daß Männchen von Natur aus aggressiv und Weibchen von ihnen abhängig und auf das Aufziehen von Jungen ausgerichtet seien. Es ginge hier dann um uralte Instinkte, die der Mensch von den ersten Lebewesen geerbt haben soll[21]. Oder man argumentiert, daß durch den genetischen Kode (zwei X-Chromosomen für den Mann und ein X- und ein Y-Chromosom für die Frau) und durch die diesem Unterschied entsprechende Ausscheidung der Hormone jede Zelle des männlichen Körpers grundsätzlich von jeder Zelle des weiblichen verschieden ist. Diese billige Vulgarisation, die es sich leicht macht und Sensation sucht, behauptet auch, die Männer hätten eine Art genetischen Musters, das ihre Aggressivität auslöst, sie dazu führt, daß sie sich untereinander verbünden oder bekämpfen, und sie prädestiniert, über andere zu befehlen und sie als Überlegene zu beherrschen. Unterschiede in der menschlichen Arbeitsteilung seien schon biologisch verankert[22].

Die meisten ernsthaften Wissenschaftler verwerfen solche Theorien. Sie meinen, daß der biologische Unterschied zwischen Mann und Frau sich auf dasjenige beschränkt, was im Zusammenhang mit der Entstehung neuen menschlichen Lebens steht. Andere Unterschiede zwischen Mann und Frau als die biologischen folgen aus der Tat-

---

21 A. Montagu, The Nature of Human Aggression (New York 1976) 7—8 und 48.
22 Siehe die in Anm. 3 erwähnte Literatur. Als Kritik dieser Theorien lese man: A. Montagu, a.a.O. 8—22, und E. Boulding, a.a.O. 37—39.

sache, daß Mann und Frau aufeinander angewiesen sind und miteinander leben müssen: aus den konkreten Formen dieser Zusammenarbeit, z.B. in bezug auf die Kinder oder die Arbeitsteilung, folgen dann die Auffassungen darüber, wie die Rollen von Mann und Frau sein müssen. Wenn diese Auffassungen erstarren, haben wir Vorurteile: man meint zu wissen, was immer war und immer sein muß, obwohl es Beweise genug gibt, daß es nicht überall immer so war und noch weniger so sein muß[23].

Während es schon richtig ist, daß die genetische Veranlagung und die Einflüsse vor der Geburt auf die Fähigkeiten und die psychische und physische Gesundheit des Menschen ihre Wirkung haben, scheint es nur zwei psychologische Unterschiede zwischen den Menschen zu geben, die in der Erbmasse angelegt sind: eine größere Bereitschaft zur Aggressivität und eine größere Begabung der Männer zu einer besseren visuellen Wahrnehmung des Raumes[24]. Vergleiche zwischen unterschiedlichen menschlichen Kulturen haben allerdings gezeigt, daß diese bessere räumliche Wahrnehmung dort deutlicher hervortritt, wo das Verhältnis zwischen Mann und Frau eindeutig als ein Verhältnis zwischen Überlegenen-Unterlegenen und so als ein Herrschafts-Abhängigkeitsverhältnis ausgeprägt ist, als dort, wo beide Geschlechter von der ersten Kindheit an gleichberechtigt oder voneinander unabhängig sind[25]. Feldforschungen von sorgfältig arbeitenden Ethnologen und Soziologen haben gezeigt, wie sehr die Rollenverteilung zwischen Mann und Frau in unterschiedlichen Gesellschaften verschieden sein kann: „Die Verhaltensmuster sind bedingt durch bestimmte Gegebenheiten in der sozialen Struktur einer Gesellschaft."[26]

Es gibt auch fromme Schriftsteller, die zwar die Evolutionstheorien, mit denen die Soziobiologen arbeiten, verwerfen, dafür aber ihre fundamentalistische Interpretation von Texten aus der Schrift haben, um zu den gleichen Ergebnissen wie die Soziobiologen zu kommen, jetzt nicht weil die Unterwerfung der Frau unter den Mann in

---

23 J. Money/P. Tucker, Sexual Signatures on Being a Man or a Woman (Boston 1975) 37—39.
24 A. Montagu, a.a.O. 19.
25 E. Maccoby/C. Jacklin, The Psychology of Sex Differences (California 1974) 243—247 und 360.
26 S.E. Jacobs/K. Hansen, Anthropological Studies of Women (Selbstverlag 1977) 57.

den Genen verankert wäre, sondern weil sie Gottes Willen entspreche, seine ewige Fügung und sein ewiges Gesetz sei, das er in die natürliche Ordnung der Schöpfung hineingelegt habe. Besonders Texte von Paulus sind diesen religiösen Deterministen sehr lieb, aber wenn diese Texte im Zusammenhang mit ihrem Kontext, mit anderen Texten der Bibel und besonders mit den Evangelien verglichen werden, verlieren sie den Aussagegehalt, den man ihnen unterschieben möchte[27].

Wenn es etwas gibt, das ganz eindeutig aus der fast herausfordernden Gewohnheit Jesu, auch am Sabbat Kranke zu heilen, folgt, dann ist es, daß die Menschen nicht um des Sabbats willen, sondern daß der Sabbat um der Menschen willen da ist (Mk 2, 27). Immer wieder wird gezeigt, wie Jesus, auch in der Öffentlichkeit, frei mit Frauen redete (Joh 4, 5—26; 11, 17—37), wie er ihre Initiativen und ihre Arbeit lobte (Joh 4, 28—42; 12, 7—8), wie er es guthieß, wenn sie anderes taten als man damals von ihnen erwartete (Lk 10, 38—42)[28]. So verschieden war das Verhalten Jesu gegenüber den Frauen von dem, was bei den Juden Sitte und Brauch und dann praktisch auch Gesetz war, daß im Unterschied zum jüdischen Gesetz, nach dem nur der Mann das Zeichen des Bundes, die Beschneidung empfing, jetzt auch an Frauen das Zeichen des Neuen Bundes, die Taufe, vollzogen wurde[29]. Die Taufe ist das Siegel des Heiligen Geistes, das die Menschen als verantwortliche Individuen und Personen vor Gott ausweist.

Dies müßte dazu führen, daß man den unendlichen Wert eines jeden Menschen anerkennt, seine Autonomie, seine Gaben von Verstand und Herz, seine Freiheit, seine Kreativität, seine Fähigkeit zu lieben: denn gerade all dies bestätigt, daß jeder Mensch, Mann oder Frau, Bild Gottes ist. Die katholische Tradition hat sehr scharf jede Prädestinationslehre verworfen, die deterministisch die Freiheit des Menschen leugnete, weil die Natur des Menschen durch die Erbsünde ra-

---

27 1 Kor 11, 3—12; 14, 34—35; Eph 5, 22; Kol 3, 18; 1 Petr 3, 1 und 1 Tim 8, 15. Diese Stellen müssen interpretiert werden im Licht von Eph 5, 21. 25. 33; 1 Kor 13, 3—4. 7; 2 Kor 6, 18; Gal 3, 27—28; Apg 2, 17—18. Vgl. J. Komonchak, Theological Questions on the Ordination of Women: A.M. Gardiner (Hg.), Women and Catholic Priesthood (New York 1976) 247—249.
28 Bemerkenswert ist, daß wir nicht wissen, ob Martha und Maria verheiratet waren oder nicht.
29 E. Carroll, The Proper Place for Women in the Church: A.M. Gardiner (Hg.), a.a.O. 16.

dikal verdorben sein sollte. Auch das Zweite Vatikanum hat den Wert der Freiheit, die ja auch das Selbstbestimmungsrecht eines jeden Menschen ist, hervorgehoben, denn „der Herr selbst aber ist gekommen, um den Menschen zu befreien und zu stärken, indem er ihn innerlich erneuerte und den ‚Fürsten dieser Welt' hinauswarf"[30]. Daher ist es möglich, dann die lange Tradition männlicher Herrschaft zu brechen, wenn Mann und Frau sich öffnen vor der erlösenden Gnade Jesu und mit ihrer Kraft versuchen, wirklich etwas zu ändern.

4. Positive Impulse

Die Herrschaft der Männer kann überwunden werden. Viele Dinge sind schon in Bewegung geraten, und viele neue Kräfte haben sich gezeigt, die Kirche und Gesellschaft verändern werden. Zuerst wuchs das Wissen um die männliche Herrschaft als eine strukturelle Sünde, eine Struktur der Ungerechtigkeit, die aber beseitigt werden kann. Zweitens haben Männer und Frauen immer mehr Erfolg bei ihrem Versuch, die zwischenmenschlichen Beziehungen zu verbessern, sowohl auf der Ebene der Begegnung zwischen Individuen als in kleinen Gruppen als ansatzweise auf breiterer Ebene in der Gesellschaft. Die Erneuerung wird nicht tief und weit genug gehen, wenn sie nicht gleichzeitig das Bewußtsein der Menschen ändert, wenn wir nicht „die große Kehrtwendung machen in der Art und Weise, wie wir unsere gegenseitigen Beziehungen sehen, so daß auch unser Verhalten zueinander von innen nach außen total reformiert wird"[31]. Ein solches neues Bewußtsein ist eine Gnade. Jeder Fortschritt und jedes Vertiefen dieses Bewußtseins bedeutet wachsende Aufmerksamkeit und Offenheit für die Gegenwart des Geistes Gottes in Menschen und Dingen, so daß eine menschliche und so auch göttliche Welt offenbar wird, die zwar immer in all unserem Sehnen und Suchen sehr nah war, deren Einladung wir aber wegen fehlender Empfindsamkeit überhörten.

So entsteht die Veränderung des Verhaltens, die Jesus Umkehr nannte und die er bewirken wollte. Vom ersten Augenblick seines öffentli-

---

30 „Gaudium et spes" 13.
31 B. Bouteau, Neo-Feminism and the Next Revolution in Consciousness: Cross Currents 27 (1977) 170—182.

chen Lebens rief er, wie Markus bezeugt, zur Bekehrung und Reue auf (Mk 1, 15). Wirklich verwandt mit Jesus ist nicht derjenige, der durch Blutsbande mit ihm verbunden ist, sondern derjenige – und hier spricht Jesus die grundsätzliche Fähigkeit eines jeden Menschen an, ob er Mann oder Frau sei, sich mit Gott verwandt zu zeigen –, der den Willen Gottes tut: der ist für Jesus „Bruder und Schwester und Mutter" (Mk 3, 31–35). Jesus verwirft Herrschaft als eine Verhaltensmöglichkeit zwischen seinen Jüngern: „Wer unter euch der Größte sein will, soll euer Diener sein." (Mk 10, 42–45 par.) Durch diese Lehre legte Jesus die Basis für die christliche Wertschätzung der menschlichen Würde der Person.

Diese Erneuerung konnte sich zwar gegen den Egoismus und die beharrende Kraft eingefleischter Gewohnheiten des männlichen Patriarchats und eines dualistischen Denkens nicht durchsetzen, blieb aber als Ideal lebendig und wirkte unter der Oberfläche, um verwirklicht zu werden, wenn das Bewußtsein der Menschen einmal gereift sein sollte[32]. Die große Inspiration, die das Zweite Vatikanum trug, war, daß „wir alle ohne Unterschied unseres Geschlechtes oder unserer Rasse Mitglieder eines Volkes sind, das dadurch zur Einheit berufen ist, daß in ihm die Würde einer jeden Person in der Förderung ihrer Freiheit geschützt wird, so daß eine neue Schöpfung entstehen kann, der Fülle Christi entgegen"[33]. Die Kirche besitzt in dem Schatz, der ihr anvertraut wurde, die Argumente und die Inspiration, um die männliche Herrschaft zu besiegen. Diese Prinzipien und Ideale müssen aber in einem neuen Bewußtsein, in einer enga-

---

32 G. Baum, Man Becoming (New York 1971) 167: „Wenn die Kirche in eine neue Umgebung kommt und Menschen neue Fragen nach der Erlösung stellen, ist es möglich, daß die Akzente im Verständnis des Evangeliums sich verschieben, ohne daß dies das Wesen des Evangeliums berührt. Die Verschiebung der Akzente ist nicht eine weltliche Gegebenheit, ...sondern sie ist das Ergebnis des Wirkens des Geistes. So sind die neuen Akzente bestimmt durch die Treue der Kirche zu Gottes Wort, das er auch in der Gegenwart an sie richtet. Durch das Gedenken an Jesus Christus ist die christliche Gemeinschaft heute dazu fähig, Gottes Wort, das sie herausfordern will, in der Geschichte der Gegenwart zu erkennen. Durch einen Prozeß der Suche nach Verständigung und auch wohl nach Austragung und Überwindung von Konflikten, an dem die ganze Gemeinschaft und eventuell auch die Hierarchie teilhat, wächst die ganze Kirche im Gehorsam zu Gottes Wort."

33 F. Morrisey, Juridicial Status of Women: J. Coriden (Hg.), Sexism and Church Law (New York 1977) 4.

gierten Überzeugung und in einem befreienden Bewußtsein Wirklichkeit werden.
Das Wachsen des Wissens um die Herrschaft der Männer und um das ihr inhärente Unrecht ist für viele eine Zerstörung zufriedener Unschuld, ein Zerbrechen naiver Harmonie, ein Erwachen von Zorn und Schmerz über so viel geduldetes und heuchlerisch gerechtfertigtes Unrecht im Herzen vieler Frauen. Damit der Zorn eine erlösende Kraft bekommt, muß man ihn anerkennen, aber auch versuchen, ihn im Licht des großen Gebots und der alles durchdringenden Kraft der Liebe, die Christi Opfer uns schenkte, für die wirkliche Würde und Freiheit aller fruchtbar werden zu lassen. Diese Liebe wird dann eine Liebe sein, die realistisch ist und die nicht sentimental die konkreten Konflikte harmonisiert. So ist sie eine ehrliche Liebe, aus der wirkliche Zusammenarbeit und Gegenseitigkeit entstehen können.
Im Leben vieler jungen Männer und Frauen ist die Verwirklichung dieser Werte ein bewußtes und entschieden angestrebtes Ziel. Vor ihrer Heirat gehen sie untereinander bindende Übereinkünfte ein, immer auf die gegenseitige Würde und Gleichberechtigung zu achten, das Einkommen gerecht zu teilen und nicht ohne den anderen Entscheidungen zu treffen, die den anderen betreffen, überhaupt in Gegenseitigkeit zu leben und zusammen zu entscheiden. Die Frau soll nach diesen Übereinkünften ihren Geburtsnamen behalten zur Bestätigung ihres Selbstgefühls, und der Mann verpflichtet sich, sich mit seinen Kindern zu beschäftigen, sie zu pflegen, für sie zu sorgen, genau wie seine Frau. Oft gibt es seitens der Arbeitgeber die Möglichkeit, daß beide ihre Arbeitszeit flexibler gestalten können, so daß sie sich in der Verantwortung für die Kinder abwechseln. Aber nicht nur auf der Ebene des Paares, in der ganzen Gesellschaft und in der Geschäftswelt finden Änderungen statt. Jungen und Mädchen werden zunehmend zusammen erzogen, es gibt den Kampf um Gleichheit auf allen Gebieten, um dieselben Chancen der Ausbildung, um gleichen Lohn und um die Möglichkeit beruflicher Karriere auch für Frauen.
Es gibt weibliche Orden, die in den letzten Jahrzehnten versuchten, auf eine hierarchisch aufgebaute internationale Leitung zu verzichten und die an der Basis die Verantwortung, Kollegialität und Subsidiarität aller auch beim Treffen von Entscheidungen betonten, so daß jedes Mitglied Initiative entfalten kann und soll, jeder aufgerufen ist zum Glauben und zu Großmut, und jeder in Verantwortung und Freiheit wächst und zum Wohl der Gemeinschaft beiträgt.

Ähnlich müssen alle Frauen ermutigt werden, den lange übersehenen Reichtum ihrer Persönlichkeit und ihre lange verschüttete Fähigkeit, zu der Menschlichkeit und der Wärme einer menschlichen Gesellschaft beizutragen, auch in das politische Leben auf all seinen Ebenen und in das Leben der Kirche einzubringen. Nachdem heute immer mehr talentierte Frauen in der weltlichen Gesellschaft Einfluß ausüben und man dankbar ihren früher unterschätzten Beitrag entgegennimmt[34], werden die Frauen es immer weniger hinnehmen, daß sie in der Kirche auf künstliche Weise von der Verantwortung ausgeschlossen werden und weiter untergeordnet sein sollen.
Wie E. Boulding schreibt, sollte man nicht die Hoffnung aufgeben, daß in der Zukunft eine echte Veränderung des menschlichen Verhaltens möglich ist[35]. Einer der wichtigsten Gründe für ihren Optimismus ist, daß die alten Strukturen nicht mehr unversehrt – vom Standpunkt der alten Unterdrücker aus „einwandfrei" – funktionieren. Die gewaltigen Veränderungen, die Wissenschaft, die Kybernetik, neue Mittel der Kommunikation und des Verkehrs in unserer Welt bewirkten, gehen zurück auf Menschen, die wußten, was sie wollten und konnten. Sitzungen der Vereinten Nationen bestätigen, daß es nur am fehlenden, entschiedenen Willen liegt, wenn keine bessere Welt entsteht. Viele Männer und Frauen sind sich heute der drohenden Gefahr für das Überleben der Menschheit bewußt, die die Aggressivität der Menschen untereinander für alle bedeutet, besonders wenn eine solche Aggressivität auch durch Kernwaffen, durch wirtschaftliche Ausbeutung von Menschen und Völkern und durch Terrorismus verstärkt wird. Weil die meisten Entscheidungen und das ganze vorhergehende Verhalten, das zu der heute zusammengeballten Aggressivität unserer Welt führte, auf die Rechnung der Männer zu schreiben ist, bedeuten die Frauen ein großes, noch kaum entdecktes und völlig ungenütztes Potential für Kirche und Gesellschaft. Wenn Frauen nur einen Bruchteil der Tugenden haben, die man so gern ihrer „weiblichen Natur" zuschreibt, dann wird es höchste Zeit, daß diese Tugenden der Frau von der Gängelung

---

34 Man beachte den wachsenden Einfluß von Frauen, die in die höchsten politischen Ämter gewählt werden: Simone Weil als Präsidentin des Europaparlaments, Margaret Thatcher als Ministerpräsidentin Großbritanniens und Indira Gandhi als wiedergewählte Ministerpräsidentin Indiens.
35 E. Boulding, a.a.O. 782.

durch männlichen Schutz und männliche Bevormundung befreit werden, um der Welt zur Verfügung zu stehen. Die Kirche kann diese Entwicklung beschleunigen, wenn sie über die volle Bedeutung der Heilsbotschaft, die ihr anvertraut wurde, reflektiert und die autoritativen Quellen, aus denen sie schöpfen kann, auch wirklich erschließt und sich nach Jesu Willen erneuert, so daß sie die Anstrengungen der Frauen unterstützen kann, ihre „Rechte zu fordern, die Zeichen (ihrer) Würde sind"[36].

Wenn wir auf diese Weise Genesis 1, 27 ernst nehmen, lernen wir, daß das Bild Gottes, das der Mensch ist, und die Verantwortung, auch tatsächlich im Leben Gott „abzubilden", sowohl dem Mann als auch der Frau anvertraut sind. Wenn wir das Evangelium Jesu ernst nehmen, können wir nicht leugnen, daß die Befreiung der Frau zum Kern seines messianischen Auftrags gehört. Auch wenn die Jünger Jesu sehr behutsam und vorsichtig die konkreten Möglichkeiten, in Treue zum Auftrag Jesu die Befreiung der Frau für alle, auch für die am meisten Unterdrückten, Wirklichkeit werden zu lassen, einschätzen und abtasten, hoffen sie doch, daß die Frohbotschaft Jesu sich als eine unwiderstehliche Kraft erweisen und die Wahrheit alle freimachen wird. Man kann nicht genug die Bedeutung der Aussage von „Populorum Progressio" einschätzen, daß die Menschen so sehr für ihre Entwicklung verantwortlich sind, wie sie das für ihr ewiges Heil sind[37]. Jetzt, wo Männer und Frauen angefangen haben, die enormen Möglichkeiten des Menschen – die überall dort, wo Unterdrückung herrscht, erstickt und vergeudet werden – freizusetzen, spüren sie auch, daß Gott selbst hier als der Schöpfer tätig ist, der einen neuen Anfang setzt und uns sein Reich schenkt.

---

36 Gaudium et spes 29.
37 Paul VI., Populorum Progressio 15.

Marie-Augusta Neal
Pathologie der Männerkirche

Das Hauptgebrechen einer Männerkirche besteht darin, daß sie eine Kirche für eine Männerwelt ist zu einer Zeit, in der es nicht mehr nötig ist, eine so einseitige Welt zu verherrlichen. Bei dem in den achtziger Jahren zu erwartenden Anwachsen der Weltbevölkerung auf fünf Milliarden Menschen und bei den Gesellschaftskrisen, die diese Entwicklung begleiten werden, können wir nicht mehr überleben mit einer Arbeitsteilung, welche die volle Verantwortung für wichtige wirtschaftliche und politische Entscheide Männern überläßt. Kirchen verherrlichen Gesellschaftssysteme. Das Hauptgebrechen, das eine Welt von fünf Milliarden Menschen charakterisiert, ist nicht die zahlenmäßige Größe oder die Verteilung der Bevölkerung, sondern die gewaltige Kluft zwischen Reichen und Armen und der abnormale Zustand, daß – von Japan abgesehen – der Reichtum in den christlichen Nationen von Nordamerika, Westeuropa, Australien und Neuseeland konzentriert ist. Die Länder, in die diese Nationen Missionare, Händler und Industriefachleute sandten, haben wenig entwickelt außer den in ihrem eigenen Interesse liegenden Exportindustrien. Am Ort selbst ist kaum Kapital vorhanden. Die Preise schwanken sehr. Die Zölle wirken sich zu Ungunsten der Güterherstellung am Ort selbst aus. Die Handelsbedingungen sind unfair, und das Monopol des Westens dient zum Profit der Zwischenhändler. Kurz, die armen und die Kolonialvölker sind im Nachteil[1].

In den armen Nationen genügt die Bildung immer noch nur minimalen Ansprüchen. Was die Schulung zustande gebracht hat, ist gerade soviel, als es braucht, um zuverlässig dienende Arbeitskräfte heranzubilden. Die Gewinne beim Export kommen den reichen Handelsnationen zugute. Diese Ungleichheit nimmt jetzt aufgrund der Verteilung der Bevölkerungsbasis, auf der sie aufruht, gewaltige Aus-

---

[1] Zu dieser abnormalen Lage in den ersten Jahrzehnten des zwanzigsten Jahrhunderts äußerte sich Barbara Ward. Vgl. ihr Buch: The Rich Nations and the Poor Nations (New York 1962).

maße an. Zudem reicht jetzt diese Ungleichheit zurück in die kolonisierenden Länder.
Hätte die Religion, wie einige humanistische Wissenschaftler behaupten[2], lediglich die Funktion, unsere Errungenschaften im Kampf ums Dasein zu verherrlichen, könnte man dies als Anlaß zu Freude ansehen, da in diesem harten Kampf die Christen überleben, während andere zugrunde gehen. Doch wenn man diesen Erfolg mit den Augen eines Christen ansieht, ist er nicht in Ordnung.
Dem Auftrag der Bibel gemäß haben wir uns vermehrt und vervielfacht und die Erde erfüllt. Das Anwachsen der Bevölkerung ist nun ein Gesellschaftsproblem. Wir können nicht, wie der Herr am siebten Tag, ausruhen und sagen, daß es gut sei. Diesem Wachstumsgebot weiterhin den Vorrang einzuräumen, wäre angesichts der Bevölkerungsmasse etwas Pathologisches. Als Kirche haben wir unser Augenmerk zur Hauptsache schon auf eine zweite uns von der Bibel gestellte Aufgabe gelenkt und befassen uns mit den Krankheitserscheinungen, die sich daraus ergeben, daß man den ersten biblischen Auftrag über den Punkt hinaus, an dem er erfüllt ist, weiterführt. Die neue Priorität, die in der Schrift ebensosehr begründet, aber noch nicht so weit in die Tat umgesetzt worden ist, besteht im Auftrag, soziale Gerechtigkeit zu üben. Dieser Auftrag fand, nachdem er seit „Rerum Novarum" (Leo XIII. 1891) während achtzig Jahren zunehmend ins Bewußtsein getreten war, seinen vollen Ausdruck in „Octogesima Adveniens" (Paul VI. 1971)[3].
Die Kirche hat eine sehr wichtige soziale Aufgabe auf sich genommen, indem sie sich auf die Entwicklung der Völker ausgerichtet und ihre Mitglieder zu tätigem Einsatz aufgerufen hat, um in der Welt soziale Gerechtigkeit zu schaffen. Zu dieser neuen Einstellung kam es nach mehreren Jahrhunderten der Hauptausrichtung auf eine über-

---

2 Vgl. Edward O. Wilson, On Human Nature (Cambridge 1978) 192. 206. Dagegen vgl. Franz Fanon, Black Skins White Masks (New York 1967) 89.
3 Leo XIII, AAS 23 (1891) 641−670; Paul VI., Octogesima Adveniens: L' Osservatore Romano, 15. Mai 1971; Paul VI., Populorum Progressio: AAS 59 (1967) 257−299. Die ganze Reihe der wichtigsten Verlautbarungen der römisch-katholischen und der protestantischen Kirchen zu der Frage der sozialen Gerechtigkeit, die in den letzten hundert Jahren erschienen sind, werden in vier Heften von „Church Alert" (Nr. 17−20, 1977 und 1978) der SODEPAX in Genf analysiert.

weltliche Spiritualität, welche die Glieder der Kirche ihr Augenmerk so sehr auf das Endheil ausrichten ließ, daß das Wirken in dieser Welt, worin sich die Sorge für die soziale Entwicklung des Mitmenschen äußert, dem Verdacht der Verweltlichung ausgesetzt war. Selbst die sozialen Bestrebungen, die unternommen wurden, gaben den „geistlichen Werken der Barmherzigkeit" den Vorzug gegenüber den „leiblichen Werken der Barmherzigkeit"; sie dienten eher zur Beseitigung der Folgen der Armut als zur Ausmerzung der Ursachen des menschlichen Elends. Der Umstand, daß man früher das Endheil betonte und auf die unsozialen Folgen dieser einseitigen Betonung nicht achtete, ist die kulturelle Hauptursache der Gebrechen, welche die Männerkirche von heute kennzeichnen.

Die Heilige Schrift betont, daß es eines planvollen sozialen Einsatzes bedarf, um das Endheil zu erreichen. Sie enthält Weisungen, die darauf dringen, selbst Fremden und Feinden in ihrer materiellen Not zu helfen[4]. Trotz dieser Weisungen des Evangeliums hat sich unter den Auspizien der Kirche die Gesellschaft in starken Bindungen zu Familie, Volk und Nation entwickelt; Menschen anderer Rassen und Völker blieben von ihr ausgeschlossen und selbst dem Tod überlassen, als ob andere Stammesgötter für ihr Leben verantwortlich zu sein hätten.

Nicht die animalische Natur dieses sehr natürlichen Verhaltens ist pathologisch, sondern die Nachsicht, die die Kirche dafür aufbrachte, indem sie Systeme verherrlichte, die es praktizieren. Diese Verkettung der Bestrebungen der Kirche mit den Bestrebungen der Gesellschaft war zu Beginn des zwanzigsten Jahrhunderts so offensichtlich, daß ein führender Soziologe aus seinen Beobachtungen schloß, daß das Gottesvolk geradezu die Gesellschaft anbete, von der es unterstützt werde[5]. Obschon das Jenseitsdenken als heilig hingestellt wurde, trafen die Kirchenbehörden Entscheide über Finanzen, Organisation und Bildungswesen im Namen der Kirche nach dem Modell weltlicher Geschäftsinteressen. Dieses Auseinanderklaffen von Zielen und Mitteln kommt in „Mater et Magistra"[6] genügend klar zum Ausdruck, um daraus schließen zu dürfen, daß sich diese Krankheitserscheinungen als solche der Männerkirche charak-

---

4 Vgl. z.B. Lk 3, 10—11; Mt 25, 31—46; Mk 10, 25; Jes 58, 6—8.
5 Emile Durkheim, Les Formes Elementaires de la Vie Religieuse (Paris 1912).
6 Johannes XXIII.: AAS 53 (1961) 401—464.

terisieren lassen, wenn man, wie ich es tue, annimmt, daß diejenigen, welche die Vollmacht haben, Entscheide zu treffen, auch die Verpflichtung haben, die Verantwortung für die getroffenen Entscheide zu übernehmen[7].

Im Grunde sind die Krankheitserscheinungen der Kirche Krankheitserscheinungen der Gesellschaft. Die Kirche als Kirche, will sagen als moralische Solidarität von Menschen, die Gott verehren, den man sich in spezifischen Bildern denkt und in einer bestimmten Reihe akzeptierter Stile anbetet, legitimiert das Verhalten in der politischen, wirtschaftlichen und Klassenstruktur der Gesellschaft durch die Feier der Liturgie und die Pflege von Gebetsstilen, die behilflich sind, die Menschen auf die bestehende Gesellschaftsordnung auszurichten.

Im Anschluß an eine jahrhundertelange Anstrengung der christlichen Kirche, eine sozial empfindende Gerechtigkeitsethik zu schaffen, können wir drei Krisen besehen, welche die Welt des Menschen und die entsprechenden Kirchenstrukturen, die diese Welt stützen, charakterisieren. Es sind dies der Rüstungswettlauf, die voreilige Erzeugung von Atomkraft und die abnehmende Lebensqualität in der patriarchalischen Gesellschaft.

Wenn die Gesellschaftsordnung ein solches Waffenarsenal beschafft, daß dieses genügt, die Weltbevölkerung mehr als zwölfmal zu vertilgen, und die Kirche, die doch das Leben bejaht, in ihren Gliedern nicht genügend sozialen Verantwortungssinn zu wecken vermag, daß sie sich weigern, diese Bewegung auf die Zerstörung der Welt hin zu fördern, dann ist es an der Zeit, die grundlegenden Voraussetzungen zu prüfen, auf denen diese Haltungen zum Krieg beruhen, sowie die Mentalität der Ratgeber, deren sich die Kirche bedient, um sich im Hinblick auf das Fällen von sittlichen Entscheiden zu informieren.

Die Arbeitsteilung zwischen Männern, welche Geräte zur Zerstörung des Lebens ersinnen und hervorbringen, und Frauen, die ihre Kräfte einsetzen, um das Leben dieser Männer hervorzubringen und am Leben zu erhalten, hat dazu geführt, daß wir über keine akademisch gelehrte Ethik verfügen, welche die Jugend der Welt zwingend davon überzeugen könnte, daß die Zerstörung menschlichen Lebens, um Wirtschaftsprobleme und Sozialkonflikte zu lösen, eine

---

7 Marie-Augusta Neal, Value and Interests in Social Change (New Jersey 1965).

Verletzung unserer Menschenwürde und einen Widerspruch zu unserem christlichen Glauben darstellen. Wir bejahen immer noch eine Ethik, welche die Verwendung von Gewalt für dermaßen natürlich hält, daß sie die Entwicklung einer international geförderten Rüstungsindustrie zuläßt, statt daß man ein gleichwertiges System der Nahrungsmittelproduktion zur Erhaltung des Lebens entwickelt. Es ist pathologisch, Lebensprobleme mit todbringenden Waffen lösen zu wollen.

An der Konferenz über Glauben, Wissenschaft und Zukunft, die der Weltrat der Kirchen im Sommer 1979 am Massachusetts Institute of Technology abhielt, gab der an diesem Institut wirkende Physiker Philip Morrison zur Kenntnis, daß auf der Welt jetzt ein so großer Vorrat an Nuklearwaffen vorhanden ist, daß er zur endgültigen Vernichtung genügen würde. An Atomwaffen, deren Zerstörungskraft eine Megatonne übertrifft, besitzen die Vereinigten Staaten 7000, die Sowjetunion 4600, Großbritannien 200, Frankreich 250, China 150; Indien, Südafrika und Israel sind imstande, solche Waffen hervorzubringen. Wenn zwei Nationen soviel Vernichtungswaffen besitzen, daß damit die Weltbevölkerung zwölfmal ausgelöscht werden könnte, und sechs weitere Nationen bestrebt sind, ebenso viele Vernichtungswaffen hervorzubringen, so ist das Weltsystem, das eine solche Rüstungsproduktion zuläßt, einfach pathologisch.

Die Kirchen bilden moralische Solidaritäten, die eine geeignete Stätte bieten können, um über Aktionen nachzudenken, die dieses System tiefgreifend umgestalten und ändern könnten. Wenn also, obwohl diese Möglichkeit gegeben ist, eine Kirche ihre apostolischen Anstrengungen auf eine psychologisch unterbaute seelsorgliche Beratung ausrichtet, um den Menschen behilflich zu sein, in einem solchen System zu überleben, statt auf die Prüfung und Änderung der gesellschaftlichen Hauptursachen dieses Systems zu drängen, so ist dies wiederum pathologisch.

Pathologisch ist es auch, sich über die sittliche Berechtigung der Produktion von Kernenergie nicht eindeutig auszusprechen, obschon beunruhigte wissenschaftliche Fachleute ausdrücklich erklärt haben, daß bis jetzt noch kein Weg bekannt ist, den Nuklearmüll, den Atomkraftwerke im normalen täglichen Betrieb hervorbringen, zu beseitigen, und wenn Verwaltungsstellen weiterhin den Nuklearmüll in nicht haltbaren Behältern zu lagern gestatten, obwohl sie wissen, daß der Müll Tausende von Jahren über die natürliche Lebensdauer der Behälter hinaus gefährlich bleiben wird, und daß die

schlimmste Wirkung des Nuklearmülls in der Möglichkeit besteht, Krebs zu erzeugen, wenn er in das Essen und Trinken gerät, und daß der Müll den Boden verseucht, auf dem die Nahrungsmittel wachsen, und die Ströme, denen das Trinkwasser entnommen wird.
In einer Welt, die unter dem Damoklesschwert des Atomkriegs lebt und deshalb mit der möglichen Zerstörung der wenn auch noch so sorgfältig verschlossenen Behälter radioaktiven Mülls rechnen muß, und wenn Behälter nahe an erdbebenträchtigen Erdfalten gelagert werden und wenn Atomkraftwerke ihre Abfälle insgeheim in der Nähe ungeschützter Menschen lagern, ist es pathologisch, anzunehmen, daß die Kernkraftanlagen und ihre geheimen Müllablagerungssysteme an Orten, wo schutzlose Menschen leben, nicht Zerstörungsakten ausgesetzt sein werden. Kirchen, die sich mit solchen Systemen abfinden, indem sie dazu schweigen, sich gleichgültig verhalten oder sich schuldhafter Unwissenheit schuldig machen, da vom Seminar, das männliche Anwärter auf den kirchlichen Dienst ausbildet, dieses Wissen geflissentlich nicht übermittelt wird, führen zu pathologischem Verhalten. Wenn man in einem solchen Weltsystem geplanter Vernichtung die persönliche Heiligkeit und die Gemeindesolidarität überbetont, verkleinert man Gott zu einer Stammesgröße, während doch der Gottesgedanke und der Bezug Gottes zum Universum allumfassend und die Idee einer katholischen Kirche allumschließend ist.
Wenn doch soviel Beweismaterial dafür vorliegt, daß das Weltwirtschaftssystem in seiner jetzigen Form nicht imstande ist, für die ganze Weltbevölkerung richtig zu sorgen, sondern weiterhin bloß für ein Drittel sorgt, für das unterdrückte Drittel aber so wenig sorgt, daß mit dessen Tod zu rechnen ist, wenn also eine solche Lage besteht, und diese Lage besteht tatsächlich, die Kirche aber weiterhin an der Zeugung von Menschen auf Wegen, die das Problem noch verschlimmern, festhält, gleichzeitig aber es unterläßt, sich mit wirksamen Beratungsgremien auszurüsten, die menschliche Lösungen ausarbeiten könnten, obwohl es in ihrer Macht läge, dies zu tun, so ist dies pathologisch. Wenn eine Kirche, den Geboten ihres Evangeliums entsprechend, der Welt verkündigt, daß durch das Wirken des auferstandenen Erlösers alle eins sind, und dann daran geht, eine Weltstruktur zu bestätigen, die einigen Ansehen und Reichtum, anderen Fronarbeit verschafft und ein Drittel der Weltbevölkerung der Mittel beraubt, die zum bloßen Überleben notwendig sind, wenn sie den Bevorteilten Lebensfreude predigt, den Arbeitern

Arbeitsdisziplin und den Enterbten geduldiges Warten auf den Himmel, dann sind diese Predigten, da sie die den bestehenden Verhältnissen entsprechende ungerechte Verteilung der Reichtümer der Welt gutheißen, die nur für das Überleben der bevorzugten Klassen sorgt, ein schlimmer pathologischer Mißbrauch des Gotteswortes[8]. Gegenwärtig ist der Haß im Krieg institutionalisiert, das Eigeninteresse in der Wirtschaft und die Liebe in der Familie. Die Wissenschaft bietet heute größere Versuche, diese Aufteilungen zu rechtfertigen, indem man sie als natürlich ausgibt[9]. Die Kirche kann dazu mißbraucht werden, diese Aufteilungen als etwas Heiliges erscheinen zu lassen, indem man sich über Gott Vorstellungen macht, die diesen Aufteilungen entsprechen. Falls dies vorkommt, ist das Sprechen der Kirche pathologisch geworden. Es liegt Grund zur Vermutung vor, daß dies tatsächlich vorgekommen ist, obschon die Kirche verkündigt hat, daß das Eintreten für die Gerechtigkeit ein Wesenszug des Evangeliums ist[10]. Effektive Weisungen, diesen Auftrag zu erfüllen, stoßen auf den Widerstand von Kirchenbehörden. Es gibt jedoch Hebel, um einen Wechsel herbeizuführen. Dieses Gebot der Gerechtigkeit ist in die Menschenrechtskonventionen der Vereinten Nationen aufgenommen worden[11], zu deren Abfassung die Kirchen einen wichtigen Beitrag geleistet haben[12]. Diese Konventionen bekräftigen das Recht eines jeden Menschen auf Gesundheitspflege, Bildung, soziale Sicherheit, Vereinigung, und zwar aufgrund des Menschseins und nicht bloß aufgrund der Staatsbürgerschaft. Sie bestätigen auch die Rechte der Menschen auf die Nutzung ihrer Ländereien und Landreserven, kurz, sie bekräftigen die sozialen Rechte. Zudem bestätigen sie die Rechte der einzelnen Menschen auf ge-

---

8 Max Weber, Gesammelte Aufsätze zur Religionssoziologie (Tübingen 1922), Kap VI, VII und VIII.
9 Wilson, a.a.O.
10 Römische Synode 1971, „Gerechtigkeit in der Welt", Nr. 6.
11 16.12.1966.
12 Vgl. Päpstliche Kommission Justitia et Pax, The Church and Human Rights, Working Paper No. 1 (Vatikanstadt 1975) und Church Alert, The SODEPAX Newsletter, Nr. 17−20 1977 und 1978 (Ökumenisches Zentrum, Genf, Schweiz). Diese Hefte besehen das soziale Denken der Kirchen aus katholischer und aus protestantischer Sicht. Vgl. auch die neueren Dokumente der Lateinamerikanischen Bischofskonferenz: Witness to Justice: A Society to Be Transformed (Mai 1979, Ottawa, Ontario). Die „Call to Action Conference" der Bischofskonferenz der Vereinigten Staaten von 1976 hatte eine ähnliche Aufgabe.

rechtes Gerichtsverfahren, die Äußerungsfreiheit, Versammlungs-, Religions- und Abstimmungsfreiheit, kurz, die persönliche Freiheit sowie die soziale Sicherheit. Diese Dokumente verwehren die Institutionalisierung des Hasses im politischen Kampf und des Eigeninteresses in der Wirtschaft. Die Liebe soll sich über die eigene Familie, Gemeinschaft und Nation hinaus erstrecken.

Will man die natürlichen menschlichen Qualitäten wieder auf gerechte politische, wirtschaftliche und gesellschaftliche Ziele richten, muß man die Natürlichkeit des Klassenkampfes in Frage stellen und die Rollenbeziehungen zwischen Männern und Frauen in der Gesellschaft reorganisieren, denn den institutionalisierten Beziehungen liegen primär die sexuellen Partnerschaften zugrunde. Diese Partnerschaften sind für das Leben immer noch wesentlich, aber nicht mehr das Hauptmodell für das Überleben. Neue Modelle von Paarbeziehungen und neue Fertigkeiten im Paarverhalten sind notwendig. Man muß sich kraft des Glaubens auf die menschliche Solidarität einlassen, ohne daß man, weil man sich ein entsprechendes Gottesbild macht, insgeheim annimmt, der Mann oder der Weiße stünden höher[13]. Man muß zugeben, daß die Sünde in allen ihren Erscheinungsformen gesellschaftlichen Charakter hat und mit dem Geben und Nehmen des Lebens zusammenhängt.

Wir bedürfen einer radikalen Kehrtwendung zu einer neuen Einstellung, um Gottes Willen zu tun, eines Übergangs von einer bloß lebenweckenden Einstellung zu einer globalen Entwicklung der Menschen, einer Ausweitung unserer Sicht, damit unser Verbundenheitsgefühl nicht mehr durch die engen Grenzen der ethnischen Solidarität und der Klassenabkunft bestimmt wird, sondern von einem neuen Verständnis der Freiheit des Gottesvolkes, von der Entdeckung, daß Altruismus mit Gottes Hilfe eine erreichbare Tugend ist.

Unsere herkömmlichen Modelle für die Aufteilung der Arbeit auf Herz und Kopf, Himmel und Erde, Sklaven und Freie, kurz, auf Frau und Mann, Schwarze und Weiße, Arme und Reiche, Diener und Bediente schließen eine solche Ausweitung der Einstellung aus. Diese engen Modelle führen letztlich zu der pathologischen Erscheinung der Rettungsbootethik, die jetzt als plausible Lösung für das

---

[13] Sabelo Ntwasa und Basil Moore, The Concept of God in Black Theology, in: Basil Moore (Hg.), The Challenge of Black Theology in South Africa (Atlanta, Georgia 1974) 18—28.

Problem der Übervölkerung der Welt in aller Form vertreten wird[14]. Daß die Wissenschaftsgremien überhaupt eine solche Lösung ins Auge fassen, obschon es doch Alternativen einer anderen Weltwirtschaft gibt, ist die schlimmste aller Pathologien. (In den durch Nationen der Ersten und der Zweiten Welt erlassenen Einwanderungsbeschränkungen kommt diese pathologische Einstellung dauernd zum Ausdruck, aber auch in der Grundlogik der internationalen Finanzwelt.) Die Grundvoraussetzungen des internationalen Systems von Produktion, Handel und Zugang zu den Ressourcen, die es für das Überleben braucht, wurzeln in Mythen des Eigeninteresses, die es verhindern, Probleme des menschlichen Überlebens zu lösen, es aber ermöglichen, Prozesse der Vernichtung des Menschen auf Weltebene einzuleiten.

Es ist nicht so, daß es für die Probleme keine technische Lösung geben würde, nur sind die Parameter zur Lösung der Probleme des menschlichen Lebens gegenwärtig zu eng für die Variabeln, die mitberücksichtigt werden sollten. Unsere Grundmythen schließen die Lebensgeschichten einiger Leute aus. Unsere Ideen über Gott und die Beziehung Gottes zur Welt beschränken sich auf eine Männerkirche in einer Männerwelt[15]. Die Menschen, die sich zur Beratung über die Weltprobleme versammeln und über Entscheidungsmacht verfügen, repräsentieren nicht die historischen Gruppen, deren Entwicklung von denen zugelassen wurde, die die Macht hatten und haben, solche Entscheide zu treffen. Um pathologische Machtmißbräuche auszuschließen, die zur Unterdrückung des Menschen geführt haben, müssen die Menschen, die zur Beratung zusammenkommen, sämtliche Menschen repräsentieren. Bevor dies der Fall sein kann, muß die Kirche anerkennen, daß alle ihre Glieder nach Gottes Bild geschaffen und zu Gottes Willen berufen sind[16]. Die Kirche muß anerkennen, daß die Form ihres Gottesdienstes die Form der Welt ist, welche ihre Form im Sinnbild und Ritus prägt. Wenn der Zutritt zu Gott durch die Form eingeschränkt wird, ist die Form pathologisch.

14 Vgl. Carrett Hardin, The Tragedy of the Commons: Science 162 (1968) 1243—1248; ders., Living on a Lifeboat: BioScience 24 (1974) 561—568.
15 Marie-Augusta Neal, Women in Religious Symbolism and Organization: Harry M. Johnson (Hg.), Religious Change and Continuity (San Francisco 1979) 218—250.
16 Vgl. die Erklärung der Kongregation für die Glaubenslehre zur Frage der Zulassung der Frauen zum Priesteramt: Verlautbarungen des Apostolischen Stuhls 3 (Bonn 1976). Vgl. auch J. O'faolain/L. Martines (Hg.), Not in God's Image (New York 1973).

Marie de Merode-de Croy
Die Rolle der Frau im Alten Testament

1. Einleitung

Die Frauen beklagen sich darüber, in der katholischen Kirche kein Gehör zu finden oder, genauer gesagt, dort keine offizielle Rolle zu haben bei den Entscheidungen, die ihrer Zukunft die Richtung weisen, und an den Handlungen, die ihre Mission darstellen, nicht beteiligt zu sein. Auch wenn die Kirche vor allem der Leib Christi ist, wie es die Konzilskonstitution „Lumen Gentium" (Nr. 8) betont, bildet sie über diesen spirituellen, göttlichen Aspekt hinaus auch ein „mit den Augen wahrzunehmendes Ganzes", eine hierarchisch organisierte Gemeinschaft, die von Amtsträgern geleitet oder, wie man heute sagt, „animiert" wird, deren wesentliche Rolle die des Lehramts und der Heiligung ist, eine Rolle, von der die Frauen schlicht und einfach aufgrund ihres Geschlechts ausgeschlossen sind; und so fällt es ihnen manchmal schwer, sich eben wegen dieses Ausschlusses als vollwertige Glieder dieser Kirche zu fühlen.

Dieser Ausschluß wird nach dem neuesten Dokument des Heiligen Stuhls zu diesem Thema, der „Erklärung über die Frage der Zulassung der Frauen zum Priesteramt", mit zwei wesentlichen Argumenten biblisch begründet: 1. Das Beispiel Christi, der die Frauen nicht mit dem Apostelamt betraut hat, obgleich er doch feministischer war, als es zu seiner Zeit in der jüdischen Welt üblich war, wie es vor allem das Alte Testament beleuchtet (Nr. 3); 2. Die Tatsache, daß Christus selbst ein Mann war, und der Priester, der sozusagen das Sakrament Christi ist, seine Aufgabe als Zeichen nicht erfüllen würde, wenn er eine Frau wäre (Nr. 5). Aus diesem Anlaß zitiert das Dokument des Heiligen Stuhls einige alttestamentliche Texte, die diese These stützen oder besser „im Einklang mit ihr" stehen sollen. Diese Texte stellen den Bund Gottes mit seinem Volk im Bild der Ehe dar, in dem Gott der Ehemann und sein Volk die Ehefrau ist; es handelt sich um Texte, die von Neuen Testament aufgegriffen und auf das Verhältnis Christi zu seiner Kirche übertragen werden.

Das Alte Testament spielt demnach eine wichtige Rolle für die Art und Weise, wie die Kirche heute die Rolle der Frauen sieht. Im übrigen muß man zugeben, daß diese beiden biblischen Hauptargumente zu einem großen Teil schwer zu gebrauchende Argumente aus dem Nichtgesagten sind, und die Erklärung räumt ein, daß diese beiden Argumente keine „unmittelbare Evidenz" böten, „sondern konvergierende Fakten" darstellten (Nr. 2).

Es ist sicher Aufgabe der Kirche, nach reiflicher Überlegung „zwischen den wandelbaren und unwandelbaren Elementen" zu unterscheiden (Nr. 4). Ich möchte hier nur einige Überlegungen – die einer Theologin – über die Art und Weise äußern, wie die Erklärung die alttestamentlichen Dokumente für ihre beiden Hauptargumente benutzt.

Wie das römische Dokument selbst zugibt, ist es schwierig, in den biblischen Texten eine irgendwie geartete Theologie, irgendeinen Plan Gottes mit der Frau als solcher oder irgendeinen Ort der Frau im Plan Gottes zu entdecken. Mittelbar jedoch hilft uns das Alte Testament zu verstehen, in welchem Kontext Jesus lebte, in welchen Hintergrund er sich einordnete, welchen Situationen er sich entgegenstellte, als er in gewissen Punkten mit der Einstellung seiner Umwelt brach, jedoch keine Frauen in den Kreis der Zwölf berief. Dies wird das Thema des zweiten Teils sein. Anschließend werden wir sehen, wie bereits im Alten Testament bestimmte heilige Schriftsteller ihrerseits gegen die Haltung ihrer eigenen Umgebung gegenüber den Frauen opponierten. Und schließlich werden wir die Brautsymbolik des Alten Testaments untersuchen.

2. Der Hintergrund des Alten Testaments und die Haltung Jesu

Die meisten alttestamentlichen Texte, die von Frauen handeln, zeigen sie uns in ihrer gewöhnlichen Eigenschaft als Ehefrau, Mutter oder Hausfrau. Die heiligen Verfasser versäumen nicht, die Bedeutung der Rolle der Frauen lobend anzuerkennen, allen voran die Rolle der Braut im Hohen Lied. Die eheliche Liebe Isaaks, Jakobs und Elkanas, des Vaters von Samuel und Tobias, wird in den biblischen Büchern besonders vermerkt. Die Liebe Rebekkas, Rachels, Hannas, der Mutter des Samuel, oder Saras dagegen wird nicht hervorgehoben und eher als natürliche Haltung einer Frau angesehen. „Wer ein Weib fand, hat ein Gut gefunden", liest man in Spr 18, 22. „Ihre Liebe mache dich immerfort trunken", heißt es in Spr 5, 19. Aber „ein Weib nimmt einen jeden Mann" (Sir 36, 21). Die wesentlichen weiblichen Qualitäten sind Zurückhaltung, Schamhaftigkeit (26, 13—18) und Sanftheit (36, 23). In gleicher Weise wird die Mutterrolle seit ältester Zeit hoch bewertet: „Ehre deinen Vater und deine Mutter" sagt der Dekalog[1]. Und die Weisheitsliteratur preist schließlich den Charme einer hübschen Frau „als Zier ihres Hauses" (Sir 26, 16), „sie hat für ihr Haus den Schnee nicht zu fürchten; denn...Decken hat sie sich angefertigt" (Spr 31, 21—22).

Kurz, das Alte Testament versäumt also nicht, die Frauen in ihren traditionellen Rollen zu loben, und unterläßt es dementsprechend auch nicht, diejenigen zu geißeln, die sich nicht in diese Rollen einfügen: die zu schönen (Sir 9, 1—9), dreisten, wir würden sagen provozierenden (26, 11), boshaften, herrischen, schwatzhaften und also müßigen (25, 13—26), eifersüchtigen (26, 6) oder trunksüchtigen (26, 8) Frauen. Und schließlich werden die Väter kurzweg ihrer „Töchter" wegen beklagt (42, 9—11). „Weniger schlimm ist die Bosheit eines Mannes als die Güte einer Frau", schreibt der Autor auch noch (42, 14). „Wenn sie deinem Finger und deinem Auge nicht gehorcht, so trenne sie ab von deinem Leibe." (25, 26; Est 1, 17)

In der Tat ist die Gesetzgebung des Alten Testamentes hinsichtlich der Ehe für die Frau sehr viel strenger als für den Mann. Die Frau zählt mit dem Haus (und in Ex 20,17 sogar nach dem Haus) zu den Besitztümern ihres Mannes. Ihr Mann kann sie verstoßen, während sie nicht die Scheidung verlangen kann. Ein ungehöriges Betragen der Ehefrau wird sehr viel härter bestraft als das des Mannes. Kurzum, die Frau wird wie eine „ewig Minderjährige" behandelt[2].

Zur Zeit Jesu hatte sich die Lage der Frau eher noch verschlechtert. Die Verstoßung im Falle des Ehebruchs oder auch nur bei Unfruchtbarkeit nach zehn Ehejahren galt als Pflicht. Nach Meinung einiger Rabbinen durfte man seine Frau sogar verstoßen, wenn sie „das Essen hatte anbrennen lassen oder wenn man eine andere, schönere Frau gefunden hatte"[3].

Die meisten Gesetze des Alten Testamentes und des Judentums

---

1 Ex 20,12. Andere Hinweise und konkrete Beispiele in unserem Artikel in: La Foi et le Temps (1975) 118f.
2 R. de Vaux, Les institutions de l'Ancien Testament 1 (Paris 1958) 48, 60—62, 67—69.
3 J. Bonsirven, Le judaisme palestinien au temps de Jesus Christ 2 (Paris 1935) 107, 207, 211—214.

betreffen also die Frauen im Rahmen der Ehe; sie sehen die Frauen wesentlich als Ehefrauen, Mütter, Hausfrauen. Diese Gesetze sind im allgemeinen dazu da, den Ehemann[4] und in noch allgemeinerem Sinne zweifellos auch die Familie zu schützen, das Entstehen einer legitimen Nachkommenschaft, an die man die Verheißung weitergeben würde, welche die Existenz Israels bedingt. Ebenfalls in diesem Rahmen muß man anscheinend auch die rabbinischen Vorschriften sehen, die jeder Frau, auch der unverheirateten, das Studium der Schrift untersagten, die man übrigens das Gesetz nannte, das heißt letztlich nichts anderes als die Lektüre dessen, was sie von ihren zur damaligen Zeit so mühseligen Mutterpflichten hätte ablenken können[5]. Die Frauen dürfen in die Synagoge gehen, aber, da sie sich im Gesetz nicht gut auskennen, nicht daraus vorlesen.

Dieses Verbot hinsichtlich des Gesetzesstudiums wird beträchtliche Konsequenzen haben für die Art und Weise, wie die Frau am Beginn des Christentums gesehen wird: da sie nicht alle Feinheiten des Gesetzes kennt, das seit Esdras (5. Jahrhundert) in Israel erhebliche Bedeutung erlangt hat, ist die Frau – wie übrigens auch Sklaven und Kinder – nicht gehalten, die zu einem bestimmten Zeitpunkt einzuhaltenden positiven Vorschriften zu beachten. Und wenn die Frau das Gesetz, das den Bund besiegelt, nicht vollkommen beobachtet, werden gewisse Texte so weit gehen können, zu behaupten, der Bund gelte für sie nicht. So kann ein altes jüdisches Gebet (spätestens 1. Jahrhundert nach Christus), das in drei rabbinischen Werken erhalten ist, lauten wie folgt: „Gelobt sei Gott, der mich nicht als Heiden geschaffen hat. Gelobt sei Gott, der mich nicht als Frau erschaffen hat. Gelobt sei Gott, der mich nicht als Sklaven geschaffen hat." Der Grund ist, was die Frau anbelangt, daß diese nicht die Gebote einhalten muß. Der Kontext des Gebetes, seine tiefe Absicht, zielt offensichtlich auf die Freude, die Gebote zu halten, aber die Gleichsetzung mit Sklaven und Heiden ist nichtsdestoweniger aufschlußreich für die Wertschätzung, die man der Frau damals entgegenbrachte.

Das Gesetz enthielt übrigens viele rituelle Vorschriften, die ganz einzuhalten die Frauen wegen ihrer häufigen Berührung mit Blut nicht imstande waren. Sicher ist dies der Grund dafür, daß für sie ein be-

---

4 Außer Dt 21,10—14; Ex 21,7—11; Dt 24,17.
5 Vgl. Rev. Theol. Louv. (1978) 181—183; dort weitere Einzelheiten zu den folgenden Abschnitten.

sonderer Raum zwischen dem der Männer und dem der Heiden vorgesehen war[6].

Angesichts dieser erdrückenden Materialsammlung erweist sich die Haltung Christi nur noch als um so außergewöhnlicher: er lehrt die Frauen, ohne sich um die Reaktion der Jünger zu kümmern (Joh 4,27), heilt sie, läßt sie eine Auferstehung bezeugen, geht über die gesetzliche Unreinheit der blutflüssigen Frau hinweg, deutet an, daß man den Ehebruch der Frau nicht härter bestrafen darf (Joh 8,11), verweigert den Männern das Recht auf Scheidung, so daß seine Jünger, die in diesem Punkt einen gewissen Laxismus gewöhnt sind, zu der ernüchterten Feststellung kommen: „Wenn die Sache des Mannes gegenüber der Frau so steht, dann ist es nicht gut zu heiraten." (Mt 19,10) Tiefer betrachtet, beurteilt Jesus die Frauen nach ihrem Glauben und nicht zuerst nach ihrer Bereitschaft, die Rolle der Ehefrau, Mutter oder Hausfrau auszuführen[7].

Über dieser Bestandsaufnahme über die Einrichtung des Alten Testaments in bezug auf die Frau und dem Kontext, in dem das Alte Testament die Stellung der Frau ins Auge faßt, einem wesentlich von Ehe, Mutterschaft und Häuslichkeit bestimmten Kontext, dürfen wir jedoch nicht das außergewöhnliche Schicksal einiger Heldinnen aus dem Blick verlieren, die zu einer diesen traditionellen Rahmen sprengenden Mission gerufen wurden. Übrigens scheinen diese Heldinnen zu Beginn der Geschichte Israels zahlreicher gewesen zu sein als gegen Ende, nach dem Exil, wo das Gesetz und besonders die rituellen Reinheitsgesetze eine übermächtige Bedeutung erlangen. Wenn wir als Beleg Jer 18,18 nehmen: „Denn nicht wird dem Priester die Tora fehlen und dem Weisen der Rat und dem Propheten das Wort", können wir annehmen, daß hier die drei Kategorien von geistigen Führern in Israel aufgezählt werden[8]. Wenn wir nun aber – offenbar wegen der Reinheitsgesetze – im Alten Testament keine weiblichen Priester erwähnt finden, so begegnen uns dort doch weise Frauen und Prophetinnen.

Als weise Frauen nennen wir die zum Hof gerufenen Frauen in

---

6 Flavius Josephus, Contra Apionem II, 8.
7 La Foi et Le Temps (1975) 125–128 und zu Paulus 129.
8 In der Zeit des Judentums beansprucht der Priester sozusagen die Funktionen des Propheten und des Weisen für sich, denn er lehrt das Gesetz, das einzige Zentrum der Religion Israels. Daher das Verschwinden der weisen Frauen oder Prophetinnen. Für weitere Einzelheiten vgl. La Foi et le Temps (1975) 123f.

2 Sam 14,1—21 und 20,14—22. Als Prophetinnen seien genannt Miriam, die Schwester des Mose, Debora (Ri 4,4f.) und Hulda (2 Kg 22,14—20). Halten wir ebenfalls fest, daß der Prophet Joel verkündet, der Geist werde auf alles Fleisch herabkommen: „Es werden weissagen eure Söhne und Töchter...Selbst über die Knechte und Mägde werde ich ausgießen meinen Geist in jenen Tagen" (3,1f.). Joels nachdrückliche Aussage „selbst über die Knechte und Mägde" und „alles Fleisch,... eure Söhne und Töchter" scheint sogar darauf hinzudeuten, daß der Autor wie später Jesus selbst versucht, gegen die Bedingungen, in denen die Frauen und Sklaven seiner Zeit leben müssen, Stellung zu nehmen. Dieser Versuch ist noch deutlicher in den Erzählungen von Schöpfung und Sündenfall, die wir nun untersuchen wollen.

3. Die Schöpfungserzählung

Die Erschaffung des Menschenpaares wird in der Bibel zweimal erzählt. Der erste Bericht in Gn 1,27—31 gehört zur Priestertradition (etwa 6. Jahrhundert). Der zweite in Gn 2,18—25, mit dem wir beginnen werden, ist älter (9. Jahrhundert) und gehört ebenso wie die Erzählung vom Sündenfall in Kapitel 3 zur jahwistischen Tradition. Diese Sündenfallerzählung endet mit der Ankündigung der Strafen, der Konsequenz der Sünde. Deutlich versucht der Autor, auf die ewigen Fragen des Menschseins zu antworten: warum stirbt der Mensch, warum muß er beschwerlich arbeiten und die Frau unter Schmerzen Kinder gebären? Warum herrscht der Mann über die Frau (Gn 3,16—19)? Und der Autor schreibt diese Beschwerden der menschlichen Existenz der Sünde zu. Es ist sehr wichtig festzustellen, daß diese Beschwerden nicht von Gott gewollt sind und nicht zu der in Kapitel 2 beschriebenen Schöpfungsordnung gehören, sondern im Gegenteil ein Scheitern, eine Änderung der ursprünglichen Absicht Gottes darstellen, wie sie in der Schöpfungserzählung in Kapitel 2 zum Ausdruck kommt.

Die Schöpfungsordnung und die Ordnung der Sünde sind also einander diametral entgegengesetzt. In der Tat sehen wir in Kapitel 2, daß Gott die Frau als eine Hilfe schafft, die dem Mann entsprechen soll, wörtlich „ihm gegenüber", eine Hilfe, in der er eine Antwort finden soll. Bei keinem der Tiere, die Gott zu ihm führte, hat der Mann eine Entsprechung gefunden, und deshalb erschafft Gott die Frau:

„Es ist nicht gut, daß der Mensch allein sei" (Gn 2,18). Der Mann erkennt in der Frau seinesgleichen, das ist der Sinn des Ausrufs in Vers 23: „Das ist endlich Bein von meinem Bein und Fleisch von meinem Fleisch" (vgl. Gn 29,14). Diese Einheit, diese Solidarität, diese Entsprechung zwischen Mann und Frau, welche das eigentliche Ziel der Schöpfungserzählung ist, kommt in mehreren Bildern zum Ausdruck: der Mann gibt der Frau einen von seinem eigenen Namen abgeleiteten Namen; dann verläßt der Mann seinen Vater und seine Mutter, um sich an seine Frau zu binden, denn die eheliche Einheit übersteigt die Einheit des Stammes; und schließlich ist die Frau aus der Seite Adams genommen, während die Tiere aus Erde geschaffen sind.

Dieser grundlegende Gegensatz zwischen dem Stadium der Schöpfung und dem des Sündenfalls wird von der Mehrzahl der modernen Kommentatoren anerkannt. Aber dem war nicht immer so, und, um nur auf das Corpus Paulinum einzugehen, statt wie der Autor von Gn 3 die Herrschaft des Mannes über die Frau zu beklagen und sie der Sünde zuzuschreiben, lobt 1 Tim 2,11—15 überschwenglich die Unterwerfung der Frau nicht nur wegen der Sünde, sondern wegen ihrer Sünde, denn „nicht Adam ließ sich verführen"! Beachten wir, daß die Erzählung von Gn 3 die Tatsache, daß Adam seine Verantwortung auf Eva abschiebt, diesen in keiner Weise von seiner Schuld frei macht. Überdies aber verwechselt der Verfasser von 1 Tim die Stadien von Erschaffung und Sünde, wenn er die Autorität des Mannes der Erschaffung selbst zuschreibt: „zuerst wurde Adam erschaffen, danach Eva", und dies verkennt die tiefere Intention von Gn 2. Dieselbe Argumentation findet man in 1 Kor 11,3—10. Die Beachtung bestimmter Einzelheiten der Erzählung, der Erschaffung der Frau aus dem Mann, nach ihm und für ihn, hat Paulus dazu gebracht, den Kontext und die tiefere Intention von Gn 2 kaum zu respektieren.

Die willkürliche Entscheidung, bestimmte Einzelheiten der Erzählung als Argument vorzubringen, um die Frau niederzuhalten, ist typisch für das jüdische Denken der letzten Jahrhunderte vor Christus, das sich in den Pseudepigraphen äußert, und mehr noch für das rabbinische Denken, von dem einige Texte aus der Zeit des Neuen Testamentes stammen. Bis dahin wird allerdings die Erzählung von der Erschaffung der Frau – ohne im übrigen viel Aufmerksamkeit auf sich zu lenken –, sofern sie interpretiert wird, tatsächlich immer unter Berücksichtigung dieses grundlegenden Einschnitts zwischen dem Stadium der Schöpfung und dem der Sünde interpretiert. Man kann hier den ersten Schöpfungsbericht zitieren: „Gott schuf den Menschen nach seinem Bilde, . . . als Mann und Frau schuf er ihn" (Gn 1,27). Die Erschaffung nach dem Bild Gottes zeigt sich darin, daß Mann und Frau beide unterschiedslos an der Schöpferkraft Gottes teilhaben (V. 28)[9].

Parallel dazu tritt jedoch, vor allem in den drei letzten Jahrhunderten vor Christus, eine Tendenz zutage, die ständig zunimmt und versucht, allein der Frau die Verantwortung für die Sünde zuzuschreiben, während Adam nur seiner Frau zuliebe gehandelt habe. In der Verlängerung dieser Tendenz projiziert man diese Interpretation von Gn 3 auf Gn 2, auf den Schöpfungsbericht, um bereits in Gn 2 die Zeichen der Inferiorität der Frau und die Rechtfertigung ihrer Unterdrückung zu erkennen[10]. Zweifellos ist diese sehr eindeutige Tendenz auf dem Hintergrund der Begeisterung für das Gesetz, vor allem die Reinheitsgesetze, seit Esdras zu verstehen. Die Frauen werden von der Praxis und dem Studium des in dieser Zeit so überaus wichtigen Gesetzes wegen ihrer häufigen Unreinheit und im Blick auf die bessere Sicherung ihrer Mutterrolle ausgeschlossen. Eine ideologische und biblische Rechtfertigung sucht man nun in den heiligen Texten selbst. Diese zur Zeit Christi gängige Interpretation findet sich bei Paulus wieder. So kommt man dazu, der Intention der Genesiserzählungen, die immer deutlich unterschieden haben zwischen dem Stadium der Schöpfung oder des ursprünglichen Planes Gottes und dem Stadium der Sünde, die diesen ursprünglichen Plan vereitelt, völlig fremde und sogar widersprechende Gedanken in diese Texte hineinzutragen.

Halten wir auf jeden Fall beim Verfasser der Genesis ebenso wie bei Jesus eine Distanzierung von der jeweils üblichen Lage der Frau fest; die Herrschaft des Mannes schreibt Jesus in seiner Belehrung über die Scheidung der „Herzenshärte" zu, in einer Belehrung, die versucht, über das mosaische Gesetz hinaus zum „Anfang" zurückzukehren, das Stadium der Schöpfung wiederherzustellen, zum ursprünglichen Plan Gottes zurückzufinden, ihn zu erneuern.

---

9 Siehe auch Tob 8,6 und Sir 36,26 (24).
10 Weitere Einzelheiten siehe Rev. Theol. Louv. (1977) 338−345.

4. Die Brautsymbolik

Alles, was bisher über die mutige Reaktion Jesu auf die Gewohnheiten seiner Zeit gesagt wurde, erkennt auch die Römische Erklärung an, die jedoch eine Antwort auf die Frage sucht, warum Jesus nicht weiter ging, nicht selbst Frauen zum Apostelamt berufen hat. Wir werden am Ende versuchen, diesen Punkt zu klären. Des weiteren mißt die Erklärung jedoch große Bedeutung dem Zeichen des Mannes Jesus bei, das der Priester bedeutet, einem Zeichen, das „in Übereinstimmung" mit der Schrift sein soll, wenn diese den Bund im Bild einer Ehe vorstellt, in dem Gott (später Christus) der Mann und das Volk (später die Kirche) die Frau ist.

Es sei uns indessen gestattet, die Frage zu stellen, ob man aus dem Bild der auf den Bund übertragenen ehelichen Liebe etwas Normatives für die jeweiligen Rollen von Mann und Frau in der Kirche ableiten kann. Zu der Zeit, als dieses Bild auf den Bund übertragen wurde, stand die Frau für das Volk Gottes, weil kulturell ihre Rolle als passiv aufgefaßt wurde. In dem Maße, in dem der Ehemann die Autorität und die Initiative der ehelichen Liebe besitzt, kann er für Gott oder für Christus stehen, und in diesem Maße ist auch der Priester als Mann gedacht. Aber je mehr sich die Auffassung von den Rollen ändert – wie es heute der Fall ist –, um so mehr frage ich mich, ob es immer noch so „bezeichnend" ist, Gott als Ehemann und den Priester, das Sakrament Christi, als Mann zu denken. Ist es so wahr, daß die Menschwerdung des Wortes im männlichen Geschlecht „unlösbar mit der Heilsökonomie verbunden" ist? Anders gesagt: Postuliert die Heilsökonomie an und für sich und in allen Kulturen, daß Christus ein Mann ist?

5. Frauen ins Amt berufen?

Nachdem wir einige Überlegungen zum zweiten biblischen Argument des Römischen Dokuments angestellt haben, wollen wir nun vor den Schlußfolgerungen auf das erste Argument zu sprechen kommen. Obgleich die Erklärung zugibt, daß die Haltung Christi gegenüber den Frauen sich von der der Juden seiner Zeit deutlich abhebt, nimmt sie dies gleichwohl zum Anlaß zu behaupten, es sei darum nur um so erstaunlicher und bezeichnender, daß Jesus keine Frauen ins Apostelamt berufen habe. Bedenken wir jedoch, daß

Christus auch keine Heiden berufen hat, was die Kirche nicht daran hinderte, dies zu tun. Jesus und Paulus mußten einer bestimmten Priorität Rechnung tragen. Paulus erschien es wesentlich, daß die Heiden als Vollmitglieder in der Kirche eintreten konnten, während er die Verbesserung der Lage der Frau, vor allem im apokalyptischen Klima der Anfänge des Christentums, nicht für wesentlich hielt (vgl. 1 Kor 7).

Aber es handelt sich hier um ein schwer zu gebrauchendes Argument aus dem Nichtgesagten, wie ich zu Beginn erklärte. Deshalb betont das Dokument (Nr. 6) auch weiter die Tatsache, daß die Kirche keine menschliche Gesellschaft sei und folglich ihre Haltung nicht an die der modernen Demokratien anpassen könne, in denen die Frau prinzipiell Zugang zu den gleichen Verantwortlichkeiten habe wie der Mann. Hier sei mir folgende Frage gestattet: Müßte die Kirche nicht versuchen, die Freiheitswerte, die sie in den modernen Demokratien erkennt und schätzt, in die menschliche Seite der Kirche, das „mit den Augen wahrzunehmende Ganze", von dem ich zu Anfang sprach, zu integrieren?

Schließlich behauptet das Dokument, das Priestertum sei „keine Funktion, die man zur Hebung seiner sozialen Stellung erlangen könnte..., da diese Sendung einer anderen Ordnung angehört". Auch hier sollten wir fragen: hat das Priestertum nicht auch eine „mit den Augen wahrzunehmende" Seite, und ist es nicht ein Glück, daß es, auch menschlich gesprochen, als ein positives Element erlebt und erstrebt wird, mit anderen Worten, als eine Art „Beförderung"? Ist es nicht schade, daß die Kirche Menschen vom Priestertum fernhält, denen es so viel bedeutet? Liegt der tiefe Sinn der Inkarnation nicht darin, daß der Mensch für würdig erachtet wird, Gott zu offenbaren, und daß die menschlichen Werte in Gott angenommen sind?

6. Schlußbemerkung

Die Untersuchung der alttestamentlichen Dokumente über die Frau im Licht des Römischen Dokuments hat uns erlaubt, die Texte einer Prüfung zu unterziehen, die heute von der Kirche verwandt werden, wenn sie die Rolle der Frau untersucht.

Die im allgemeinen negative Einstellung des Judentums wird von Christus kritisiert und als überholt angesehen, allerdings nur bis zu einem bestimmten Punkt, denn in letzter Instanz wird die Tatsache,

daß Christus Männer, und nur Männer, in das Apostelamt berufen hat, eine Berufung, die im Alten Testament wurzelt, für „unlösbar mit der Heilsökonomie verbunden" erklärt und nicht als ein von der geoffenbarten Botschaft unabhängiges kulturelles Faktum gesehen wie zum Beispiel die Überlegungen über die rituelle Unreinheit der Frau.
In gleicher Weise wird auch von den Bildern, welche die Beziehung Gottes zu seinem Volk als Ehe darstellen, erklärt, sie gehörten zur Offenbarungsbotschaft, im Gegensatz beispielsweise zu dem Bild der Verbindung zwischen dem Lehensherrn und seinem Vasallen, in dem das Verhältnis Gott – Volk im Alten Testament ebenfalls häufig dargestellt wird.
Es war, wie ich glaube, wichtig, darüber nachzudenken, welchen Gebrauch die Kirche heute von der Offenbarungsbotschaft macht, wenn sie ihre Lehre über die Rolle der Frau entwickelt.

René Laurentin

Jesus und die Frauen: Eine verkannte Revolution?

Hat Jesus eine Revolution zugunsten der Frauen einleiten wollen? Es hat ja Tendenzen in der feministischen Bewegung gegeben, die ganz pauschal den „männlichen Chauvinismus" des Christentums verurteilt und verworfen haben. Aber heute steht man auch in der Frauenbewegung, dort wo man aufgeschlossen versucht, dem, was der Kampf der Frauen heute sein soll, zu entsprechen und diesen Kampf richtig und gerecht einzusetzen und zu würdigen, dieser Frage nicht mehr so ablehnend gegenüber[1]. Wir wollen uns hier nicht auf eine oft überspitzte Polemik zwischen einem männlichen Antifeminis-

---

1 In der engagierten feministischen Literatur wird Maria höchstens gelegentlich erwähnt und dann noch, um damit ein überholtes Idealbild der Frau als Inbegriff der Passivität, der Selbstvergessenheit, des schweigenden Duldens und der Entfremdung anzuklagen. Das Bild von Maria als Jungfrau weist dann auf eine gefährliche Verdrängung der Sexualität und die daraus folgenden Frustrationen hin. Als Mutter (und dann auch als die Mutter überhaupt) steht sie für eine Wertschätzung der Frau, die deren ganze Bedeutung auf ihre biologische Möglichkeit, Mutter zu werden, einengt auf Kosten der anderen Dimensionen ihrer Persönlichkeit und ihres Wesens. Eine Frau, deren Selbstidentifikation und deren Selbsteinschätzung einseitig auf ihrer Mutterrolle beruhen, verteidigt ihre Besitzansprüche gegenüber ihrem Kind, und das kann sich nur in einem sehr schmerzhaften Konflikt mit seiner Mutter von den erstickenden Folgen ihrer Liebe befreien. Schließlich sei Maria als Jungfrau und Mutter ein Ideal, das eine andere Frau unmöglich vereinen und verwirklichen kann. Diese Idealisierung muß für jede andere Frau, wenn sie deren normativen, religiösen Wert verinnerlicht hat, als Quelle des Konflikts und der Frustration empfunden werden. Die Vertreter der feministischen Bewegung, die sich auch im Evangelium auskennen, wie Rosemary Radfort Ruether – vgl. ihre Bücher „Religion and Sexism" (New York 1974) und „New Woman, New Earth. Sexist Ideologies and Human Liberation" (New York 1978) – oder Elisabeth Schüssler Fiorenza wissen aber, daß Maria, wie sie in den Evangelien, besonders in Lukas 1–2 erscheint, eine ganz andere Frau ist. Vgl. über dies alles: R. Laurentin: Revue des sciences philosophiques et théologiques 60 (1976) 459–471 und 62 (1978) 278–284.

mus und einem weiblichen Antimaskulinismus einlassen, wir wollen auch nicht die Rhetorik, die Befreiungsbewegungen eigen ist, abschätzig angreifen, sondern wir wollen hier nur positiv und kurz zeigen, ob und wie Jesus etwas Neues und Befreiendes für die Frauen unternahm.

1. *Eine christliche Revolution: Die Taufe als Zeichen der Initiation sowohl für den Mann als für die Frau*

Wir gehen aus von einer unbestreitbaren Tatsache, die zum Kern der Botschaft des Evangeliums gehört: Im Christentum wurde der Initiationsritus, die Taufe, von Anfang an sowohl bei der Frau als bei dem Mann vollzogen (vgl. Apg 8,12). Nirgendwo ist auch nur eine Spur des Zweifels oder des Zögerns darüber zu finden.

Hier setzte sich das Christentum eindeutig vom Judentum ab, das nur einen Initiationsritus für Männer kannte: die Beschneidung. Wenn man allerdings bedenkt, daß viele Völker einen der Beschneidung der Männer entsprechenden Ritus für die Frauen hatten, das Wegschneiden der Klitoris, einen sehr schmerzhaften und die Frau verstümmelnden Ritus, der z.T. heute noch in Afrika existiert, dann könnte man sich fragen, ob die Reservierung solch blutiger Riten für den Mann nicht doch schon ein Fortschritt der Offenbarung gewesen sei. Jedenfalls gründete die Einführung eines neuen Ritus, der weder männlich noch sexueller Natur war, sondern an jedem Menschen vollzogen werden konnte, die christliche Gemeinschaft auf eine neue Grundlage, die das konkrete Geschlecht des Menschen transzendiert und nicht einer bestimmten Gruppe vorbehalten werden kann, sondern allgemein menschlich ist. Man kann die Bedeutung dieser Tatsache nicht hoch genug einschätzen. Riten pflegen meistens einen weit größeren Einfluß als ideologische Erklärungen zu haben[2].

---

2 Das beweist die Geschichte der Kirche. Im letzten Konzil waren es die Entscheidungen über die rituelle Gestaltung des Gottesdienstes und die Spendung der Sakramente, die in den Diskussionen über die Erneuerung der Liturgie am ausgiebigsten erörtert wurden, nicht zuletzt, weil man intuitiv spürte, welche weitreichenden Folgen sie haben würden. Die Tatsache, daß in besonderen Fällen auch die Laien bei der Kommunion aus dem Kelch trinken dürfen, so daß der Auftrag Christi „Nehmt und trinkt" und dann auch das vorangehende „Nehmt und eßt" – dies in der Form der Handkommunion – neue Bedeutung

Im Judentum wurden die Frauen nicht zu der liturgischen Versammlung zugelassen. Sie gehörten nicht im eigentlichen Sinn zum „Königreich von Priestern", von dem Ex 19,6 spricht. Daher kommt auch die Redewendung „Frauen und Kinder nicht mitgerechnet": sie waren ja nicht so wichtig[3] (Ex 12,37; Dt 3,19 usw. Im Neuen Testament findet man diesen Ausdruck bei Matthäus 14,21 und 15,38, der

    bekamen, war wichtiger für die Wiedergewinnung der aktiven Wertschätzung der Laien in der Kirche und dann auch für ein neues Wissen um die Gleichheit zwischen Mann und Frau als alle diesbezüglichen Texte: die Texte bekamen durch die neuen Riten erst eigentliche Relevanz. So hat auch die Wiedereinführung der Konzelebration den Individualismus in der Frömmigkeit und in der Liturgie gebremst und einen neuen Sinn für die Liturgie als Leben einer christlichen Gemeinde ermöglicht.

3 „Christus allein hat der Frau ihre wahre Würde gegeben" meint Xavier Léon-Dufour in seinem „Wörterbuch zur biblischen Botschaft" (Freiburg 1964) 184. Ein tägliches jüdisches Gebet hat den Wortlaut: „Gelobt seist Du, unser Gott, weil du mich weder als Heiden, noch als Frau, noch als Unwissenden erschaffen hast." Der Frau bleibt nur zu beten: „Gelobt seist Du, o Herr, der du mich nach Deinem Willen geschaffen hast." Léon-Dufour gibt aber auch zu, daß, abgesehen vom Ausschluß der Frau aus der eigentlichen Gottesdienstgemeinde, in Israel die Frau wenigstens prinzipiell als dem Mann ebenbürtig anerkannt wird. Die Schrift bezeugt zudem, wie sie einige Male unter dem Einfluß des Geistes zur Prophetin wird: Miriam (Ex 15,20), Deborah und Yael (Ri 4,4.5.31), Hulda (2 Kön 22,14−20). (Dazu vergleiche man im Neuen Testament 1 Kor 11,5.)

Man darf daher den Gegensatz zwischen dem Judentum und dem Christentum nicht übertreiben. Es wäre nicht nur ein Anachronismus, in diesem Kontext von Feminismus oder Antifeminismus zu reden, sondern Jesus sagte auch ausdrücklich, daß er „nicht kam, um (das Gesetz) abzuschaffen, sondern um (es) zu erfüllen" (Mt 5,17). So nahm die erste christliche Gemeinde weiterhin am jüdischen Kult im Tempel teil, auch wenn sie schon ihre eigenen Gottesdienste hatte (Apg 2,46; 3,1−3. 8−10; 4,1; 5,20−25.42). Erst die Verfolgungen zwangen die judenchristlichen Gemeinden, mit dem jüdischen Kult zu brechen, und dies hatte negative Folgen für das Gleichgewicht und die Vitalität der christlichen Tradition.

Die jüdische, biblische Tradition legt ja eindeutig die Gleichheit zwischen Mann und Frau nahe, und das fängt schon an bei den beiden Schöpfungsberichten: nicht nur die Priesterschrift bezeugt: „Gott schuf den Menschen nach seinem Bild . . . Als Mann und Frau schuf er sie" (Gen 1,27), sondern auch die plastische Erzählung des Jahwisten (Gen 2), die von den Frauenrechtlerinnen scharf angegriffen wird, zeigt auf eine in dem damaligen kulturellen Kontext geradezu revolutionäre

unter den Evangelisten den Frauen am wenigsten entgegenkommt).
Wenn man absieht von einigen liberal denkenden und aufgeschlosseneren Gemeinden, haben auch noch heute die Frauen in der Synagoge einen gesonderten Platz an der Seite oder auf einer Tribüne. Sie sind nicht verpflichtet, am Gottesdienst teilzunehmen. Sie gehen hin, wenn die Arbeit zu Hause es zuläßt und sie Zeit und Lust haben. Der Mann ist Vermittler zwischen seiner Frau und Gott.
Im Neuen Testament gehören dagegen sowohl der Mann als auch die Frau zu der königlichen Priesterschaft, zu Gottes Volk (1 Petr 2,9). An den allerersten Zusammenkünften der Christen nahmen sowohl Männer als auch Frauen teil (Apg 1,14−15), und am Pfingsttag empfingen alle die Taufe des Geistes, wurden alle mit seinen Gaben beschenkt (Apg 1−2). Wenn Paulus später die aktive Rolle der Frau im Gottesdienst auch einschränkt, erkennt er doch das übrigens schon im Alten Testament bezeugte Recht der Frauen an, als Prophetinnen zu weissagen und zu verkünden. Gerade dieser doch als antifeministisch verschriene Apostel ist es, der am lapidarsten die christliche Revolution in bezug auf die Frau zusammenfaßt: „Da gibt es nicht mehr Mann und Weib" (Gal 3,28).
Die Neuheit eines Initiationsritus, der Mann und Frau gemeinsam ist, zeigt sich noch deutlicher durch den Vergleich mit der Taufe, die Johannes spendete: so weit wir aus den Evangelien urteilen können (Lk 3,12−14; vgl. Mt 3,7−10; Joh 1,19.35 usw.), taufte er nur Männer[4].

Weise, daß die Frau im Gegensatz zu den Tieren dieselbe Natur wie der Mann hat, ihm eine Hilfe ist, die ihm gleich ist, und beide aufeinander angewiesen sind.
4 Der heutige Stand der Wissenschaft läßt es nicht zu, festzustellen, ob schon in der Zeit Jesu die Proselyten (Heiden, die zum Judentum konvertieren wollten) getauft wurden. Obwohl eine solche Taufe (tebillah) für die Zeit nachher genügend belegt ist, ist es schwierig auszumachen, ob auch Frauen getauft wurden und wie das dann geschehen sein soll. Jedenfalls war diese Taufe kein Initiationsritus. Für die Männer war sie eindeutig ein Purifikationsritus, denn sie fand statt nach der Beschneidung der Männer, damit diese Männer, in zweifachem Sinn durch das Wasser der Taufe vom Blut gereinigt, ein Opfer als Zeichen ihrer Eingliederung auftragen lassen konnten. Auch außerhalb des Judentums findet man keine Hinweise, daß religiöse Initiationsriten damals auch an Frauen vollzogen wurden. Vergleiche dazu Goodwater, Women in Antiquity. An Annoted Bibliography (Metuchen 1975) und L. Swidler, Women in Judaism (Metuchen 1976). Die Arbeiten von J. Thomas,

Nirgendwo gibt es einen Hinweis darauf, daß dieser neue, revolutionäre Ritus der Taufe der Frau umstritten gewesen wäre oder daß man ihn ausdrücklich vorgeschrieben hätte. An der einzigen Stelle, an der die Formel der Taufe „Taufet alle Völker im Namen des Vaters und des Sohnes und des Heiligen Geistes" ausdrücklich wiedergegeben wird (Mt 28,30), wird nicht eigens zugefügt, daß auch die Frauen zu taufen wären: auch in der einseitig männlichen Welt des Matthäus war das eine Selbstverständlichkeit. Die neue Evidenz entsprang nicht einer Vorschrift oder einem Text, sondern einer Inspiration und einer Praxis, die eindeutig auf Jesus zurückgeht. Wie war dann sein Standpunkt? Was hat er in Bewegung gesetzt?

2. Die neue Gemeinschaft, die Jesus gründete: eine Gemeinschaft von Männern und Frauen

2.1 Das neue und schockierende Verhalten Jesu

Jesus, der keine formelle Lehre über die Frauen hinterließ, zeigte aber ihnen gegenüber ein neues Verhalten, das sogar seine Jünger schockierte (Joh 4,27). Gerade weil sie das, was er für sie bedeutet hatte, im Gedächtnis bewahren und verkünden wollten, insistierten sie nicht auf den Inhalten, die für den damaligen Menschen anstößig waren. Es gab Widerstand und Einwände genug gegen das Christentum. Man mußte in dem Kampf, um die Sache Jesu bekannt zu machen und durchzusetzen, die konkreten Möglichkeiten kennen und mit den Kräften haushalten. Dazu mußte man das Wesentliche, das man an erster Stelle verteidigen wollte, auswählen und, um die Menschen zu gewinnen, vermeiden, daß sie sich zum Beispiel wegen der Stellung der Frau von vornherein mit voller Entrüstung gegen das Christentum wandten und nicht mehr bereit waren, überhaupt noch

> Le mouvement baptiste en Palestine et Syrie. 150 avant Jésus Christ – 300 après Jésus Christ (Gembloux 1935), und G. Perrot, Le mouvement baptistique (Cours de l' Institut Catholique, Paris 1976: über die Zeit zwischen dem Alten und dem Neuen Testament) beschäftigen sich nicht mit der Taufe der Frauen. Perrot unterstreicht nur (S. 25), daß die Taufe der Proselyten im Gegensatz zu der Beschneidung kein Ritus der Eingliederung der Heiden in das jüdische Volk war und daß es guter jüdischer theologischer Tradition widersprochen hätte, ausgehend vom Spezialfall der Frauen die Bedeutung der Proselytentaufe neu zu durchdenken.

zuzuhören. In der Apostelgeschichte (17,32 – 34) finden wir ein Beispiel, mit welcher Heftigkeit und Empörung Menschen Elemente der christlichen Lehre ablehnen konnten. Hier war es Paulus in Athen, aber auch andere Verkündiger des Evangeliums hatten ähnliche Erfahrungen.

2.2 Gemeinsamkeiten der vier Evangelien

Es ist eine Grundgegebenheit des Evangeliums, daß auch die Frauen der Gemeinschaft des Reiches, das Jesus verkündete, angehören. Zur Gottesdienstgemeinde des Reiches sind alle eingeladen, im Gegensatz zum Gottesdienst der Rabbiner, wo nur Männer in den Vordergrund treten. Jesus bietet das Heil wesentlich auch den Frauen an. Typisch dafür ist, wie er viele Wunder besonders für Frauen wirkt.

Das geht nicht auf einen Feminismus im Sinne einer modernen Befreiungsbewegung der Frau zurück, sondern einfach darauf, daß Jesus die Frauen wahrnimmt, daß sie für ihn Menschen sind und daß er ihnen Rechnung trägt. Diese Aufmerksamkeit für die Frauen ist nur ein besonderer Aspekt dessen, was Jesus in seinem Evangelium am meisten am Herzen liegt: daß den Armen die Frohbotschaft verkündet wird, denn sie besonders will er befreien. Die Armen, das sind die Entrechteten, Ausgestoßenen, Marginalisierten. Konkret heißt das: es sind die Frauen, die Kinder, die Sünder, die Heiden. Wenn Jesus sie zu den bevorrechtigten und wichtigsten Angehörigen des Reiches macht, dann zieht er dadurch nicht das Minderwertige dem Höheren und das Häßliche dem Schönen vor; so kultiviert er auf diese Weise keinen Masochismus, sondern er findet gerade bei den Armen Werte, die bei den anderen verlorengegangen sind, gehe es hier auch nur um das kostbare Leben des „geknickten Rohres" oder des noch nicht gelöschten Feuers, des „glimmenden Dochts" (Jes 42,3).

Diese wesentliche Tatsache, daß die Frauen dem Reich Gottes voll angehören, wird von den vier Evangelien bezeugt.

2.3 Einschränkungen der beiden ersten Evangelien

In den beiden ersten Evangelien aber tritt diese Tatsache ein bißchen in den Hintergrund. Die Gruppe der Frauen, Jünger Jesu wie die anderen, tritt nur zweimal, an allerdings wesentlichen Stellen des

Evangeliums, in Erscheinung: auf dem Kalvarienberg und bei der Auferstehung.
Im Markusevangelium wissen die Frauen am Morgen des ersten Ostertages nichts Besseres zu tun als zu „fliehen, denn sie hatten Angst" (Mk 16,8). Auch Matthäus berichtet von der Angst der Frauen, aber er kennzeichnet sie als „Furcht". Dadurch ist die Reaktion der Frauen dieselbe wie die Reaktion von Mose und den Propheten auf Gottes Erscheinung und Gottes Macht. Er schreibt – und er versteht es positiv –: „Da gingen sie eilig weg vom Grabe, voll Furcht und großer Freude, und liefen, um es seinen Jüngern zu verkünden." (Mt 28,8) Das widerspricht Mk 16,8: „Und sie sagten niemandem etwas, sie hatten ja Angst."

3. Der Durchbruch des dritten Evangeliums[5]

3.1 Glaube der Frauen und Unglaube der Männer

Bei Lukas ist keine Rede mehr von Angst oder Furcht. Die Frauen sind vielmehr Beispiele der Initiative und des Mutes. Im Gegensatz zu Markus (16,8) stellt er den Glauben der Frauen als erste Zeugen des leeren Grabes dem Unglauben der Apostel gegenüber, die die Worte der Frauen als „leeres Gerede" beiseite schieben (Lk 24,10f.). Nicht die Frauen, sondern die Männer werden hier beschämt.
Wenn wir die historische Wahrheit finden wollen, müssen wir feststellen, daß Matthäus, Lukas und Johannes in bezug auf das Zeugnis der Frauen gegen Markus übereinstimmen und daß solches Zeugnis nahegelegt wird durch das, was alle vier, auch Markus, berichten: die Frauen kamen als erste zum Grab. Sie hatten den stärksten Glauben und beträchtlichen Mut. Ihre Furcht war keine kleinliche Angst, sondern eine zutiefst religiöse Haltung vor dem unsichtbaren Gott,

---

[5] Die Exegeten stimmen weitgehendst darin überein, daß das Lukasevangelium jünger ist als das Markusevangelium, das Lukas in seinem Evangelium verarbeitet, und daß es höchstwahrscheinlich auch jünger ist als das Matthäusevangelium. Man situiert es um das Jahr 80. Einige neuere Theorien schreiben den vier Evangelien ein weit älteres Entstehungsdatum zu, als das bis vor kurzem der Fall war. Nach z.B. Carmignac und dem anglikanischen Bischof J.A.T. Robinson, der damals das aufsehenerregende Buch „Honest to God" schrieb, sollen sie schon seit Anfang der fünfziger Jahre entstanden sein.

die wir oft in der Bibel finden und die auch heute der religiösen Erfahrung nicht fremd ist[6].

3.2 Die beispielhafte Rolle der Frauen in Lukas 1—2

Die Entschiedenheit und der Mut der Frauen unter dem Kreuz und bei der Auferstehung bestätigen nur und führen weiter, was Lukas uns schon seit dem für ihn sehr typischen Anfang seines Evangeliums über die Frauen erzählte. Da ist die aktive Haltung Marias bei der Verkündigung. Ihre Furcht ist begleitet von einem „dialektischen" Überlegen: „dialogizeto" (1,29; unsere Worte Dialog und Dialektik kommen von diesem griechischen Wort). Ihre daraus folgende Frage (1,34) wird nicht abgelehnt und nicht bestraft wie die frühere des Zacharias (1,18): sie ist kein Zweifel, sondern mitdenkender und aktiver Glaube. Das Diptychon der Verheißung der Geburt des Johannes und der Verkündigung der Geburt Jesu, die in Lk 1 sehr parallel erzählt werden, kehrt das Prinzip des Paulus, „daß die Frau in der Kirche schweige", regelrecht um: der Priester wird getadelt, weil er Gottes Boten gegenüber gesprochen hat. Er wird sofort, im Tempel selbst, wo er seinen Dienst verrichtet, mit Stummheit geschlagen. Die Frage Marias aber wird positiv aufgenommen und bekommt eine Antwort, in der die ganze Verkündigung gipfelt (Lk 1,35). Durch ihr freies und überlegtes Ja in handelnder Dienstbarkeit gegenüber dem Herrn (Lk 1,38 und 48) wird sie Mutter des Messias, das Sohnes Gottes. Sie verhält sich nicht passiv, und wartet nicht, bis Joseph sie zu oder mit sich „nimmt" wie in Mt 1,20.24 und 2,13f.20f. Sie bereitet sich aktiv auf die Ankunft von Gottes Sohn in der Welt vor.
Eine andere Frau, Elisabeth, geht ihr in der Gabe der Prophetie voran und ruft ihr zu: „Du bist die Gesegnete unter den Frauen..."

---

6 Das Ende des Markusevangeliums, das zwar kanonisch ist, aber von einer anderen Hand als der Rest des Evangeliums stammt, bezeugt, daß der auferstandene Jesus zuerst Maria Magdalena erschien (16,9). So bezeugen drei kanonische Evangelien (Mt, Mk, Joh), daß Jesus zuerst Frauen erschien und daß sie die ersten Zeugen seiner Auferstehung waren. Paradoxerweise ist Lukas, der sonst den Frauen am aufgeschlossensten gegenübersteht, der einzige, der von keiner Erscheinung des auferstandenen Jesus vor Frauen berichtet. Es ist nur die Rede von zwei Engeln, die ihnen erscheinen (24,4.23: die zwei Männer von V.4 werden in V.23 als Engel interpretiert).

(Lk 1,42—45) Nach ihr wird auch Maria von der Gabe der Prophetie erfüllt und singt ihr Magnifikat, ein Lied der Befreiung von ungewöhnlicher Kraft, das aus Texten des Alten Testaments, die auch schon Gottes revolutionierende Befreiung verkündeten, genährt wird. Das Magnifikat übertrifft sie aber alle in der Zuversicht ihrer Aussage und in der tiefen Einfachheit und Konzentriertheit ihrer Hoffnung. Es ist bedeutungsvoll, daß dieses Lied des Sieges der Armen über das Wissen (1,51), über die Macht (1,52) und über den Reichtum dieser Welt (1,53) aus dem Mund einer Frau kommt, einer Magd des Herrn, die als Frau wenig Macht, wenig Wissen, wenige Reichtümer besitzt.

Als Johannes geboren wird, gibt Elisabeth ihm seinen Namen. Der Vater muß nach der Erzählung von Lk 1—2 schweigen und kann nichts anderes tun, als nachher die Namengebung bestätigen (1,62). Lange nachdem die Frauen von Gottes Geist erfüllt weissagten, singt auch er sein Benediktus. Nach der Geburt Jesu erkennt eine Frau, die ausdrücklich Prophetin genannt wird, in ihm den Messias. Hanna kommt zwar erst nach Simeon in den Tempel, aber wichtig ist, daß hier sowohl ein Mann als eine Frau als Propheten auftreten und von dem Messias künden.

Gegen Ende der Kindheitsgeschichte, als Jesus im Tempel wiedergefunden wird, tritt Maria wieder in Erscheinung. An dieser Stelle konzentrieren sich alle Themen, die im letzten Teil des Evangeliums wieder aufgenommen werden: Jesus, der in Jerusalem verloren schien und dann wiedergefunden wird, seine Rückkehr zum Vater und sein Verbleiben bei ihm, das Ostergeheimnis usw. Die Frage Jesu an Maria „Warum habt ihr mich gesucht?" ist der Frage der Engel an die Frauen ähnlich: „Warum sucht ihr den Lebenden unter den Toten?" Es ist derselbe Jesus, der am einen und am anderen Osterfest gesucht wird. Die Frage Jesu an Maria ist kein Vorwurf, denn Lukas fügt hinzu: „Seine Mutter bewahrte all diese Worte in ihrem Herzen" (2,51). Sie ist nicht passiv, wie der Mann aus der Parabel, der seine Talente begrub. Sie überlegt sich aktiv, was geschehen ist, bringt das Ereignis in einem Prozeß der symbolischen Vertiefung mit der Schrift in Zusammenhang: „symballousa": das Wort erscheint zuerst Lk 2,19; Lukas aber wiederholt das Thema des betrachtenden, meditierenden Nachdenkens Marias und gelangt so zu einem tieferen, glaubenden Verstehen von Gottes Heilstaten.

3.3 Die Frauen, die Jesus folgten

Kennzeichnend für Lukas ist, daß er es wagt, zuzugestehen, daß auch Frauen unter den Jüngern Jesu waren. Das ist keine Erfindung des Lukas, denn aus den Bemerkungen, die andere Evangelisten nebenbei machten, kann man auch darauf schließen; Matthäus spricht von vielen „Frauen, die beim Sterben Jesu anwesend waren, die Jesus von Galiläa her nachgefolgt waren, um ihm zu dienen" (27,55).

Schon Matthäus nennt drei dieser Frauen, von denen er ja nebenbei gesagt hatte, daß sie Jesus nicht nur dienten, sondern ihm auch folgten: Die Nachfolge Jesu ist gerade ein „terminus technicus" für seine Jünger. Lukas geht aber noch weiter; er stellt sie auf die gleiche Stufe mit den Aposteln und erwähnt sie weit ausführlicher schon während des öffentlichen Lebens Jesu: „Darauf wanderte er durch Städte und Dörfer, predigte und verkündete die Heilsbotschaft des Reiches Gottes. Und die Zwölf waren mit ihm und einige Frauen, die von bösen Geistern und Krankheiten geheilt worden waren, Maria, welche Magdalena heißt, aus der sieben Dämonen ausgefahren waren, und Johanna, die Frau des Chuza, eines Verwalters des Herodes, und Susanna und viele andere, die ihnen mit ihrem Vermögen dienten" (Lk 8,1−3).

Natürlich kann man diesen Text verschieden interpretieren. Einige Autoren betonen, daß Lukas hier an erster Stelle Frauen erwähnt, „die von bösen Geistern geheilt worden" waren, besonders Maria Magdalena, „aus der sieben Dämonen ausgefahren waren". Es handle sich so um eine Frau, die sehr mit den Mächten der Finsternis zu tun gehabt habe. Es wäre aber nicht richtig, diese eher zufällige Gegebenheit in diesem Kontext übertrieben zu betonen, denn Johanna und Susanna waren anscheinend in ihrem Leben zuvor keine Sünderinnen oder Besessene gewesen.

Was hier erzählt wird, ist nichts Zufälliges oder Sekundäres, sondern es gehört zum Wesen des Evangeliums als Frohbotschaft, vor allem für die Armen. Dies ist der Grund für die neue Aufmerksamkeit Jesu für die Frauen[7]. Wer arm werden will oder arm ist, wird berufen, und

---

7 Die neue Aufmerksamkeit Jesu für die Frauen führt auch dazu, daß er sie in Schutz nimmt und verteidigt. Als Jesus gegen das Gesetz angeht, das es einem Mann erlaubte, seine Frau wegzuschicken, weist er betont darauf hin, daß der Mann sich dadurch gegen seine Frau versündigt: „Wer seine Frau entläßt und eine andere heiratet, der bricht ihr gegenüber (ep'autén: gegen sie) die Ehe" (Mk 10,11).

dadurch wird grundsätzlich jeder Unterschied der Person aufgehoben. Johanna, die Frau des Chuza, eines Verwalters des Herodes, war bestimmt nicht arm im wirtschaftlichen Sinn des Wortes. Wenn Jesus kam, um den Armen, und das heißt denn auch den Frauen das Heil zu bringen, dann gibt es dort aber zwei Gruppen von Armen, und für beide ist Jesus gekommen. Er ist gekommen, um die Sünder durch ihre Bekehrung zu heilen; er ist auch gekommen für diejenigen, die in ihrem Herzen arm sind, die schon bekehrt und ganz auf das Reich ausgerichtet sind, um auch ihnen Heil und Erlösung zu schenken. Zu dieser letzten Gruppe gehören nach Lk 1–2 Maria, Elisabeth, Hanna, aber zweifelsohne auch die zwei zuletzt genannten unter den Frauen in Lk 8,1–3, denn es geht hier um Menschen, die Gott liebt und denen er seine Huld schenkt, die versuchen herauszufinden, wo die wirklichen Werte des Lebens liegen und die danach leben.

Wie die Jungfrau Maria das Wort Gottes hörte und bewahrte (Lk 1,38.45; 2,19.51; vgl. 8,19–21 und 11,27f.), so tun es auch diese Frauen, die im vollsten Sinne des Wortes zu den Jüngern Jesu zu rechnen sind.

3.4 Maria, die Schwester des Lazarus, eine weitere Frau unter den Jüngern Jesu

Aus der Perikope über Martha und Maria (Lk 10,38–42), die nur Lukas erzählt, kann man schließen, daß sie nicht zu der Gruppe der Jünger Jesu gehörten, die mit ihm durch Stadt und Land zog (vgl. 8,1–3). Sie hatten aber ihr Haus, wo sie Jesus empfingen. Auch Johannes bezeugt dies (Joh 11,1–40; 12,1–3).

Maria wird weder beschrieben als jemand, der Jesus folgt, noch als jemand, der ihm dient, sondern als Jünger, der, wie Paulus zu Füßen des Gamaliel (Apg 22,3), zu Füßen Jesu sitzt. Das mußte Aufsehen erregen, denn ein richtiger Rabbi hätte niemals eine Frau seinen Schüler sein lassen. Diese Frau zieht es zu einer Zeit, in der sie sich nach der Meinung der Leute um den Haushalt kümmern sollte, vor, seinem Wort zuzuhören. Jesus zeigt sich einverstanden mit ihrer Wahl, durch die sie sich den damaligen Verpflichtungen der Frau entzog. Lukas hatte zwar betont, daß Maria sich Magd des Herrn nannte (1,38.48) und daß die Frauen Jesus mit ihrem Vermögen dienten (Lk 8,3, so aber auch Mt 27,55), aber er verwechselt nicht Dienst und Dienstbarkeit (im Sinne von Knechtschaft oder Sklavenstand).

Maria und die Frauen dienen, so wie Jesus selber nach Lukas der Diener ist (Apg 3,13.16; 4,27.30). Es handelt sich nicht um einen Dienst im Geist und mit der Mentalität eines Sklaven, sondern um einen Dienst im Geist der Freiheit, der auch von materiellen Diensten befreit, um das einzige, was Not tut, den besseren Teil, zu ermöglichen.

3.5 Die Frauen und das erste Pfingstfest

In der Apostelgeschichte 1,14 heißt es: „Alle (d.h. die Apostel, die im Vers vorher namentlich genannt wurden) verharrten einmütig im Gebet mit den Frauen und Maria, der Mutter Jesu, und mit seinen Brüdern".
Lukas will hiermit eindeutig bezeugen, daß diese erste Gemeinde, der Prototyp aller christlichen Gemeinden, die dann später auch die Gemeinde wird, in der Pfingsten sich ereignet, nicht auf die Zwölf beschränkt blieb. In den ersten Tagen dieser Gemeinde waren (so heißt es in Vers 15 nach einer anderen Quelle als in Vers 14) etwa hundertzwanzig versammelt. Unter diesen erwähnt er eigens die Frauen – offensichtlich die Frauen, die Jesus während seines öffentlichen Lebens gefolgt waren nach Lk 8,1 – 3 – und Maria, die Mutter Jesu, die einzige, die hier mit ihrem Namen genannt wird. Diese Frauen empfingen wie alle anderen Mitglieder der Gemeinde den Heiligen Geist und seine Gnadengaben. Sie hatten Teil an der Gabe der Sprache (Glossolalie), denn so betont Lukas: „Alle wurden mit Heiligem Geist erfüllt und begannen in fremden Zungen zu reden, wie der Geist ihnen zu sprechen eingab" (Apg 2,4).

4. Die von der Frau ausgehende Anthropologie des vierten Evangeliums

4.1 Die dynamische Rolle der Frauen als Wegbereiter und Vorläufer

Johannes geht noch weiter als Lukas. Sogar die Struktur seines Evangeliums wird am Anfang eines jeden der drei Bücher, die man in diesem Evangelium unterscheiden kann[8], durch zwei Episoden

---

8 André Laurentin legt in seinem noch nicht erschienenen Buch „Doxa", Teil III (Paris) überzeugend die Struktur des Johannesevangeliums dar.

gekennzeichnet, in denen Frauen nicht nur eine aktive und dynamische Rolle spielen, sondern auch das, was kommt, vorbereiten und so in dem Glauben an Jesus und in der Betrachtung der Geheimnisse seines Lebens und Handelns vorangehen.

a) Das Buch der Zeichen fängt an mit der Hochzeit zu Kana. Maria wendet sich zu Jesus (2,4) und zu den Dienern (2,6) und bereitet so „den Anfang der Zeichen" Jesu vor, sein erstes Zeichen (semeion), durch das er seinen Jüngern seine Herrlichkeit offenbart und sie an ihn glauben (2,11). Wenig später wird auch die Samariterin Wegbereiterin des Glaubens bei ihrem Volk sein (4,39—42).

b) Das Buch des Leidens fängt damit an, daß Martha und Maria Jesus dazu bringen, ihren verstorbenen Bruder Lazarus aufzuerwecken. Dies wird ein vorwegnehmendes Zeichen der Auferstehung Jesu selbst (11,30—32). Als Jesus dann die Geschwister in ihrem Haus wieder besuchte, salbte Maria seine Füße und vollzog so symbolisch und prophetisch die Salbung zu seiner Beerdigung (12,7).

c) Das Buch der Auferstehung fängt an mit Maria Magdalena, die als erste zum Grab geht und die Jünger benachrichtigt, so daß auch sie kommen (20,1—10), und dann als erste den auferstandenen Jesus sieht und seine Auferstehung den Jüngern verkündet (20,11—18).
Die drei Gruppen von jedesmal zwei Episoden haben die gleiche Tendenz und die gleiche Bedeutung. Jedesmal sind es Frauen, die die Initiative ergreifen, die Kreativität entfalten und die nicht nur vorwegnehmen, wie die anderen Jünger reagieren sollen, sondern sogar das ankündigen, was Jesus selbst tun wird. Jesus scheint sich über diese Aktivität der Frauen zu wundern und zu freuen, so wie in den drei ersten Evangelien berichtet wird, daß er sich wundert und freut über den Glauben einfacher Leute (Lk 8,48: auch eine Frau!), der Sünder (Lk 7,20: die bußfertige Sünderin) und der Heiden (eines Hauptmanns: Lk 7,9, einer Kanaanäerin: Mt 15,28).

4.2 Die Frauen unter dem Kreuz

Nur Maria, die Mutter Jesu, wird von Johannes als Mutter bezeichnet, bei den anderen Frauen fehlt solch ein Hinweis. In Johannes besteht keine erdrückende Ideologie der Mutterschaft, und wenn er

Maria als die Mutter Jesu darstellt und ihren Namen Maria dabei wegläßt, wird hier kein Mutterbild verabsolutiert.
Allerdings wird Jesus in diesem schmerzhaften Augenblick seinem Jünger, der hier als Typus der Gläubigen steht, seine Mutter als Mutter schenken. Die Possessivpronomina unterstreichen auf grammatikalisch subtile Weise diese letzte Hingabe: in 19,25 ist Maria seine Mutter, die Mutter Jesu, dann wird sie 19,26 zweimal ohne Possessivpronomen, nur mit dem Artikel die Mutter genannt, als ob gesagt werden sollte, Maria wird jetzt als Mutter von niemandem beansprucht: sie kann für andere als Jesus Mutter werden, und dann verbindet Jesus das Wort Mutter mit einem neuen Possessivum und schenkt so dem Jünger seine Mutter: „Da ist deine Mutter" (19,27). Diese Stelle gibt Maria eine ganz neue Aufgabe. Sie spielt jetzt keine wegbereitende Rolle mehr. Sie übernimmt eine zentrale Rolle. Wir stehen nicht mehr am Anfang, sondern sind in der Mitte des Buches des Leidens: Diese Episode ist die vierte in einer Reihe von sieben: drei Perikopen gehen voran, drei folgen. Die neue Aufgabe Marias als Mutter darf aber nicht auf enge Weise oder im Sinn einer individualistischen Beziehung der Gläubigen zu ihr betrachtet werden. Entgegen dem gewöhnlichen Sprachgebrauch der Semiten nennt Jesus in dieser Perikope Maria nicht Mutter, sondern Frau (Joh 19,27, vgl. 2,4) und spielt so auf Genesis 2,24 und 3,15.20 an. Diese Beziehung zwischen Jesus als dem neuen Adam und der Frau, die typologisch von Johannes und vielleicht auch von Lukas im ersten Kapitel seines Evangeliums angedeutet wird, lag der ältesten Theologie über die Mutter Jesu zugrunde, wie wir besonders in der tiefschürfenden Anthropologie des Irenäus (2. Jahrhundert) sehen können, bei dem Maria als Gegensatz zu der alten Eva, aber auch als Wiederkehr (recirculatio) dessen, was die alte Eva für die Menschheit hätte bedeuten können, und so als neue Eva, als neue Mutter einer neuen Menschheit erscheint.
Maria wird in dieser alten Theologie auch dargestellt als die Personifizierung Israels: sie ist nach Jes 66,7f., auch unter Einfluß des Buches der Offenbarung 12, die Tochter Zions (vgl. auch Qumran 1 Qh III,9 – 10). Maria erfüllt hier die Weissagungen des Alten Testamentes, die sich auf die eschatologische Rolle der Frau als Mutter des Messias wie als Mutter eines neuen Volkes bezogen. Schon immer waren im Denken Israels Kollektivität und Individuum, Messias und Volk und so auch Mutter des Messias und Mutter des Volkes, eng aufeinander bezogen gewesen.

Die Mutterschaft Marias wird nicht vorgestellt als eine Eigenschaft, die nur ihr allein zukommen würde. Die neue Eva, Maria, ist nicht die Mutter, die sich beziehen würde auf Jesus als den Vater. Man kann den Versuch einiger Mariologen, die Perikope Joh 19,25—27 als „Hierogamos", als heilige, urtypische Hochzeit und entsprechendes Gebären, zu interpretieren, nur als baren Unsinn verwerfen. Nach Johannes ist es grundsätzlich Jesus, der die Kirche zur Welt bringt. Aus Blut und Wasser wurde sie geboren, aus seinem letzten Atemzug, mit dem er seinen Geist aufgab, und aus seiner Seite (Joh 19,30 und 34—35 zusammen mit 1 Joh 5,6—8). Maria ist ein Zeichen des Mütterlichen und des Weiblichen, aber gleichzeitig transzendiert sie beide in einem geistigen Engagement, das alles Männliche und alles Weibliche auf zutiefst allgemein menschliche Weise übersteigt. So wird das „In Christus gibt es nicht mehr Mann und Frau", das Paulus so entschieden gegen die allgemeine Meinung seiner Zeit und sogar gegen die natürliche Neigung seines eigenen Denkens behauptete, auch von Johannes implizit bekräftigt. In Maria weist er auf neue Möglichkeiten des Menschen hin. So ist sie auch ein Zeichen, das von Jesus selbst kommt und zum innersten Kern seiner Botschaft gehört. Man darf daher die Mutterschaft Marias nicht zu einem Wert an sich machen, sie hypostasieren, sondern sie muß immer auf Christus und auf den Geist, den er uns bei seinem Sterben schenkte, zurückbezogen werden.

5. Schlußfolgerungen

1. Die Evangelien bezeugen ein neues Verhalten Jesu gegenüber den Frauen. Männer und Frauen will Jesus in sein Reich aufnehmen, für Frauen und Männer hat er Zeit und Verständnis. Als Menschen sind sie gleich. Vor Gott – und auch vor der Gemeinde der Christen – werden sie ohne Unterschied des Geschlechts getauft. Diese grundlegende Revolution kann man nur gerecht einschätzen, wenn man gleichzeitig bedenkt, daß die Praxis der Taufe damals noch das Untertauchen des Täuflings miteinschloß. In der damaligen Kultur und in den damaligen Gemeinden brachte das delikate Probleme des Schamgefühls mit sich, die dazu führten, daß für die Taufe von Frauen weibliche Ministranten zuständig waren, aber auf die Taufe der Frauen wurde deswegen keineswegs verzichtet.

2. In den Worten Jesu, die uns überliefert wurden, findet sich keine deutliche Formulierung der Revolution, die er in die Wege leitete. Aber diese Revolution ist uns durch sein Verhalten, durch seine Worte und seine Praxis und durch das Wesen des Reiches, das er gründete und zu dem er Männer und Frauen berief, genügend bezeugt.

3. Die Botschaft Jesu in dieser Hinsicht war so neu, daß sie seine Feinde schockierte und daß sogar seine Jünger sich dabei nicht besonders glücklich fühlten. Sie wollten das Christentum so gut wie möglich verteidigen und haben dazu manches abgeschwächt. Die beiden letzten Evangelien standen aber nicht unter einem solchen Zwang zur Apologie des Christentums und konnten besser und unverfälschter das, was Jesus getan und gesagt hatte, wiedergeben, ihm einen bleibenden Wert zuerkennen und seine anthropolgische Tragweite zum Ausdruck bringen, sogar so sehr, daß die Struktur des Johannesevangeliums davon geprägt ist.

4. Dadurch, daß Jesus die Frauen mit neuen Augen betrachtet und ihnen in seiner neuen Gemeinschaft eine neue Stellung und neue Aufgaben zuweist, befreit er die Frauen nicht nur äußerlich, sondern auch innerlich. Er beruft auch sie, ohne Unterschied zu den Männern, sein Wort zu hören und die Gabe des Reiches zu empfangen. Ohne daß darüber in der alten Kirche gestritten wurde, haben sie wie die Männer die Taufe des Geistes und dann auch die Taufe des Wassers empfangen und am eucharistischen Mahl teilgenommen (Apg 1—2, vgl. auch 10,44—11,17). Die Revolution Jesu hatte nichts zu tun mit Protestbewegungen, Demonstrationen, Strategie, Forderungen, Kämpfen. Das Evangelium will die Mächte dieser Welt nicht auf ihrer eigenen Ebene mit ihren eigenen Waffen, mit Gewalt und Zwang, besiegen. Es erneuert die Gesellschaft als eine Kraft, die von innen kommt, es erneuert die Herzen und dadurch die Beziehungen zwischen den Menschen, und so wird die Gesellschaft von unten her, von Mensch zu Mensch, anders. Diese Art der Befreiung ist auch dann noch höchst wirksam, wenn im Neuen Testament neben diesen neuen Ansätzen auch noch eine Terminologie der Demut, ja sogar der Unterordnung der Frau unter den Mann besteht und man große Übereinstimmung und Ähnlichkeit feststellen kann zwischen einer Reihe von Texten, die vom Gehorsam der Frau gegenüber ihrem Mann reden und die, wenn man nicht in ihre tiefe Bedeutung eindringt, als schockierend empfunden werden müssen (1 Kor 14,34;

Eph 5,22; Kol 3,18; Tit 2,5; 1 Petr 3,1 aber auch Eph 5,21, wo eine Gegenseitigkeit zwischen Mann und Frau nahegelegt wird), und einer Reihe von Texten über den Gehorsam von Sklaven gegenüber ihrem Herrn (Eph 6,5; Kol 3,22; Tit 2,9; 1 Petr 2,18, aber auch Kol 4,1; Phlm).

5. Außer all den Schlußfolgerungen, die man aus dem Verhalten und aus der Lehre Jesu für eine neue Gleichheit zwischen Mann und Frau ziehen kann, muß man auf theologischer Ebene überlegen, was es bedeutet, daß Christus aus einer Frau geboren ist (Gal 4,4) und daß er in seiner Beziehung zu seiner Mutter Maria, zu Maria Magdalena und zu den anderen Frauen das Zusammenleben zwischen Mann und Frau kennengelernt hat[9]. Besonders die Geburt Christi ist hier hervorzuheben, denn sie entsprach nicht dem, was der damalige „moderne Mensch von heute" erwartet hätte. Die Menschen von damals hätten einen Messias erwartet und erhofft, der auf wunderbarste Weise vom Himmel herabgekommen wäre. Johannes hat solchen Vorstellungen nachgegeben, als er diesen Ausdruck auf Jesus bezog (3,13 u.a.), denn gerade ein solcher Messias vom Himmel her überzeugte und wurde mit Ehrfurcht und Wertschätzung empfangen. Das einzige Mal, daß Paulus in Gal 4,4 die Mutter Jesu erwähnt, „Gott entsandte seinen Sohn, geworden (genomenon)[10] aus einer Frau, geworden unter dem Gesetz", bekommt dieses „geworden" eine negative Bedeutung. In dem Kontext wird die Geburt aus einer Frau als eine Erniedrigung eingeschätzt, die auf gleicher Ebene steht wie die Abhängigkeit Jesu von einem Gesetz, das der Römer- und der Galaterbrief als eine Sklaverei ansehen, von der man sich befreien muß. Nach der Theologie des Paulus, die später auch den Protestantismus inspirierte, ist die Inkarnation eine „kenosis" (Phil 2,9), eine Herabwürdigung und eine Selbstentleerung im Fleisch im Gegensatz zu dem Glanz der Auferstehung.

9 Die Meinung von W.E. Phipps, daß Jesus verheiratet gewesen sein soll (Was Jesus Married?, New York 1970), wurde von verschiedenen Essayisten und Romanschriftstellern nicht ohne Sensationssucht aufgenommen. Sie hat aber keine einzige historische Grundlage und läßt sich nicht mit den Worten Jesu über das Verhältnis zwischen dem Zölibat und dem Reich versöhnen. Vgl. R. Laurentin: Revue des sciences philosophiques et théologiques 60 (1976) 479.
10 In Gal 4,4 gebraucht Paulus nicht das Verb „gennao", „gebären" und im Passivum dann „geboren werden", sondern „gignomai", „werden": ein Unterschied, der nicht ohne Bedeutung ist.

Johannes dagegen, und nach ihm die Theologie des christlichen Ostens, weiß die Menschwerdung als eine große und herrliche Offenbarung Gottes (Joh 1,13f.; vgl. 1 Joh 1,1) einzuschätzen, so wie für ihn die Passion Jesu auch nicht äußerste Demütigung, sondern Offenbarung der Königsherrschaft Jesu und Erfüllung und Ruhm seines Lebens ist (8,28; 12,32—34; 13,31f.). Obwohl auch Johannes den Gegensatz zwischen Geist und Fleisch kennt (Joh 6,63), von einem Schema „dort oben – hier unten" ausgeht und so auch die Vorstellung eines Erlösers, der vom Himmel herabkommt, übernimmt, erkennt er doch den Wert der Menschwerdung an. Die ewige, jungfräuliche Geburt Jesu aus dem Vater wird jetzt durch eine neue jungfräuliche Geburt Jesu in der Zeit sichtbar offenbart und bekundet (vgl. 1,13). In der Menschwerdung schenkt uns Gott im Prinzip schon das ganze Heil. Die Beziehung Jesu zu seiner Mutter ist daher aus der Sicht des Johannes nicht eine der Möglichkeiten, eines der Mittel, deren Gott sich hätte bedienen können, um sich den Menschen zu offenbaren, sondern sie ist eine höchst lebendige Beziehung, die zu der Mitte des Heiles gehört, das Gott uns schenken will. Daher überwindet er auch, wenn auch weniger deutlich als Lukas (1,28.35.42.45), den scheinbaren Gegensatz, daß Maria einerseits die Gnade zuteil wird, nach dem Fleisch die Mutter Gottes zu werden, und daß sie andererseits nach dem Geist das Wort Gottes in ihrem Herzen bewahrt[11]. Nach Lukas und Johannes sind in Maria beide Aspekte in einer tiefen Einheit vereint, so wie auch Christus Fleisch und Geist ist. Die biblische Offenbarung über die Menschwerdung Jesu birgt in sich eine neue Beziehung zwischen Mann und Frau. Das hat weitreichende Folgen, und es war wichtig, sie darzustellen.

---

11 R.E. Brown, u.a. in The Birth of The Messiah (New York 1977), ist dem Gegensatz zwischen der biologischen Mutterschaft Marias und der Tatsache, daß Jesus diejenigen, die das Wort Gottes hören und befolgen, Mutter und Bruder nennt (z.B. Mt 12,46—50), sehr scharfsinnig nachgegangen, und es ist ihm auch gelungen, die relevanten Texte und die wichtigen Voraussetzungen zusammenzubringen und zu analysieren. Seine Erklärungen aber darüber, wie dieser Gegensatz ursprünglich entstanden ist und bewußt wurde, entspringen der Phantasie (vgl. R. Laurentin, Revue des sciences philosophiques et théologiques 60 (1976) 311—314; 62 (1978) 99—101).

Elisabeth Schüssler Fiorenza

Die Frauen in den vorpaulinischen und paulinischen Gemeinden

Im ersten Brief an die Kirche von Korinth kommt Paulus zweimal ausdrücklich auf das Verhalten der Frauen im Gottesdienst der Gemeinde zu sprechen. Beide Stellen (1 Kor 11,2−16 und 14, 33−36) sind jedoch für den Exegeten und Historiker schwierig zu erklären. Es läßt sich sehr daran zweifeln, ob wir überhaupt je imstande sein werden, den genauen Sinn dieser Stellen zu rekonstruieren. Nicht nur ist der Gedankengang in 1 Kor 11,2−16 schwer nachzuzeichnen, sondern es ist auch umstritten, ob Paulus verlangt, daß die Frauen ihr Haupt verhüllen, oder ob er für eine besondere Haartracht eintritt. Da beide Stellen Gal 3,28 und der Theologie des Paulus über die Freiheit vom Gesetz zu widersprechen scheinen, schreiben einige Fachgelehrte 1 Kor 11,2−16[1] und die meisten Exegeten 14,33b−36[2] der frühkatholischen Theologie der nachpaulinischen Schule zu.

Die Exegese dieser Texte wird erst recht behindert durch die apologetische theologische Kontroverse, die sich um sie dreht. Seit Beginn der Frauenbewegung werden diese Paulusstellen gegen die Forderung der Frauen nach Gleichberechtigung verwendet[3]. Antifeministische Prediger und Theologen behaupteten und behaupten immer noch, es sei durch Paulus angeordnet und geoffenbart worden, daß die Frau sich zu unterwerfen und in Familie, Gesellschaft und Kirche

1 Vgl. W. Munro, Patriarchy and Charismatic Community in ‚Paul', in: Plaskow u. Romero (Hrsg.), Women and Religion (Missoula ²1974) 189−198; Wm. O. Walker, 1 Cor 11:2−16 and Paul's View Regarding Women, in: JBL 94 (1975) 94−110 und die kritische Beurteilung dieses Vorschlags durch J. Murphy O' Connor, The Non-Pauline Character of 1 Cor 11:2−16?, in: JBL 95 (1976) 616−621.

2 Vgl. G. Fitzer, Das Weib schweige in der Gemeinde (München 1963); H. Conzelmann, Der erste Brief an die Korinther (Göttingen 1969) zu den Argumenten gegen die Echtheit dieser Stelle.

3 Vgl. E. Cady Stanton, The Original Feminist Attack on the Bible (The Woman's Bible, New York 1974), namentlich die Einleitung von B. Welter. Vgl. auch Pastoral Letter of the Massachusetts Congregationalist Clergy (1837), in: A.S. Kraditor (Hrsg.), Up From the Pedestal (Chicago 1968) 50ff.

eine untergeordnete Rolle zu spielen habe. Sobald Frauen gegen die Degradierung durch die Gesellschaft und die Diskriminierung durch die Kirche protestieren, beruft man sich auf die von Paulus vorgebrachten Argumente: Die Frau sei nach dem Manne geschaffen worden; sie sei nicht Abbild Gottes; sie habe die Sünde in die Welt gebracht und habe deshalb unterwürfig zu sein; es stehe ihr nicht zu, in der Kirche zu sprechen oder Männer zu belehren. Und diejenigen Theologen, welche zwar die patriarchalische Unterordnung ablehnen, aber eine Theologie des „gleich, aber verschieden" oder die Wesensverschiedenheit von Mann und Frau[4] aufrechterhalten, weisen darauf hin, daß Paulus an dem durch die Schöpfung grundgelegten Unterschied zwischen Männern und Frauen festhalte, ohne ihre Gleichheit zu leugnen.

Andererseits argumentieren Feministinnen, nach diesen Aussagen des Paulus sei das Christentum schon in einem sehr frühen Stadium offensichtlich sexistisch gewesen und deshalb sei eine revisionistische feministische Aneignung der christlichen Theologie zum Scheitern verurteilt. Sie kritisieren die Paulustexte wegen ihrer patriarchalischen Theologie, welche unsere jetzigen patriarchalischen Strukturen in Kirche und Gesellschaft legitimiere[5].

Christliche Apologeten reagieren auf diese feministische Herausforderung damit, daß sie Paulus als einen „Befreiungstheologen" bezeichnen[6]. Wenn man die Paulustexte richtig verstehe und interpretiere, träten sie für die Gleichheit und Würde der Frau ein[7]. Nicht die

---

4 Vgl. die Vatikanische Erklärung zum Priestertum der Frau von 1977. Zu einer feministischen Analyse der politischen Implikationen dieses Begriffs von zwei menschlichen Naturen vgl. B.W. Harrison, The New Consciousness of Women: A Socio-Political Ressource, in: CrossCurrents 24 (1975) 445—462; Dies., Sexism in the Contemporary Church: When Evasion Becomes Complicity, in: A.L. Hagemann (Hrsg.), Sexist Religion and Women in the Church (New York 1974) 195—216.

5 Vgl. M. Daly, Beyond God the Father (Boston 1973); C. Christ, The New Feminist Theology: A Review of the Literature, in: Religious Studies Review 3 (1977) 203—212.

6 Vgl. z.B. R. Scroggs, Paul Chauvinist or Liberationist?, in: The Christian Century 89 (1972) 307—309; Ders., Paul and the Eschatological Woman, in: JAR 40 (1972) 283—303 und 42 (1974) 532—549.

7 Z.B. A. Feuillet, La dignité et le rôle de la femme d' après quelques textes Pauliniens: Comparaison avec l' Ancien Testament, in: NTS 21 (1975) 157—191; J. Massyngberde Ford, Biblical Material Relevant to the Ordination of Women, in: JES 19 (1973) 669—694.

Botschaft des Paulus, sondern das patriarchalische oder feministische Mißverständnis dieser Botschaft predige die Unterwerfung der Frau. Der Hauptstreitpunkt der Kontroverse wird in einem Buchtitel zusammengefaßt: „Paulus – männlicher Chauvinist oder Feminist?"[8]

Infolge des apologetischen Interesses, Paulus gegenüber seinen feministischen Kritikern in Schutz zu nehmen, berücksichtigt dieser revisionistische Denkansatz die methodologischen Probleme und hermeneutischen Entscheidungen, die auf beiden Seiten mit im Spiele sind, zu wenig. Die hermeneutische Diskussion[9] und die Erkenntnissoziologie[10] betonen, wie wichtig es für Exegeten und Theologen ist, über ihre Denkvoraussetzungen und die theoretischen Modelle nachzudenken, die sie bei der Sammlung historischer „Befunde" verwenden. Dies gilt ganz besonders für die Rekonstruktion der frühchristlichen Geschichte, denn unsere Quellen verfolgen nicht unmittelbar ein historisches Anliegen, sondern sind im Blick auf pastorale und theologische Anliegen verfaßt. Unser Verständnis des Sinns, welche die paulinischen Weisungen haben, hängt deshalb nicht nur von einer umsichtigen historisch-kritischen Interpretation dieser Texte ab, sondern noch mehr vom theoretischen Modell der Geschichte des Frühchristentums, in dessen Kontext wir unsere Fragen formulieren und unsere exegetischen Befunde organisieren.

Da nicht nur die Bibelexegese, sondern auch die Geschichtsschreibung ganz allgemein eine selektive Darstellung der Vergangenheit ist, ist ihr Rahmen nicht nur durch die vorhandenen Quellen beschränkt, sondern auch durch die Interessen und Perspektiven der Gegenwart bedingt. Sobald sich die jeweiligen gesellschaftlichen

---

8 R. u. J. Boldrey, Chauvinist or Feminist? Paul's View of Women (Michigan 1976). Vgl. auch P.J. Ford, Paul the Apostle: Male Chauvinist?, in: Biblical Theological Bulletin 4 (1975) 302—311.
9 Zu einer allgemeinen Erörterung vgl. K. Frör, Biblische Hermeneutik (München 1961); R. Funk, Language, Hermeneutic and Word of God (New York 1966); E. Schillebeeckx, Glaubensinterpretation (Mainz 1971); J.A. Sanders, Hermeneutics, in: Suppl. Vol. IDB (Nashville 1976) und meinen Versuch, die hermeneutischen Prinzipien der Konstitution des Zweiten Vatikanums über die göttliche Offenbarung auf das Problem anzuwenden, wie die Lehren des Neuen Testaments über die Frauen zu bewerten sind: Understanding God's Revealed Word, in: Catholic Charismatic 1 (1977) 7—10.
10 Zum heuristischen Wert von „Modellen" vgl. I.G. Barbour, Myth, Models and Paradigms (New York 1974).

und kulturellen Perspektiven verlagern, ändert sich auch das Interesse des Historikers und die Auswahl dessen, was ihm für die Vergangenheit als wichtig und für die Gegenwart als erforschenswert erscheint[11]. Historiker sind nicht imstande, von ihren Denkvoraussetzungen, Ideologien und den Interessen der Machtstrukturen abzusehen, welche die Fragen und Modelle bestimmen, womit sie die zugängliche Information sammeln. Die Rekonstruktion und das Verständnis der Vergangenheit sind nie einzig und allein von den sogenannten historischen Fakten bestimmt, sondern immer auch von den Voraussetzungen und Interessen der Historiker, deren methodologische Ansätze von persönlichen Erfahrungen und gesellschaftlichen Mythologien entscheidend beeinflußt werden.

Feministische Wissenschaftlerinnen haben deshalb mit Recht hervorgehoben, daß Historiker Geschichtsquellen im allgemeinen und biblische Texte im besonderen aus einer patriarchalischen[12] Perspektive studieren. Unser westlicher Auffassungsrahmen und Raster für geschichtliche Sachverhalte wird von dem Verständnis bestimmt: „Mensch-sein heißt Mann-sein, und der Mann definiert die Frau nicht ‚an sich', sondern in Beziehung auf sich; sie wird nicht als ein selbständiges Wesen aufgefaßt. Er ist das Subjekt, das Absolute. Sie ist das ‚Andere'"[13]. Dieser Denkrahmen funktioniert als gesellschaftliche Mythologie, welche die Sozialisation und die Bilder bestimmt, die Frauen und Männer von sich haben[14]. Sie macht die Frau zu einer Randfigur und rechtfertigt die bestehenden Machtstruktu-

---

11 Wie K. Mannheim, Ideologie and Utopie (München 1929) sagt, hat jede Epoche ihren charakteristischen Gesichtspunkt und sieht infolgedessen „dieselben" Objekte in einer neuen Sicht. Zu einer feministischen Analyse vgl. H. Smith, Feminism and the Methodology of Women's History, in: B.A. Carrol (Hrsg.), Liberating Women's History (Urbana 1976) 368−384.
12 Ich verwende „patriarchalisch" im Sinn eines Gesellschaftssystems der Herrschaft des Manns und der Unterordnung und Marginalisierung der Frau.
13 S. de Beauvoir, Das andere Geschlecht (Rowohlt-Taschenbuch 99) 8−9.
14 E. Janeway, Man's World, Woman's Place (New York 1971) 307 weist auf die emotionale Komponente der Gesellschaftsmythologie hin. Deswegen wird nicht Logik, sondern nur „eine in *Wirklichkeit* erfolgende Antwort auf diejenigen Bedürfnisse, auf die der Mythus in Phantasie antwortet," in einer solchen Mythologie einen Wandel herbeiführen (Hervorhebung durch mich).

ren, welche die Frauen zum schwachen, anderen Geschlecht machen.

Revisionistische Apologetik ist nicht so sehr wegen ihrer christlichen oder feministischen Voraussetzungen und Kriterien problematisch. Ihre Schwierigkeit besteht darin, daß sie es unterläßt, das androzentrische, patriarchalische Modell in Frage zu stellen, das den wissenschaftlichen Rekonstruktionen der frühchristlichen Geschichte zugrunde liegt. Darin, daß die Fachgelehrten die „Rolle der Frauen" als ein besonderes Problem separat behandeln, spiegelt sich die von unserer Kultur bestimmte androzentrische Perspektive wider, wonach das Mann-sein den normalen Ausdruck der menschlichen Existenz und christlichen Geschichte darstellt. In einem solchen androzentrischen Denkmuster wird nur die Rolle der Frau zu einem besonderen historischen Problem, während die androzentrischen Voraussetzungen dieser Geschichtsschreibung ungeprüft bleiben. Um die paulinischen Weisungen in bezug auf die Frauen zu verstehen und theologisch zu bewerten, ist somit kritisch zu analysieren, wie die Exegeten die frühchristliche Geschichte rekonstruieren und wie sie die Rolle der Frauen in den frühchristlichen Gemeinden definieren.

1. Die androzentrische Rekonstruktion der frühchristlichen Geschichte

Da die wissenschaftliche Darstellung der Geschichte des frühen Christentums ebenfalls vom androzentrischen Denkschema der westlichen Kultur bestimmt ist, rekonstruiert sie das Bild der frühen Kirche nach dem Modell der Dominanz des Mannes, in dem die Frau nur am Rande erscheint. Dies tritt zutage, wenn wir die Voraussetzungen prüfen, die dem Studium der Rolle der Frau im Urchristentum zugrunde liegen[15].

1. Diese Studien setzen im allgemeinen voraus, daß Männer die frühchristliche Missionsbewegung in Gang gebracht haben und daß nur ihnen dabei die Leitung zukam. Die Erörterungen über die

---

15 Vgl. meinen im Druck befindlichen Aufsatz: The Study of Women in Early Christianity, der erscheinen soll in: Proceedings of the College Theology Society's 1977 Annual Meeting.

Jüngerschaft, das Apostelamt[16], die Kirchenordnung, den Kult und die Missionstätigkeit nehmen stillschweigend an, daß dabei die Leitungsfunktionen ausschließlich von Männern ausgeübt wurden. In ihrer Analyse von 1 Kor 11,2—16 und 14,33—36 unterlassen es die Exegeten, diese Texte in die geschichtliche Situation und ihren unmittelbaren Kontext einzuordnen. Statt dessen nehmen sie von vornherein an, daß bloß diese Texte über die Frauen sprächen, während der Rest der Kapitel 11 bis 14 von männlichen Propheten und Enthusiasten handle. Ebenso wird die Information, die „die Leute der Chloë" (1 Kor 1,11) Paulus zukommen ließen, als „Geschwätz" bezeichnet[17]. Die „Leute der Chloë" werden nicht als ihre Jünger(innen) oder Mitarbeiter, sondern als ihre Sklaven aufgefaßt[18], obwohl eine ähnliche Genitivkonstruktion im unmittelbaren Kontext zu finden ist, wo Paulus von den verschiedenen Parteiungen spricht, die sich auf verschiedene Apostel als auf ihre geistlichen Leiter berufen (1 Kor 1,11ff). Ein weiteres Beispiel einer solchen androzentrischen Rekonstruktion ist die Auffassusng, wonach sich Röm 16,7 auf zwei männliche Apostel bezöge, obschon Junia oder Julia ein damals allgemein bekannter Frauenname war und sich die Stelle nach der Exegese der Kirchenväter auf einen weiblichen Apostel bezieht[19]. Infolge der ungeprüften Voraussetzung, daß

16 Vgl. meine beiden Aufsätze The Twelve and The Apostleship of Women in Early Christianity, in: L. u. A. Swidler (Hrsg.), Woman Priests: A Catholic Commentary on the Vatican Declaration (New York 1977) 114—123 und 135—140. In meinen Veröffentlichungen habe ich stets auf die Apostelschaft von Maria Magdalena hingewiesen, vgl. E. Schüssler, Der vergessene Partner (Düsseldorf 1964) 57ff; Mary Magdalene Apostle to Apostles, in: UTS Journal, April 1975, 22f; Die Rolle der Frau in der urchristlichen Bewegung, in: Concilium 12 (1976) 3—9.
17 Vgl. z.B. W.A. Meeks, The Writings of St. Paul (New York 1972) 23: Der erste Korintherbrief ist „eine Antwort auf Berichte, die an Paulus gelangt sind erstens durch einen Brief, der durch eine offizielle Delegation (Stephanas, Fortunatus und Achaikus: 16,17 vgl. 7,1) überbracht worden war, und zweitens durch sonst nicht bekannte Klatschereien von Leuten der Chloë".
18 Vgl. G. Theißen, Soziale Schichtung in der korinthischen Gemeinde. Ein Beitrag zur Soziologie des hellenistischen Urchristentums, in: ZNW 65 (1974) 255. Paulus verwendet jedoch *ek* mit dem Genitiv, wenn er von Sklaven eines Haushalts spricht (vgl. Röm 16,10; Phil 4, 22).
19 Vgl. Bernadette Brooten, Junia . . . Outstanding among the Apostles (Romans 16:7), in: L. u. A. Swidler, a.a.O. 141—144; J.M. Lagrange, Saint Paul: Epître aux Romains (Paris 1916) 366.

die Frühkirche eine „Männerkirche" gewesen sei, fassen diese androzentrischen Studien die in den Paulusbriefen erwähnten Frauen als Gehilfinnen der Apostel auf, die namentlich Paulus in seinem Missionswerk unterstützt hätten. Solch ein androzentrisches Modell läßt nicht der anderen Möglichkeit Raum, daß Frauen schon vor Paulus und auf der gleichen Stufe wie er Missionarinnen und Gemeindeleiterinnen waren. Es konnte ganz gut der Fall sein, daß Paulus gar keine andere Wahl hatte, als mit Frauen zusammenzuarbeiten, deren leitende Rolle in den vorpaulinischen und paulinischen Gemeinden bereits feststand.

2. In einem solchen androzentrischen Modell wird maskuline Terminologie[20] auf zwei Weisen verstanden: als generisch und als geschlechtsspezifisch. Auf der einen Seite nehmen wohl die meisten Exegeten an, daß maskuline Standardbegriffe wie „Erwählte", „Heilige", „Brüder", „Söhne" nicht Männer im Gegensatz zu Frauen bezeichnen, sondern sich auf sämtliche Glieder der christlichen Gemeinde beziehen. Die maskuline Sprechweise wird in diesen Fällen nicht in geschlechtsspezifischem, sondern in einem inklusiv generischen Sinne gebraucht. Andererseits nehmen Exegeten dann, wenn sie Titulierungen von Leitungsfunktionen – z.B. „Apostel", „Propheten", „Lehrer" – erörtern, ohne weiteres an, daß diese Titel sich allein auf Männer beziehen, obschon in den Paulusschriften ein Fall vorliegt, wo ein solcher maskuliner Titel sich auf eine Frau bezieht. In Röm 16,1 wird für Phöbe die maskuline Form des Titels *diakonos* verwendet. Somit können wir annehmen, daß die androzentrische Sprechweise des Neuen Testaments durchwegs Frauen miteinbezieht, solange nicht das Gegenteil erwiesen ist.

3. Androzentrische Interpretationen nehmen immer noch an, daß sich in den vorhandenen Informationen über Frauen im Frühchristentum die aktuelle Situation und die Rolle widerspiegeln, welche die Frauen am Anfang der Kirche hatten, obschon die neu-

---

20 Zum Problem der maskulinen Sprache vgl. R. Lakoff, Language and Woman's Place (New York 1975); Miller/Swift, Words and Women (Garden City 1976); L. Russel, Changing Language and the Church, in: The Liberating Word (Philadelphia 1976) 82–98 und die ausführliche bibliographische Übersicht in M.R. Key, Male/Female Language (Metuchen 1975).

testamentliche Wissenschaft im allgemeinen anerkennt, daß die Autoren des Neuen Testaments keine genaue historische Information über das Leben Jesu oder über die frühesten Gemeinden bieten. Quellen- und redaktionskritische Arbeiten haben aufgezeigt, daß die Verfasser des Neuen Testaments nicht sämtliche vorhandenen Informationen in ihr Werk aufgenommen haben, sondern daß sie ihrem theologischen Anliegen entsprechend unter den Materialien eine Auswahl trafen. Ein paar Beispiele für einen androzentrischen Überlieferungsprozeß sollten genügen. In den Paulusbriefen ist von Frauen als Mitmissionarinnen in der frühchristlichen Bewegung die Rede, während die Apostelgeschichte lediglich die finanziellen Zuschüsse wohlhabender Frauen als Gönnerinnen erwähnt, nicht aber Frauen als Missionarinnen schildert. Oder: Während sämtliche vier Evangelien Maria Magdalena als erste Zeugin der Auferstehung nennen, führt Paulus unter den Auferstehungszeugen keine einzige Frau an[21]. Oder: Dem vierten Evangelium zufolge hat zu Beginn der Missionierung der Samariter eine Frau eine wichtige Rolle gespielt (Joh 4,4—42), während die Apostelgeschichte Philippus als den ersten Glaubensboten in Samaria erwähnt (Apg 8,4—13). Da die Verfasser des Neuen Testaments von einem androzentrischen Standpunkt aus schreiben und ihre Quellen dementsprechend auswählen, läßt sich schließen, daß sie uns nur einen kleinen Ausschnitt der vorhandenen Information übermitteln. Deshalb spiegeln sich ganz und gar nicht in den spärlichen Hinweisen des Neuen Testaments auf Frauen die wirkliche Rolle der Frauen und ihre Beiträge an die Geschichte des frühen Christentums wider. Trotzdem geben uns die Texte noch einen Hinweis auf die möglicherweise reichen Traditionen, die wir verloren haben.

4. Man könnte einwenden, dieses androzentrische Interpretationsmodell sei methodologisch am Platze, weil sich im frühen Christen-

---

21 Vgl. 1 Kor 15,3—10. R.E. Brown zieht den anfechtbaren Schluß: „Der Vorrang, der bei Paulus und Lukas dem Petrus gegeben wird, ist ein Vorrang unter denen, die zu offiziellen Zeugen für die Auferstehung wurden. Der nebensächliche Platz, der der Tradition gegeben wird, wonach eine Frau oder mehrere Frauen Erscheinungen gehabt haben, entspricht wahrscheinlich der Tatsache, daß Frauen zuerst nicht ein offizielles Predigtamt in der Kirche innehatten." Vgl. R.E. Brown, Roles of Women in the Fourth Gospel, in: W. Burkhardt, Woman: New Dimensions (New York 1977) 116, Anm. 12.

tum seine patriarchalische Kultur und Religion widergespiegelt hätten. Die sozio-kulturelle Rekonstruktion der Jesusbewegung in Palästina hat jedoch erwiesen, daß diese Bewegung eine gesellschaftlich und religiös abweichende Gruppe war[22]. Jesus und seine ersten Jünger waren nicht wohlangepaßte Glieder ihrer Gesellschaft, sondern standen zu manchen religiösen und kulturellen Werten ihrer Zeit in Gegensatz. Jesus berief nicht die Rechtschaffenen, Frommen und Mächtigen in seine Jüngerschaft, sondern alle die, die „nicht zur Gesellschaft gehörten": Steuereinnehmer, Sünder, Dirnen, arme Leute und Frauen. Diese egalitäre Bewegung wandernder Jünger verstand sich als Familie von Brüdern und Schwestern und ersetzte damit herkömmliche Familienrollen und -bindungen. Wie die Männer werden auch die Frauen nicht mehr durch patriarchalische Ehe- und prokreative Familienrollen bestimmt, sondern durch ihre Zugehörigkeit zu der Jüngergemeinde.

G. Theißen, dessen Werk auf die soziologische Erforschung des Frühchristentums einen großen Einfluß ausübt, behauptet hingegen, die frühchristliche Missionsbewegung außerhalb Palästinas sei mit ihrer Gesellschaft nicht in Konflikt gestanden, sondern in sie gut integriert gewesen. Der Radikalismus der Jesusbewegung in Palästina sei von den städtischen hellenistischen Gemeinden in einen „Liebespatriarchalismus" assimiliert worden, der die hierarchischen Gesellschaftsbeziehungen der patriarchlischen Familie in einer abgeschwächten, milderen Form fortgesetzt habe[23]. Der klassische Ausdruck dieses Liebespatriarchalismus findet sich in den Haus-

---

22 Vgl. J.G. Gager, Kingdom and Community. The Social World of Early Christianity (Englewood Cliffs 1975) 22—37; R. Scroggs. The Earliest Christian Communities as Sectarian Movement, in: J. Neusner, Christianity, Judaism and Other Greco-Roman Cults II (Leiden 1975) 1—23; G. Theißen, Studien zur Soziologie des Urchristentums (Tübingen 1979).

23 Vgl. G. Theißen, Soziale Schichtung..., a.a.O. (Anm. 18) 268—272; ders., Die Starken und die Schwachen in Korinth, in: EvTh 35 (1975) 171ff. Theißen verdankt den Ausdruck „Liebespatriarchalismus" Ernst Troeltsch, Die Sozietätlehren der christlichen Kirchen und Gruppen, in: Gesammelte Schriften I (1923) 67—83. Dieser charakterisiert den Liebespatriarchalismus so: „Es ist der auf religiöse Anerkennung und religiöse Überwindung der irdischen Ungleichheit zugleich begründete Typus des christlichen Patriarchalismus." E. Troeltsch, Die Sozietätlehren der christlichen Kirchen und Gruppen (Aalen 1965) 67.

tafeln der deutero- und nachpaulinischen Literatur (Kol 3,18f; Eph 5,21 — 33; Tit 2,4f; 1 Petr 3,1 — 7). Meiner Meinung nach ist es jedoch fraglich, ob man diese benutzen kann, um einen solchen Liebespatriarchalismus für die vorpaulinischen und paulinischen Gemeinden nachzuweisen. Die Anspielungen der echten Paulusbriefe an die Leitungsrolle von Frauen legen nahe, daß die Unterordnungsweisungen der Haustafeln in den frühesten Gemeinden der hellenistischen städtischen Zentren noch nicht wirksam waren. Nicht die patriarchalische Familie, sondern die egalitären Gemeinschaftsstrukturen von Collegien und Kultvereinen, die Frauen und Sklaven als gleichberechtigte Mitglieder der Gemeinde anerkannten, scheinen für die frühchristliche Missionsbewegung in der griechisch-römischen Welt das Modell abgegeben zu haben[24].

2. Frauen in den vorpaulinischen und den paulinischen Kirchen

Nur wenn wir die Geschichte der frühchristlichen Bewegung einem egalitären und nicht androzentrischen Modell entsprechend rekonstruieren, sind wir imstande, die in den Paulusbriefen vorhandene Information über das Führungsamt von Frauen richtig zu integrieren. Obwohl diese Information sehr bruchstückhaft ist, ermöglicht sie uns, die Rolle, welche Frauen vor Paulus und im Verein mit Paulus in den Kirchen spielten, nachzuzeichnen.

1. Die Paulusbriefe erwähnen viele Frauen als Mitarbeiterinnen des Paulus, geben aber keinen Hinweis darauf, daß diese Frauen von Paulus abhängig oder ihm unterstellt gewesen wären. Nur fünf Mitarbeiter des Paulus (Erastus, Markus, Timotheus, Titus und Tychikus) „sind Paulus ausdrücklich unterstellt, indem sie ihm dienen oder seine Weisungen entgegennehmen"[25]. Die echten Paulusbriefe wen-

---

24 Zur Beteiligung von Frauen an Kultvereinen und philosophischen Schulen vgl. L. Swidler, Greco-Roman Feminism and the Reception of the Gospel, in: Jaspert u. Mohr (Hrsg.), Traditio – Krisis – Renovatio aus theologischer Sicht (Marburg 1976) 49—52; W.A. Meeks, The Image of the Androgyne: Some Uses of a Symbol in Earliest Christianity, in: History of Religion 13 (1974) 169—174.
25 Vgl. E.E. Ellis, Paul and his Co-Workers, in: NTS 17 (1970) 439. Vgl. auch den Aufsatz von M.A. Getty über *synergos* in: L. u. A. Swidler, Women Priests, a.a.O. 176—182.

den missionarische Titel und Charakterisierungen – wie z.B. Mitarbeiterin (Priska), Bruder/Schwester (Apphia); „diakonos" (Phöbe) und Apostel (Junia) auch auf Frauen an. Sie setzen für gewöhnlich die Mitarbeiter mit denjenigen gleich, „die sich abmühen". In 1 Kor 16,16 ermahnt Paulus die Korinther, „sich Helfern und Mitarbeitern unterzuordnen" und sie anzuerkennen. 1 Thess 5,12 fordert die Thessalonicher auf: „Erkennt die unter euch an, die sich solche Mühe geben, euch im Namen des Herrn zu leiten und zum Rechten anzuhalten". Somit ist es bezeichnend, daß Paulus das gleiche griechische Wort „sich abmühen, sich abplagen" nicht nur zur Bezeichnung seiner eigenen missionarischen Evangelisierungsarbeit, sondern auch für das Wirken von Frauen verwendet. In Röm 16,6.12 empfiehlt er Maria, Tryphäna, Tryphosa und Persis, da sie „für den Herrn viel Mühe auf sich nehmen".

Paulus sagt auch, daß Frauen mit ihm auf der Basis der Gleichberechtigung zusammengearbeitet haben. Phil 4,2f stellt ausdrücklich fest, daß an seiner Seite Evodia und Syntyche „für das Evangelium gekämpft" haben. Wie in einem athletischen Wettrennen haben diese Frauen an der Seite des Paulus, des Klemens und weiterer Mitmissionare des Paulus für die Sache des Evangeliums gekämpft. Paulus schätzt die Autorität der beiden Frauen in der Gemeinde zu Philippi dermaßen hoch ein, daß er befürchtet, ihre Meinungsverschiedenheiten könnten die Christengemeinde ernstlich beeinträchtigen[26]. Diesen Missionarinnen gebührt die gleiche Hochachtung und Wertschätzung wie den männlichen Mitarbeitern des Paulus in der Gemeinde von Philippi.

2. Die Hauskirchen waren in der Missionsbewegung ein entscheidender Faktor, da sie der Gemeinde Räumlichkeiten, Unterstützung und Leitung boten[27]. Die Hauskirchen waren die Stätte, wo die

---

26 Vgl. W.D. Thomas, The Place of Women in the Church at Philippi, in: Expository Times 83 (1972) 117–120; R.W. Graham, Women in the Pauline Churches: A Review Article, in: Lexington Theological Quarterly 11 (1976) 29f.
27 Vgl. F.F. Filson, The Significance of the Early House Churches, in: JBL 58 (1939) 105–112; E.A. Judge, The Social Patterns of Christian Groups in the First Century (London 1960) 36: „Nicht nur war die Bekehrung eines Haushalts der natürliche oder sogar notwendige Weg, um in einer unvertrauten Umgebung Gottesdienst zu halten, sondern der Haushalt blieb auch die geeignetste Basis zum Zusammenkommen der Christen."

ersten Christen das Herrenmahl feierten und die Frohbotschaft verkündeten. Theologisch wird die Gemeinde als „Haus Gottes", als „neuer Tempel" bezeichnet, worin der Geist wohnt[28]. Da sich unter den prominenten, wohlhabenden Bekehrten auch Frauen befanden (vgl. Apg 17,4.12), spielten diese bei der Gründung, Unterstützung und Förderung solcher Hauskirchen eine wichtige Rolle. Die folgenden Texte, in denen von Frauen als Leiterinnen von Hauskirchen die Rede ist, beweisen dies. Paulus grüßt Apphia, „unsere Schwester", die zusammen mit Philemon und Archippus eine Leiterin der Hauskirche in Kolossä war, für die der Philemonbrief verfaßt wurde (Phlm 2)[29]. Paulus erwähnt auch zweimal das missionarische Ehepaar Priska und Aquila und „die Kirche in ihrem Hause" (1 Kor 16,19; Röm 16,5). Ganz ähnlich redet der Verfasser des Kolosserbriefes von Nymphe von Laodizea und der „Kirche in ihrem Hause" (Kol 4,15). Der Apostelgeschichte zufolge begann die Kirche zu Philippi mit der Bekehrung der Geschäftsfrau Lydia aus Thyatira, welche ihr Haus für die christliche Mission zur Verfügung stellte (Apg 16,14). Wir wissen auch aus der Apostelgeschichte, daß im Haus der Maria, der Mutter des Johannes Markus, eine Gemeindeversammlung abgehalten wurde. Es besteht kein Grund, anzunehmen, daß Frauen von der Leitung solcher Hauskirchen und vom Vorsitz in deren Gottesdienst ausgeschlossen waren. Der Liebespatriarchalismus der Haustafel-Tradition könnte somit eine spätere patriarchalische Reaktion auf das Leitungsamt von Frauen innerhalb der Hauskirche sein, nicht aber Ausdruck der ursprünglichen Ordnung der vorpaulinischen Kirchen. Diese Hypothese wird durch 1 Tim 2 gestützt, wo die Weisungen, daß die Frauen sich unterordnen sollen, im Zusammenhang mit Regeln für Gemeindezusammenkünfte und Lehrtätigkeit gegeben werden sowie in Verbindung mit patriarchalischen Forderungen in bezug auf die Kirchenleitung.

---

28 Vgl. R.J.M. Kelvey, The New Temple. The Church in the New Testament (Oxford 1969) und meinen Aufsatz: Cultic Language in Qumran and in the New Testament, in: CBQ 38 (1976) 159—179.

29 Vgl. hingegen E. Lohse, Die Briefe an die Kolosser und an Philemon (Göttingen [14]1968) 267—268: „Die Hausfrau hatte täglich mit den Sklaven umzugehen. Darum hat auch sie ihr Wort abzugeben, wenn es sich darum handelt, einen entflohenen Sklaven wiederaufzunehmen." Die Tendenz ist klar: Apphia wird zu einer Ehefrau und Haushälterin reduziert, obschon sie wie die beiden Männer als Christin bezeichnet wird.

3. Eine der prominentesten Vorsitzenden einer Hauskirche und eine hervorragende Mitarbeiterin des Paulus ist Priska oder Priszilla, die im Verein mit ihrem Gatten Aquila mit Paulus zusammenarbeitete. Sie war jedoch wie Barnabas oder Apollos vom Apostel unabhängig und unterstand nicht seiner Autorität[30]. Paulus ist den beiden dankbar, weil sie für ihn ihr Leben aufs Spiel gesetzt hatten. Doch nicht nur er, sondern sämtliche Heidenchristenkirchen haben Grund, diesen herausragenden Glaubensboten zu danken (Röm 16,4). Ihre Hauskirche in Korinth, Ephesus und Rom (falls Röm 16 sich an diese Gemeinde richtet) war an jedem dieser Orte ein Missionszentrum. 1 Kor 16,19 entbietet Grüße dieses Ehepaars. Zwar wird Priska hier nach ihrem Gatten erwähnt, doch ist es bemerkenswert, daß sie überhaupt namentlich erwähnt wird, da normalerweise in solchen Grüßen einzig der Ehemann genannt wird. Und bezeichnenderweise nennt Paulus, wenn er Grüße an das Paar sendet, jedesmal Priska zuerst, womit er betont, daß sie von den beiden die wichtigere ist (Röm 16,3f; vgl. auch 2 Tim 4,19).

Auch die Apostelgeschichte erwähnt Priska vor ihrem Gatten, was der Information der Paulusbriefe entspricht (vgl. Apg 18,2ff. 18.26)[31]. Da sich Lukas im zweiten Teil der Apostelgeschichte auf die Figur des Paulus konzentriert, spricht er von diesem Ehepaar nur beiläufig. Doch auch schon diese kurzen Bemerkungen weisen auf den großen Einfluß dieses Ehepaares hin. Wir dürfen deshalb annehmen, daß Lukas viel mehr Informationen über die beiden besaß, als er uns weitergibt. Wie Paulus waren auch Priszilla und Aquila beruflich Zeltmacher und kamen für ihre Missionstätigkeit durch ihre eigene Arbeit auf. Wie Paulus waren sie Judenchristen und von den Kirchen, in deren Dienst sie wirkten, unabhängig. Wie Paulus unternahmen sie Reisen, um das Evangelium auszubreiten, und hatten für ihre Missionstätigkeit Leiden zu erdulden. Als Kaiser Claudius die Juden aus Rom verbannte, wurden sie von dort vertrieben und begaben sich nach Korinth. In Ephesus bekehrten sie

---

30 E. Käsemann, An die Römer (Tübingen 1973) sagt, wir seien berechtigt, das Ehepaar zu den bedeutendsten frühchristlichen Glaubensboten in der Diaspora zu zählen.
31 Codex D (2. Jh.) erwähnt Priska in Apg 18,26 an zweiter Stelle. Er macht Aquila zum Subjekt von 18,2, indem er schreibt: „Aquila mit seiner Frau Priszilla"; zudem erwähnt er Aquila dreimal (18,3.7.22) nicht in Verbindung mit Priszilla.

Apollos, einen der größten Apostel und Missionare neben Paulus (Apg 18,26), und „legten ihm den Weg Gottes noch genauer dar". Der Text nimmt klar an, daß Priska die Katechetin und Glaubenslehrerin des Apollos war[32].

Während Priska und Aquila nicht ausdrücklich Apostel genannt werden, erhält in Röm 16,7 ein anderes Ehepaar diesen Titel. Wie Priska und Aquila waren Andronikus und Junia (Julia) ein missionarisches Ehepaar und schon vor Paulus Apostel. Da ein Apostel eine Missionsaufgabe erfüllen und den auferstandenen Herrn gesehen haben muß[33], dürfen wir annehmen, daß dieses Ehepaar sich unter den „mehr als fünfhundert Brüdern" befand, denen der Herr erschien und von denen noch die meisten am Leben waren, als Paulus den ersten Korintherbrief schrieb (1 Kor 15,16). Zur Zeit der Abfassung des Römerbriefes waren Andronikus und Junia Mitgefangene des Paulus, und sie werden als „angesehene Apostel" gepriesen (Röm 16,7). Aus 1 Kor 9,5 können wir schließen, daß die Ehepaare Priszilla und Aquila und Andronikus und Junia unter den frühchristlichen Glaubensboten keine Ausnahme waren, da auch die anderen Apostel auf ihren Missionsreisen „Schwestern" als „Frauen" bei sich hatten. Wenn der Ausdruck „Bruder" eine besondere Gruppe missionarischer Mitarbeiter bezeichnen kann (vgl. Phil 4,21ff)[34], läßt sich vermuten, daß sich das Wort „Schwester" auf diese als Missionsmitarbeiterinnen bezieht. Das doppelte Akkusativobjekt (Schwester, Frau) erklärt sich auf diese Weise am besten. Deshalb dürfen wir annehmen, daß viele frühchristliche Glaubensboten Ehepaare waren. Wenn Paulus die Ehelosigkeit als die beste Voraussetzung zur Missionsarbeit hervorhebt (1 Kor 7,23ff), äußert er seine eigene Meinung, die aber nicht mit der Praxis der frühen missionarischen Kirche übereinstimmt. Zudem haben wir kein Anzeichen dafür, daß das Wirken solcher missionarischer Frauen, die im Verein mit ihren Männern arbeiteten, sich nur auf Frauen erstreckte[35].

---

32 Darum vermutet A.v. Harnack, Probabilia über die Adresse und den Verfasser des Hebräerbriefes, in: ZNW 1 (1900) 16—41, sie sei die Verfasserin des Hebräerbriefes. Bezeichnenderweise nehmen die Exegeten stets Männer als Verfasser an, obschon wir in den meisten Fällen nicht wissen, wer die einzelnen Schriften des Neuen Testament verfaßt hat.
33 Vgl. meinen Aufsatz: The Apostleship of Women, a.a.O. 136ff.
34 Vgl. E.E. Ellis, Paul and his Co-Workers, a.a.O. 445—451.
35 Vgl. B. Bauer, Uxores circumducere 1 Kor 9,53, in: BZNF 3 (1959) 94—102. E. Käsemann vermutet, daß die Missionarspaare der Weisung

4. Phöbe scheint eine der prominentesten Frauen in der Urkirche gewesen zu sein. In Röm 16,1 wird sie durch drei Titel charakterisiert: Paulus bezeichnet sie als „unsere Schwester", als „diakonos der Kirche von Kenchreä" und als „prostatis vieler, auch meiner selbst". Die Exegeten bemühen sich, die Bedeutung dieser Titel hinunterzuspielen, weil sie einer Frau gegeben werden. Wenn Paulus den Titel „diakonos" für sich oder einen anderen männlichen Leiter gebraucht, übersetzt man ihn mit „Dienstträger" oder „Glaubensbote", „Helfer", während man ihn im Fall der Phöbe für gewöhnlich mit Diakonin wiedergibt. Nachdem er Phöbe als „eine offenbar wohlhabende und menschenfreundliche Dame" charakterisiert hat, sagt H. Lietzmann: „. . . noch lange hat es in der christlichen Kirche weibliche Diakone gegeben, welche mit ihrer Hilfe vorwiegend dann eintraten, *wenn ihr Geschlecht sie dazu besonders geeignet machte,* bei Armen- und Krankenpflege und der Taufe von Frauen"[36] (Hervorhebung durch mich). Unbewußt projiziert Lietzmann hier die Aufgaben der späteren Diakonissen, wo deren Dienst sich auf die Hilfeleistung an Frauen beschränkte, in das erste Jahrhundert zurück. Doch der Text enthält keinerlei Hinweis auf irgendwelche Einschränkungen des Amtes der Phöbe durch vorgeschriebene Geschlechterrollen. Sie ist in der Kirche von Korinth nicht eine Diakonin der Frauen, sondern steht im Dienst an der ganzen Gemeinde. Paulus verwendet in 1 Kor 3,5.9 und 2 Kor 6,1.4 den Ausdruck „diakonos" in Verbindung mit „synergos" (Mitarbeiter). Nach 1 Kor 16,15 — 16 versteht er unter den „Helfern und Mitarbeitern" diejenigen, „die sich in den Dienst der Heiligen gestellt haben". Doch im Unterschied zu den Mitarbeitern erscheinen die „diakonoi" nicht nur als Wandermissionare, sondern als Leiter von Ortsgemeinden. Der Ausdruck wird im Neuen Testament und in der profanen Literatur für Predigen und Lehren verwendet[37]. Somit dienten die Diakone in der anerkannten und bestimmten „amtlichen" Rolle der Lehrer

    der Synoptiker entsprechen, zu „zwei und zwei" auf die Sendung zu gehen (vgl. Mk 6,7 par.). Vgl. auch die von Klemens von Alexandrien gegebene Deutung: Die Apostel „führten ihre Frauen nicht als Ehegattinnen, sondern als Schwestern mit sich, damit sie ihre Gehilfinnen (*syndiakonous*) bei den Hausfrauen seien; und durch sie konnte die Lehre des Herrn auch in das Frauengemach kommen, ohne daß üble Nachrede entstand" (Stromata III. Buch, 53,1). In diesem Text findet sich jedoch keinerlei Hinweis auf enkratitisches Verhalten.

36 H. Lietzmann, Geschichte der alten Kirche (Berlin-New York 1975) 149.
37 Vgl. A. Lemaire, Von den Diensten zu den Ämtern. Die kirchlichen

und Prediger. Folglich können wir annehmen, daß Phöbe eine „amtliche" Dienstträgerin und Lehrerin in der Kirche von Kenchreä war. Die Bedeutung der Position Phöbes als „Amtsträgerin" in der Kirche von Kenchreä wird durch den Titel „prostatis" unterstrichen, der für gewöhnlich mit „Helferin" oder „Gönnerin" übersetzt wird, obschon in der zeitgenössischen Literatur der Begriff mehr besagte: leitender Beamter, Vorsteher, Gouverneur, Aufseher[38]. Da Paulus bemerkt, Phöbe sei eine *„prostatis* vieler, auch meiner selbst" gewesen, nehmen die Exegeten hier diesen Sinn nicht an. Doch in 1 Thess 5,12 charakterisiert das entsprechende Verb Autoritätspersonen in der Gemeinde, und in 1 Tim 3,4f und 5,17 bezeichnet es die Funktionen des Bischofs, Diakons oder Ältesten. Somit dürfen wir annehmen, daß Phöbe in der Gemeinde von Kenchreä eine hohe Autoritätsstellung hatte und daß sich ihre Autorität nicht bloß auf diese Gemeinde beschränkte, sondern in weitem Umkreis respektiert wurde, sogar von Paulus selbst. Phöbe erhält eine ähnliche Empfehlung wie in 1 Kor 16,10 Timotheus[39].

Abschließend ist zu sagen: In den Paulusbriefen finden sich Hinweise darauf, daß Frauen zu den prominentesten Glaubensboten und Leitern der frühchristlichen Gemeinden gehörten. Sie arbeiteten mit Paulus zusammen, unterstanden aber nicht seiner Autorität. Sie waren Glaubenslehrerinnen, Predigerinnen und Prophetinnen. Als Leiterinnen von Hauskirchen hatten sie großen Einfluß und standen wahrscheinlich auch den Gottesdienstfeiern vor. Wenn wir ihren Leitungsdienst mit dem Dienst der späteren Diakonissen vergleichen, fällt es auf, daß ihre Autorität sich nicht auf den Dienst an Frauen oder auf spezifisch frauliche Funktionen beschränkte.

Ein solcher Leitungsdienst von Frauen in der vorpaulinischen und paulinischen Christenheit war durch die Theologie legitimiert, die in Gal 3,28 zum Ausdruck kommt. In der Christengemeinde fallen alle Unterscheidungen nach Rasse, Religion, Klasse und Geschlecht dahin. Alle Glieder sind gleich und eins in Christus. Gal 3,28 ist

Dienste in den ersten zwei Jahrhunderten, in: Concilium 8 (1972) 721–728; K.H. Schelkle, Dienste und Diener in den Kirchen der neutestamentlichen Zeit, in: Concilium 5 (1969) 158–164; A. Lemaire, The Ministries in the NT: Recent Research, in: Biblical Theology Bulletin 3 (1973) 133–166.

38 Vgl. B. Reicke, „prohistemi", in: TDNT VI, 703; sowohl das Verb wie das Substantiv haben den Doppelsinn von Leitung und Sorge.

39 Vgl. H. Gamble, The Textual History of the Letter to the Romans (Studies and Documents 42; Grand Rapids 1977) 87.

wahrscheinlich ein herkömmliches Taufbekenntnis[40], das von Paulus in seinem Brief angeführt wurde, um seine Ansicht zu untermauern, daß es in der Christengemeinde keinen Unterschied mehr zwischen Juden- und Heidenchristen geben darf. In dieser vorpaulinischen Taufformel artikuliert sich das Selbstverständnis der neuinitiierten Christen gegenüber den gesellschaftlich-religiösen Unterschieden, die in der damaligen griechisch-römischen Kultur akzeptiert wurden. Es war ein rhetorischer Gemeinplatz, daß der hellenistische Mann froh zu sein habe, als ein Mensch und nicht als ein Tier, als Grieche und nicht als Barbare, als Mann und nicht als Frau auf die Welt gekommen zu sein. Dieser Gemeinplatz scheint vom Judentum übernommen worden zu sein und fand Eingang in die Synagogenliturgie. täglich dankte der Jude Gott dafür, daß dieser ihn nicht als Heiden, Sklaven oder als Frau erschaffen habe. Im Unterschied zu diesem kulturell-religiösen Denkmodell, das Hellenisten und Juden gemeinsam war[41], bekräftigten die Christen bei der Taufe, daß alle kulturell-religiösen Unterschiede zwischen ihnen aufgehoben seien.

Es ist jedoch zu bemerken, daß sich in dieser Taufformel noch nicht die gleiche androzentrische Sicht findet wie in späteren gnostischen Schriften[42]. Während verschiedenen gnostischen Texten zufolge das Jünger-Christi-Werden gleichbedeutend ist mit „Männlich"-, „Manngleich"-Werden, weil das männliche Prinzip für den himmlischen, göttlichen Bereich steht, während das weibliche Prinzip nebensächlich ist, erhebt Gal 3,28 nicht das Mannsein zur Norm

---

40 H.D. Betz, Spirit, Freedom and Law: Paul's Message to the Galatian Churches, in: Svensk Exeg. Årsbok 39 (1974) 145−160; M. Bouttier, Complexio Oppositorum: Sur les Formules de 1 Cor xii. 13; Gal iii. 26−28; Col iii. 10.11, in: NTS 23 (1976) 1−19; W.A. Meeks, The Androgyne, a.a.O. 181.

41 Vgl. A. Oepke, „gyne", in: TDNT I, 777, Anm. 4. In diesem Gebet äußert sich somit eine allgemeine Kulturhaltung gegenüber Frauen; es sollte nicht verwendet werden, um das Judentum zu verunglimpfen, denn wir haben rabbinische Aussagen, die Gal 3,28 gleichen; vgl. J. Leipoldt, Jesus und die Frauen (Leipzig 1921) 14f. Zur Kritik antijüdischer Tendenzen in der feministischen Theologie vgl. J. Plaskow, Christian Feminism and Anti-Judaism (im Druck).

42 Dies behauptet W. Schmitthals, Die Gnosis in Korinth (Göttingen 1956) 227, Anm. 1; vgl. auch W.A. Meeks, The Androgyne, a.a.O. 180ff und R. Scroggs, Paul and the Eschatological Woman: Revisited, in: JAAR 42 (1974) 536. Diese Autoren scheinen jedoch Geschlechtsrollen mit sexuell-biologischen Rollen zu identifizieren. H.D. Betz,

und Form des neuen Lebens[43], sondern Jesus Christus, in dessen Leib – der Kirche – die Geschlechterrollen von Mann und Frau transzendiert sind. Da die Wortpaare „Juden und Griechen" sowie „freier Mensch und Sklave" die Aufhebung kulturell-religiöser Gegensätze in der Christengemeinde besagen (vgl. 1 Kor 12,12), dürfen wir mit Sicherheit annehmen, daß für das dritte Paar „Mann und Frau" das gleiche gilt. Die Gemeinde geht über die rechtlich-gesellschaftlichen und kulturell-religiösen Unterschiede zwischen Griechen und Juden, Sklaven und Freien insofern hinweg, als Juden und Griechen, Sklaven und Freie zwar rechtlich und gesellschaftlich das bleiben, was sie sind, andererseits aber in der Kirche den gleichen Status haben. Ebenso verbleiben die biologisch-sexuellen-rechtlichen Unterschiede zwischen Männern und Frauen, doch die Geschlechterrollen und ihre kulturell-religiöse Bedeutung[44] gelten für die christliche Gemeinde nicht mehr[45]. Dieses neue, egalitäre christliche Selbstverständnis schaffte alle Unterschiede und Vorrechte in bezug auf die Religion, die Klasse und Kaste ab und ermöglichte damit nicht nur Heidenchristen und Sklaven, sondern auch Frauen, in der Gemeinde Leitungsfunktionen auszuüben. Da selbst wohlhabende Frauen in der Antike Randfiguren waren, mußten sie sich zu einer solchen egalitären Bewegung, die ihnen in der Gemeinde Autorität und Leitungsvollmacht zugestand, hingezogen fühlen. Nicht der Liebespatriarchalismus der nachpaulinischen Schule, sondern das egalitäre Ethos des vorpaulinischen und paulinischen Christentums bietet somit meiner Meinung nach den Kontext zu den Weisungen des Paulus über das Verhalten der Frauen in der Gemeinde von Korinth.

    a.a.O., betont richtig, daß hier männliche und weibliche sozio-kulturelle Geschlechtsrollen in der Christengemeinde aufgehoben sind.

43 Vgl. das Thomasevangelium, das Evangelium der Maria und die Pistis Sophia. Vgl. meine Analyse gnostischer Vorstellungen und Einstellungen in bezug auf die Frauen: Word, Spirit and Power: Women in Early Christianity, in: Ruether u. McLaughlin (Hrsg.), Women of Spirit (New York 1979).

44 Zur Definition und Unterscheidung von Sexus und Geschlecht vgl. A. Oakley, Sex, Gender and Society (New York 1972) 158ff.

45 Die Exegeten verstehen den Text oft so, daß dieser sich nicht auf die Kirche bezieht, sondern auf die Gleichheit der Seelen, auf die eschatologische Gleichheit oder auf die Gleichheit im Himmel, oder sie behaupten auch, daß die Unterschiede nur sakramental oder geistlich coram Deo überwunden werden. Zu einer Kritik dieser Interpretation vgl. K. Stendahl, The Bible and the Role of Women (Philadelphia 1966) 32ff.

3. Das Verhalten der Frauen im Gottesdienst der Gemeinde

Über die Stellung der Frau im Frühchristentum liegen uns nur spärliche Informationen vor, doch haben wir gesehen, daß in der Gemeinde von Korinth zumindest drei hervorragende Frauen eine leitende Stellung innehatten. Die Anhänger der Chloë traten an Paulus mit Fragen heran, auf die er in seinem Brief antwortete, und Priska lebte und wirkte in Korinth. Am bekanntesten ist natürlich Phöbe, die im Dienst der Gemeinde von Kenchreä, dem nahen Seehafen von Korinth, stand.

Bedeutsam ist jedoch auch, daß die korinthischen Christen ihren Glauben im Sinn der hellenistisch-jüdischen Sophia-Theologie verstanden[46]. Für sie galt „der Geist" als „die Weisheit Gottes", und der Geist/die Weisheit „verleiht die Gabe der Weisheit denen, die ihre Gaben pflegen und auf überweltlicher Ebene leben"[47]. Die Korinther verstanden die Bedeutung Jesu Christi im Licht der jüdisch-hellenistischen Sophia-Spekulation, von der auch die vorpaulinischen Christushymnen[48] bestimmt sind und die sich im Zusammenhang mit der Isis-Religion entwickelt hatte[49]. Sie glaubten sich imstande, die göttliche Weisheit zu empfangen, weil Gott ihnen eine pneumatisch-geistliche Natur gegeben habe (vgl. Gen 2,7). Diese Sophia-Theologie findet sich nicht nur hier, sondern auch in der synoptischen Tradition, und wir müssen uns hüten, sie voreilig als „gnostisch"[50] und damit als häretisch abzustempeln.

46 Vgl. B.L. Mack, Logos und Sophia. Untersuchungen zur Weisheitstheologie im hellenistischen Judentum (Göttingen 1973); R. Marcus, On Biblical Hypostases of Wisdom, in: HUCA 23 (1950/51) 157—171.
47 B.A. Pearson, The Pneumatikos — Psychikos Terminology in 1 Corinthians (Missoula 1973) 157—171.
48 Vgl. meinen Aufsatz: Wisdom Mythology and the Christological Hymns of the New Testament, in: R. Wilken (Hrsg.), Aspects of Wisdom in Judaism and Early Christianity (Notre Dame 1976) 17—41 (Literaturangaben).
49 Vgl. meinen Aufsatz: Wisdom Mythology, a.a.O. 30ff; J.M. Reese, Hellenistic Influences on the Book of Wisdom and its Consequences (Biblical Institute, Rom 1970) 33—50.
50 Vgl. B.A. Pearson, a.a.O. 82ff; H. Conzelmann, Der erste Brief an die Korinther (Göttingen 1969) 72ff; ders., Paulus und die Weisheit, in: NTS 12 (1965/66) 231—234. Conzelmann behauptet jedoch, nicht von den Korinthern, sondern von Paulus werde eine jüdisch-hellenistische Weisheitstheologie vertreten. Vgl. indes B.A. Pearson, Hellenistic-Jewish Wisdom Speculation and Paul, in: R. Wilken, Aspects of Wisdom, a.a.O. 43—66.

Da in dieser Theologie die Weisheit als eine halb-hypostatische Gestalt gedacht wurde, fühlten sich vermutlich ganz besonders Frauen zu ihrer Verehrung hingezogen. Im Gottesdienst der Gemeinde, wo die Weisheit/der Geist Gottes gegenwärtig war und alle „geistliche" Gaben erhielten, waren Frauen wie Männer geisterfüllt und hatten deshalb in der Gemeinde gleich viel zu sagen. Der unmittelbare Kontext der Weisungen des Paulus über das Verhalten der Frauen im Gottesdienst der Gemeinde beweist, daß Frauen wie Männer an den Geistesgaben der Weisheit/des Geistes teilhatten und unter dem Einfluß des göttlichen Geistes beteten und prophezeiten. Paulus sagt ausdrücklich, daß die Korinther darin seinen Lehren und seinem Beispiel gefolgt seien (1 Kor 11,2), und er erklärt dieses „geistliche" Selbstverständnis und diese Praxis der korinthischen Pneumatiker nicht für verwerflich. Aus dem Gegensatz zwischen 1 Kor 11,2 und 11,17 erhellt, daß Paulus hier nicht von einem besonderen Mißstand spricht, sondern Regeln und Gebräuche einführt, an die man sich in den anderen Christengemeinden hält (11,16; 14,33).

Die Weisungen, die das Verhalten der Frauen betreffen, sind für Paulus keine bloße Nebensache, sondern ein großes Anliegen, worauf ihr Platz in der Struktur des Briefes hinweist. Der ganze Abschnitt – Kapitel 11 – 14[51] – spricht vom geisterfüllten Gottesdienst der Gemeinde und ist in Form einer thematischen Rundkonstruktion verfaßt, insofern der Abschnitt mit dem Problem des korrekten Verhaltens der Frauen in der Gottesdienstversammlung beginnt und endet. Die abschließenden Verse 14,37 – 40 deuten an, wie wichtig die Probleme für Paulus sind und wie sehr er auf Widerstand gegen seine Ansicht gefaßt ist. Paulus wendet sich an die Propheten und Geisterfüllten und bittet sie, seine Darlegungen als ein Offenbarungswort des Herrn selbst aufzunehmen (Vers 37)[52]. Er ver-

---

51 Vgl. H.D. Wendland, Die Briefe an die Korinther (Göttingen 1965) 80; H. Conzelmann, Der erste Brief an die Korinther, a.a.O. 213 weist auf eine gewisse Spannung in den Kapiteln 11 – 14 hin, weil 11,2 – 16 sich bereits mit dem Verhalten im Gottesdienst befaßt, während eine neue Topik erst in 12,1 eingeführt wird. E. Kähler, Die Frau in den Paulinischen Briefen (Zürich 1960) 43f vertritt die Auffassung, daß 10,32 – 11,1 die Einleitung und Überschrift zu 11,3 – 16 sind.

52 H. Conzelmann, a.a.O. sagt dazu: „Doch paßt dieser Gedanke eher zur Interpolation als zu Paulus und wird durch sie suggeriert" (S. 290 – 291). Zum prophetischen Selbstverständnis des Paulus vgl. U.B. Müller, Prophetie und Predigt im Neuen Testament (Gütersloh 1975) 117 – 233.

sichert den Korinthern, er wolle prophetisches und ekstatisches Reden nicht unterbinden; es gehe ihm darum, daß „alles in Anstand und Ordnung geschehe" (V. 40). Also sind es nicht die Korinther, sondern scheint es Paulus zu sein, der das geisterfüllte Verhalten der Gemeinde einzuschränken und zu ändern wünscht. Sein Hauptanliegen ist Anstand und rechte Ordnung – Werte, die nicht spezifisch christlich sind[53]. Gleichzeitig befindet sich Paulus in einer schwierigen Position, da er ursprünglich zu der Gemeinde über das neue Leben im Geist und die sich daraus ergebende christliche Freiheit gesprochen hat[54]. Um die Stellungnahme des Paulus besser zu verstehen, haben wir die Weisungen von 1 Kor 11,2–16 und 14,33–36 eingehender zu analysieren.

1 Kor 11,2–16: Wir können nicht mehr mit Sicherheit sagen, welches Verhalten Paulus kritisiert und welche Sitte er in 1 Kor 11,2–16 einzuführen wünscht. Für gewöhnlich hat man vermutet, Paulus bestehe darauf, daß die geisterfüllten Frauen der jüdischen Sitte entsprechend den Schleier tragen[55]. Doch Vers 15 sagt, den Frauen diene ihr Haar als Kopfbedeckung, und dies widerspricht dieser Deutung. Somit ist es wahrscheinlicher, daß Paulus hier über die Art und Weise spricht, wie Frauen ihr Haar tragen sollen[56], wenn sie beten und prophezeien (V. 13). Wie es scheint, ließen Prophetinnen und

---

53 Zum Begriff der „rechten Ordnung" vgl. G. Dautzenberg, Urchristliche Prophetie. Ihre Erforschung, ihre Voraussetzungen im Judentum und ihre Struktur im 1. Korintherbrief (Tübingen 1974) 278–284.
54 J.C. Hurd, Jr., The Origin of 1. Corinthians (New York 1965) 287: „Wir haben den Gedanken geäußert, daß von der Weisheit und Erkenntnis, an die sie sich klammerten, ihnen viel von Paulus selbst gegeben worden war ... Hier begegnen wir einem jüngeren, kraftvolleren Paulus, voller Begeisterung in seinem neuen Glauben, weniger behutsam in seinen theologischen Aussagen als später, der Schwäche der Menschennatur weniger bewußt." Vgl. auch J.W. Drane, Tradition, Law and Ethics in Pauline Theology, in: Novum Test. 16 (1974) 167–187, der den Umschwung in der Theologie des Paulus zwischen 1 Kor und Gal hervorhebt.
55 Vgl. G. Delling, Des Paulus Stellung zu Frau und Ehe (Stuttgart 1931) 96–105; S. Lösch, Christliche Frauen in Korinth, in: Theol. Quartalschrift 127 (1947) 216–261; M.D. Hooker, Authority on Her Head: An Examination of 1 Cor 11:10, in: NTS 18 (1972) 419–430.
56 Vgl. S. Lösch, Christliche Frauen..., a.a.O. 240ff; J.B. Hurley, Did Paul Require Veils or the Silence of Women? A consideration of 1 Cor 11:2–16 and 1 Cor 14:33b–36, in: Westminster Theol. Journal 35 (1972/73) 190–220; W.J. Martin, 1 Cor 11:2–16: An Inter-

geisterfüllte Frauen ihr Haar während der Gottesdienstfeier frei fallen, wie die Verehrerinnen der Isis dies offenbar taten. Beispielsweise heißt es von einer Freundin des Dichters Tibullus, sie habe bei der Verehrung der Isis zweimal täglich ihr Haar aufgelöst, „um Hymnen herzusagen"[57]. Auch sprechen archäologische Befunde dafür, daß die Isisverehrinnen für gewöhnlich langes Haar trugen „mit einem Band um die Stirne und auf die Schulter fallenden Locken"[58], während das Haar der männlichen Eingeweihten glatt geschoren war. Darum macht Paulus in V. 5 die sarkastische Bemerkung, Frauen, die ihr Haar fallen lassen, könnten es geradesogut kurz scheren oder ganz abschneiden. Es ist für ihn ebenso schimpflich, wenn eine Frau ihr Haar auflöst, wie wenn sie den Kopf kahlscheren würde.

Die korinthischen Pneumatikerinnen hatten vermutlich diese Gepflogenheit deshalb übernommen, weil sie ihre Gleichheit in der Gemeinde und ihre Verehrung der Weisheit/des Geistes in Analogie zum Isiskult verstanden, da es von Isis ebenfalls hieß, sie habe die Frauen den Männern gleichgemacht[59], und die Isiskultvereinigungen ließen wie die Christengemeinden Frauen und Sklaven als vollberechtigte Mitglieder zu aktiver Beteiligung zu[60]. Andererseits besteht Paulus auf einer anderen Haartracht wahrscheinlich deshalb, weil aufgelöstes Haar in einer judenchristlichen Umgebung einen ganz anderen Sinn hatte.

Nach jüdischen Quellen war aufgelöstes Haar noch zur Zeit des Paulus ein Zeichen von Unreinheit[61]. Num 4,18 (LXX) schreibt vor, eine des Ehebruchs bezichtigte Frau müsse öffentlich gekennzeichnet sein durch das Lockern ihres Haares. Desgleichen ist in Lev 13,45 (LXX) herunterfallendes Haar eines der Zeichen für die Unreinheit einer Aussätzigen. Die jüdische Frau flocht ihr Haar sehr kunstvoll

---

pretation, in: Gasque u. Martin (Hrsg.), Apostolic History and the Gospel (Grand Rapids 1970) 231−234; J. Murphy-O'Connor, L' existence chrétienne selon saint Paul (Paris 1974); A. Isaakson, Marriage and Ministry in the New Temple (Lund 1965) 165−186.
57 Tibullus 1,3,29−32. Zu andern Kulten vgl. S. Lösch a.a.O.
58 S. Kelly Heyob, The Cult of Isis among Women in the Greco-Roman World (Leiden 1975) 60.
59 A.a.O. 52.
60 A.a.O. 105f. Vgl. auch R.E. Witt, Isis in the Greco-Roman World (Ithaca 1971).
61 W.C. Van Unnik, Les cheveux défaits des femmes baptisées, in: Vig. Chr. 1 (1947) 72−100.

und steckte es so auf, daß es auf ihrem Haupt eine Art Tiara bildete (vgl. Jdt 10,3; 16,8). Dieser Eindruck wurde noch dadurch verschärft, daß man diese mit Gold, Edelsteinen, Bändern oder Silberflor schmückte[62]. Im Blick auf diese Haartracht wird die exegetisch schwierige Aussage in V. 10 verständlicher. Paulus argumentiert: Da im pneumatischen Gottesdienst einer Gemeinde, die in „Engelszungen" redet, die Engel[63] zugegen sind, sollen die Frauen nicht als kultisch unreine Personen beten, indem sie ihr Haar frei herunterfallen lassen, sondern sie sollen es in Form einer Tiara aufstecken zum Zeichen ihrer geistlichen Vollmacht.

Doch Paulus besteht nicht nur auf einer anderen Haartracht, sondern auch auf den Unterschieden zwischen den Frauen und den Männern. Er führt zugunsten seiner Position folgende Schriftargumente und theologische Gründe an: 1. Nach Paulus besteht eine von oben nach unten verlaufende Hierarchie: Gott − Christus − Mann − Frau[64], worin jedes Vorderglied als Haupt über dem folgenden steht „in dem Sinn, daß es das Sein des anderen bestimmt"[65]. 2. Paulus erklärt, der Mann sei geschaffen, um Abbild und Abglanz Gottes zu sein, während die Frau bloß die Ehre und der Abglanz des Mannes sei, denn der Mann sei vor der Frau geschaffen, die Frau aber sei seinetwegen erschaffen worden (V. 7−9)[66]. Diese Auslegung von Gen 2 steht natürlich in direktem Widerspruch zu der korinthischen jüdisch-hellenistischen Interpretation von Gen 2,7, welche die geistig-pneumatische Natur aller Personen betonte. „Ein rabbinischer Grund, um Frauen den Status eines Abbildes Gottes abzusprechen, war eben der, daß sie nicht die gleichen religiösen Pflichten

---

62 Vgl. Strack/Billerbeck, Kommentar zum N.T. aus Talmud und Midrasch III (München 1926) 428f über die Haartracht der jüdischen Frauen.
63 Vgl. J.A. Fitzmyer, A Feature of Qumran Angelology and the Angels of 1 Cor 11:10, in: NTS 4 (1957/58) 48−58.
64 J.B. Schaller, Gen 1,2 im antiken Judentum (unveröffentlichte Dissertation, Göttingen 1961) legt dar, daß die Reihe Gott-Adam-Eva in der Targumtradition von Gen 1,26f und 2,18 zu finden ist. Daraus schließt er, daß Paulus diese Reihe erweiterte, indem er Christus in sie einführte (188f).
65 H. Schlier, „kephale", in: Theol. Wörterb. z. N.T. III, 679.
66 J. Jervell, Imago Dei. Gen 1,26f im Spätjudentum, in der Gnosis und in den Paulinischen Briefen (Göttingen 1960) 110 behauptet, es sei die Tendenz der rabbinischen Theologie, den Status des Bild-Gottes-Seins nicht nur Eva abzusprechen, sondern jeder Frau.

hätten wie der Mann."⁶⁷ Eine andere rabbinische Tradition meint, der Status eines Abbilds Gottes bestehe im Beschnittensein, und damit sei eine Frau ipso facto nicht Abbild Gottes. 3. In den Versen 11—12 behauptet Paulus, seine Betonung der durch die Schöpfung grundgelegten Verschiedenheit und Hierarchie zwischen Mann und Frau bestreite nicht, daß Männer und Frauen in der christlichen Gemeinde aufeinander angewiesen seien⁶⁸. Daß jedoch Paulus hier nicht von der Gleichheit von Mann und Frau zu sprechen wünscht, ersieht man daraus, daß er zwar kurz darauf in 1 Kor 12,13 die Taufformel von Gal 3,28 anführt, dabei aber das Begriffspaar „Mann und Frau" wegläßt. Dies ist wichtig, denn gerade an dieser Stelle betont Paulus, alle seien in gleicher Weise Glieder des Leibes Christi, obschon ihre Geistesgaben und Funktionen unterschiedlich seien.
4. Paulus verwendet das stoische Argument aus der Natur⁶⁹, dessen man sich in weiten Kreisen gegen Emanzipationsbestrebungen in der griechisch-römischen Welt bediente, um den Unterschied zwischen Mann und Frau aufrecht zu erhalten. Schließlich muß Paulus aber zu einer autoritären Weisung Zuflucht nehmen, da er wahrscheinlich selbst fühlt, daß seine Argumente theologisch nicht sehr überzeugend sind. Deshalb erklärt er, es wäre Partei- und Widerspruchsgeist, wenn die Korinther seine Weisungen nicht annähmen, und betont, daß er und die anderen Kirchen keine andere Praxis gutheißen. Dennoch bestreitet die Beweisführung des Paulus nicht, daß Frauen Pneumatikerinnen sind und im Gemeindegottesdienst beten und prophezeien dürfen. Sie sollten jedoch die herkömmliche Haartracht beibehalten und die Unterschiede zwischen Mann und Frau respektieren⁷⁰.

1 Kor 14,33—36: Es ist umstritten, ob die Stelle 14,33b—35(36) eine

---

67 J. Jervell, a.a.O. 301; vgl. auch 109. Zu den religiösen Pflichten der Frauen vgl. L. Swidler, Women in Judaism. The Status of Women in Formative Judaism (Metuchen 1976) 82ff. Die rabbinischen Zeugnisse lassen sich zur Interpretation der Paulustexte nur sehr vorsichtig verwenden, weil sie schwer zu datieren sind.

68 Vgl. Gen r. 22 (14d) in Strack/Billerbeck, a.a.O. III, 440: der Mann nicht ohne die Frau, die Frau nicht ohne den Mann, sie beide nicht ohne die Shekina.

69 Vgl. H. Conzelmann, Der erste Brief an die Korinther, a.a.O. 227, vor allem Anm. 96 und 97.

70 W.A. Meeks, The Androgyne, a.a.O. 200: „Paulus scheint es in erster Linie darum zu gehen, den Unterschied zwischen Mann und Frau und die Inferiorität der Frau gegenüber dem Mann von neuem zu bekräftigen." Desgleichen R. Scroggs, der behauptet, Paulus beabsichtige, die

von Paulus selbst gegebene Weisung darstellt oder von einem späteren Herausgeber aus der Paulusschule hinzugefügt worden ist. Doch da die Verse nicht aus textkritischen Gründen ausgeklammert werden können, sondern für gewöhnlich aus theologischen Gründen für unecht erklärt werden, ist es exegetisch richtiger, sie für eine Aussage von Paulus selbst zu halten und im vorliegenden Kontext zu deuten. Wie in Kapitel 11 sucht Paulus auch in den Kapiteln 12 – 14 die Korinther zu überzeugen, daß Anstand und Ordnung höher zu schätzen sind als die charismatische Begabung und Betätigung des einzelnen Christen. Während die Korinther das Zungenreden am höchsten bewertet zu haben scheinen, bevorzugt Paulus im Blick auf die Vernunft, die Ordnung und die Mission die Gabe der Prophetie (14,4.5.19)[71]. Die korinthischen Pneumatiker sollten nicht ihren geistlichen Rang zur Schau zu stellen suchen, sondern sich um den Aufbau der Gemeinde (14,4f) und um den Eindruck kümmern, den sie auf interessierte Außenstehende machen (14, 16.17.23ff).

Die Stelle 14,26 – 36 wird am besten als eine Kirchenordnung[72] verstanden mit Regeln für Zungenredner (V. 27ff), Propheten (V. 29 – 32) und Frauen (V. 33b – 36). Diese drei Regeln werden auf strukturell ähnliche Art formuliert. Eine allgemeine Weisung (V. 17. 29. 34) wird durch eine sie konkretisierende Sentenz vervollständigt (V. 28. 30. 35). Die zweite und die dritte Regel werden durch Gründe, die für die Regelung angeführt werden, erweitert (V. 31 – 32. 34a. 35b). Die Regel in bezug auf die Frauen unterscheidet sich jedoch insofern, als sie eine Einleitung aufweist (V. 33a) und mit einer doppelten rhetorischen Frage endet (V. 36). Diese stilistischen Hinzufügungen scheinen die Wichtigkeit dieser letzten Weisung zu unterstreichen.

1 Kor 14,33–36 wird oft als eine Aussage über Frauen im allgemeinen und so als Widerspruch zu 11,2–16 verstanden, wo vorausge-

---

Ungleichheit, aber nicht den Unterschied zwischen den Geschlechtern aufzuheben.

71 Vgl. vor allem die Werke von G. Dautzenberg und U. Müller. W.A. Meeks, Since then You Would Need to Go Out of the World: Group Boundaries in Pauline Christianity (im Druck) charakterisiert die Kirche des Paulus als „eine offene Sekte, die sich befleißigt, denen, ‚die draußen sind‘, keinen Anstoß zu geben, sondern sie zu ihrer Botschaft und wenn möglich zur Mitgliedschaft anzuziehen". Es fragt sich jedoch, ob dies die Haltung der paulinischen Kirche oder die des Paulus selbst schildert.

72 Vgl. G. Dautzenberg, a.a.O. 253–288.

setzt wird, daß auch Frauen geisterfüllt sind und so im Gemeindegottesdienst beten und prophezeien. Die Schwierigkeit löst sich jedoch, wenn wir die Weisung nicht auf sämtliche Frauen, sondern nur auf Ehefrauen beziehen, da aus Kapitel 7 hervorgeht, daß nicht sämtliche Frauen in der Gemeinde verheiratet waren und somit ihre Männer zuhause fragen konnten. 1 Kor 7,32—35 bestätigt die Auffassung, daß sich das in 14,33—36 ausgesprochene Verbot auf Ehefrauen bezieht. Obwohl Paulus in 1 Kor 7 die Gleichheit und das Aufeinander-Angewiesensein von Gatte und Gattin anerkennt[73], gibt er aus aszetischen Gründen offensichtlich dem Nichtverheiratetsein den Vorzug[74]. In 7,32—35 deutet er die apokalyptische „Als ob nicht" — Tradition von 7,29—31 in einer christologischen missionarischen Perspektive. Paulus sagt, wer verheiratet sei, sei geteilt und habe sich mit Ehe- und Familienproblemen herumzuschlagen, während eine unverheiratete Person sich gänzlich der Sache des Herrn widmen könne. „Paulus nimmt bürgerliche Moralbegriffe auf, welche nicht absolute, sondern konventionelle Werte bezeichnen."[75] Der von Paulus angeführte Grund überrascht, besonders auch deshalb, weil wir doch führende missionarische Ehepaare kennen, die ihr Leben im Dienste des Herrn verbrachten.

Doch nur die ausschließliche Hingabe der unverheirateten Frau und Jungfrau und nicht die des unverheirateten Mannes wird durch die untergeordnete Klausel „um heilig zu sein an Leib und Geist" (7,34) weiter modifiziert. Paulus schreibt hier der unverheirateten Frau und Jungfrau eine besondere Heiligkeit zu — offenbar deshalb, weil sie nicht von Männern berührt wird (vgl. 7,1)[76]. Wir können deshalb vermuten, daß Paulus die geisterfüllte Beteiligung solcher „heiliger" Frauen im Gottesdienst zu akzeptieren vermag, aber in 14,34f sich gegen eine aktive Beteiligung von Ehefrauen ausspricht.

---

73 Vgl. vor allem R. Scroggs, The Eschatological Woman, a.a.O. 295—297. Vgl. auch W. Schrage, Zur Frontstellung der Paulinischen Ehebewertung in 1 Kor 7,1—7, in: ZNW 67 (1976) 214—234 (Literaturangaben).
74 K. Niederwimmer, Askese und Mysterium (Göttingen 1975) 80—123.
75 H. Conzelmann, Der erste Brief an die Korinther, a.a.O. 159. Vgl. auch S. Schulz, Evangelium und Welt. Hauptprobleme einer Ethik des Neuen Testaments, in: Betz/Schottroff, Neues Testament und christliche Existenz (Tübingen 1973) 483—501.
76 Vgl. K. Niederwimmer, a.a.O. 115.

Paulus leitet sein theologisches Argument aus der jüdisch-hellenistischen Propagandatradition ab, welche die Forderung nach der Unterordnung der Frau in den Gesetzesrahmen hineinstellt[77]. Diese Tradition hat auch die Haustafeln der nachpaulinischen Literatur beeinflußt. Man könnte jedoch argumentieren, daß das „hypotassein" von V. 34 nicht die Unterordnung unter den Gatten, sondern unter die Regeln der Gemeinschaft verlange. Wie in 7,35 schließt Paulus hier seine Weisung mit einem Hinweis auf das, was sich schickt.

Die darauf folgenden rhetorischen Fragen in V. 36 spielen auf das Gegenargument an, auf das Paulus gefaßt ist. Man vertritt oft die Auffassung, daß diese Fragen an die ganze Gemeinde gerichtet sind, denn Ehefrauen könnten nicht damit argumentiert haben, daß das Gotteswort von ihnen ausgegangen oder bloß zu ihnen gelangt sei. Wenn wir jedoch bedenken, daß führende frühchristliche Missionarinnen wie Priska, Junia und vielleicht auch Apphia verheiratet waren und daß die anderen führenden Frauen, die in den Paulusbriefen erwähnt werden, im allgemeinen nicht als Jungfrauen, Witwen oder unverheiratete Personen bezeichnet werden, wird ein solches Gegenargument plausibel. Da, wie wir sahen, Ehefrauen den Auftrag zur Missionspredigt erhielten und Hauskirchen gründeten, klingt die Weisung des Paulus, diese Frauen hätten zu schweigen und ihre Männer zuhause zu fragen, etwas absurd. Paulus ist sich bewußt, daß diese Regelung der akzeptierten Praxis der Missionskirchen in den hellenistischen städtischen Zentren zuwiderläuft. Deswegen beruft er sich für seine Weisungen auf die Autorität des Herrn (V. 37). Letztlich ist jedoch die von Paulus getroffene Regelung des Verhaltens geisterfüllter Frauen und Männer im Gemeindegottesdienst nicht von theologischen Gründen, sondern von seiner Sorge für Anstand und Ordnung bestimmt (V. 40).

Zum Abschluß: In der vorstehenden Analyse habe ich darzulegen versucht, daß die Weisungen, die Paulus im ersten Korintherbrief in bezug auf Frauen gibt, im Zusammenhang mit der Leitungsaufgabe von Frauen im Urchristentum gesehen werden sollten. Die Stelle 11,2—16 untersagt einerseits Frauen nicht, in der Gottesdienstversammlung zu prophezeien und zu beten, betont jedoch, daß in der Christengemeinde Frauen und Männer aufeinander ange-

---

[77] J.E. Crouch, The Origin and Intention of the Colossian Haustafel (Göttingen 1972) 138ff.

wiesen sind. Sie sollen nicht in ihrem Betragen die durch die Schöpfung grundgelegten Unterschiede und hierarchisch aufgebauten Beziehungen leugnen. Anderseits hat die Gemeinderegel von 14,33—36 eine besondere Situation im Auge, nämlich daß Ehefrauen im Gemeindegottesdienst sprechen und Fragen stellen. Wie in 7,34 und 9,5 scheint Paulus die aktive Beteiligung von Ehefrauen an der „Sache des Herrn" einzuschränken. Wie seine abschließenden rhetorischen Fragen andeuten, erwartet er nicht, daß die von ihm getroffene Regelung von der korinthischen Gemeinde, welche Ehefrauen als führende christliche Apostel und Glaubensbotinnen kennt, protestlos hingenommen werden wird. Paulus ist jedoch mehr darum besorgt, daß Ordnung und Anstand herrschen, damit ein Außenstehender die Christen nicht religiöser Überspanntheit beschuldigen kann. An beiden Stellen setzt deshalb Paulus der geisterfüllten Beteiligung von Frauen im Gemeindegottesdienst gewisse Schranken. Der Liebespatriarchalismus der deuteropaulinischen Haustafeln und die Weisungen der Pastoralbriefe[78] hingegen sind eine Weiterentwicklung der Argumentation des Paulus, was in der Folge zum Ausschluß aller Frauen vom kirchlichen Dienst und zu einer allmählichen Patriarchalisierung der Kirche führen wird[79].

Gegenüber dem Versuch von R. Scroggs, Paulus vor den schlechtinformierten Angriffen seiner feministischen Kritiker(innen) in Schutz zu nehmen, hat Elaine Pagels das hermeneutische Prinzip vertreten: „Ich habe wirklich nicht die Absicht, Paulus vor ein aus Exegeten des Neuen Testaments bestehendes Geschworenengericht zu stellen oder darüber zu streiten, ob er zu 30%, 75% oder 100% Feminist ist. Schließlich sind dies Kriterien, die sich aus unserer jetzigen Situation ergeben haben. Das Unterfangen, Paulus einfach an solchen Maßstäben zu beurteilen, kommt mir als Anachronismus und Zeitverschwendung vor."[80] Ich habe im Gegensatz hierzu aufzu-

---

78 Vgl. meinen Aufsatz: Interpreting Patriarchal Tradition, in: L. Russel (Hrsg.), The Liberating Word, a.a.O. 55—59.
79 Zum Einfluß dieser Entwicklung auf die heutige Kirche vgl. meine Aufsätze: Feminist Theology as a Critical Theology of Liberation, in: Theol. Studies 36 (1975) 605—625; Feminist Spirituality, Christian Identity and Catholic Vision, in: NICM Journal 1 (1976) 20—34.
80 E. Pagels, Paul and Women. A Response to a Recent Discussion, in: JAAR 42 (1974) 547.

zeigen versucht, daß erstens das feministische Anliegen der Gleichberechtigung der Frau in der vorpaulinischen und paulinischen Christenheit lebendig war, und daß Paulus um der „Ordnung" willen und im Bestreben, Außenstehende anzuziehen, es zu modifizieren scheint. Zweitens hat die hermeneutische Diskussion klar gemacht, daß eine von den heutigen Interessen unbeschwerte, wertfreie Geschichtsforschung nicht möglich ist. Feministische Forschung ist nicht eine Ausnahme von der Regel, sondern legt offen, daß Wissenschaft immer von den Problemen und Interessen ihrer Zeit und Gesellschaft bestimmt wird. Schließlich können die Fachwissenschaftler meines Erachtens nicht davon absehen, den Wert biblischer Texte zu beurteilen, weil das Neue Testament nicht einfach ein Geschichtswerk des ersten Jahrhunderts ist, sondern der Kirche von heute als Heilige Schrift dient. Insofern die Bibel nicht nur ein Dokument einstiger Geschichte, sondern eine inspirierte Schrift für heute ist, dürfen die heutigen bibelexegetischen Studien nicht der Frage ausweichen, welche *Bedeutung* die Texte des Neuen Testaments für heute haben.

Ein hermeneutisch-theologischer Ansatz, dem es um die heutige Bedeutung und Autorität der paulinischen Weisungen in einer nachpatriarchalischen Gesellschaft und Kirche geht, hat jedoch darauf zu bestehen, daß allein nichtsexistische und nichtoppressive Traditionen des Neuen Testaments und nichtandrozentrische Modelle zur Rekonstruktion der frühchristlichen Geschichte und zur Interpretation der Bibel der göttlichen Offenbarung gerecht werden, wenn das Wort Gottes nicht als ein Werkzeug zur patriarchalischen Unterdrückung der Frauen und zu einer theologischen Rechtfertigung sexistischer Gesellschafts- und Kirchenstrukturen dienen soll. Die theologische Bedeutung, welche die Weisungen des Paulus für heute haben, ist dementsprechend zu beurteilen. Schließlich hat Paulus selbst betont: „Zur Freiheit hat uns Christus befreit. Bleibt daher fest und laßt euch nicht von neuem das Joch der Knechtschaft auflegen!" (Gal 5,1)

Bernadette J. Brooten

Jüdinnen zur Zeit Jesu
Ein Plädoyer für Differenzierung

Ich will keine Apologetin für das antike Judentum sein. Und doch ist es endlich an der Zeit, für Differenzierung in der Frauenfrage der jüdischen Antike zu plädieren. Die recht verbreitete Methode, Jesus dadurch von seiner jüdischen Umwelt abzuheben, daß man das Judentum pauschal negativ bewertet, wird bei der Frauenfrage besonders häufig angewandt. Ja, man erklärt angesichts der offensichtlichen Frauenfeindlichkeit des damaligen Judentums Jesu Verhalten gegenüber Frauen für geradezu revolutionär (dies wohl in Antwort auf die Frage, warum Jesus nicht stärker für Frauen eingetreten sei, keine Frauen in den Zwölferkreis aufgenommen hat u.ä.). Dies ist keine Randfrage, sondern bildet beinahe die theologische Basis eines ganzen Zweiges der feministischen Theologie. Viele Frauen, die vor dem Problem stehen, ob das Christentum je etwas anderes als eine zutiefst patriarchalische Religion werden könnte, finden Hoffnung in der Idee, daß Jesus, wenn nicht ein ausgesprochener Advokat für Frauen, so doch zumindest *vor dem Hintergrund seiner Umwelt* ein Mensch war, der einen natürlichen Umgang mit Frauen hatte und so indirekt liberalisierend wirkte.

In diesem Sammelband, „Frauen in der Männerkirche?", läßt sich in einigen Beiträgen diese Tendenz exemplarisch illustrieren: Das Judentum wird hier weit negativer dargestellt, als die Quellen es zulassen. Im folgenden geht es mir darum, nur einige markante Beispiele zu besprechen. Ich will nicht behaupten, im antiken Judentum habe es keinerlei Benachteiligung der Frau gegeben; ich will auch nicht den ganzen Inhalt dieses Sammelbandes einer Kritik unterziehen. Vielmehr sollen die folgenden Beispiele zeigen, inwiefern die genannte Methode sich von den Quellen gelöst und verselbständigt hat.

In ihrem Aufsatz „Von der Freiheit des Evangeliums zur versteinerten Männerkirche" (S. 9—21) vergleicht *Ida Raming* die Freiheit von Frauen im Umkreis Jesu sowie in einigen urchristlichen Gemeinden mit der Unfreiheit von Frauen in der heutigen Kirche. Raming konstatiert, „daß Jesu Lehre und Einstellung, soweit sie uns durch die vier Evangelien tradiert ist, sich in wohltuender Weise abhebt von rabbinischer Mindereinschätzung der Frau" (S. 11). Sie belegt diese Mindereinschsätzung im „Spätjudentum"[1] durch verschiedene Beispiele und schreibt unter anderem: „. . . die Teilnahme am Passahfest war für die Frau nicht statthaft" (S. 11). Ist das historisch gesehen richtig? Im Mischnah-Traktat über das Passahfest (M. Pesahim 8,1)[2] lesen wir: „Wenn für eine im Hause ihres Mannes weilende Frau sowohl ihr Mann als auch ihr Vater (das Pesahopfer) geschlachtet haben, so esse sie von dem ihres Mannes. Ging sie das erste Fest im Hause ihres Vaters verbringen, so esse sie, wenn sowohl ihr Vater als auch ihr Mann für sie (das Pesahopfer) geschlachtet haben, wo sie will." Aus diesem Text geht klar hervor, daß Frauen wie selbstverständlich am Passahmahl teilnehmen. Umstritten ist nur die Frage des Ortes[3].

Auch *René Laurentin* will in seinem Aufsatz „Jesus und die Frauen: Eine verkannte Revolution?" (S. 94–111) zeigen, wie sehr Jesus und das frühe Christentum sich vom Judentum abgehoben haben[4]. Nach ihm war die Taufe als Initiationsritus für Männer *und* Frauen geradezu revolutionär, denn er geht davon aus, daß das Judentum „nur einen Initiationsritus für Männer kannte: die Beschneidung" (S. 95). Ferner sei es „schwierig auszumachen, ob auch Frauen getauft wurden und wie das dann geschehen sein soll. Jedenfalls war diese Taufe kein Initiationsritus" (S. 97, Anm. 4). Wie kann Laurentin so sicher sein, daß es zur Zeit Jesu keine Proselytinnentaufe gab? Was sagen die Quellen? In T. Pesahim 7,13 lesen wir: „Die

---

1 Der Begriff „Spätjudentum" klingt für jüdische Ohren ungefähr so schmeichelhaft wie „nachchristliches Zeitalter" für Christen. Es ist an der Zeit, daß er aus der wissenschaftlichen Literatur verschwindet.
2 Es werden in diesem Aufsatz für rabbinische Schriften folgende Abkürzungen gebraucht: M. = Mischnah, b. = babylonischer Talmud, j. = palästinensischer (jerusalemischer) Talmud, T. = Tosefta.
3 Weitere Belege für die Teilnahme von Frauen am Passahfest: M. Pesahim 7,13; 8,5; 9,4. (Diese Belege, wie auch die für die folgenden Punkte, stellen lediglich eine Auswahl dar.) In M. Pesahim 8,7, heißt es zwar: „Man bilde keine Gesellschaft aus Frauen, Sklaven und Minderjährigen", d.h. ausschließlich aus Personen dieser drei Gruppen, was ganz klar eine Minderbewertung dieser Gruppen bedeutet, aber keineswegs besagt, daß diese Gruppen vom Passahmahl ausgeschlossen waren. Im babylonischen Talmud vgl. vor allem Pesahim 91b.
4 Laurentin betont allerdings auch, daß man den Gegensatz nicht übertreiben darf (S. 96, Anm. 3).

Schule Schammais sagt: Er nimmt (nach seiner Beschneidung) ein Tauchbad, und dann darf er sein Pesahopfer am Abend essen. Und die Schule Hillels sagt: Wer sich von der Vorhaut scheidet, der ist wie einer, der vom Grabe scheidet, gleichviel ob es ein Nicht-Israelit ist, der sich hat beschneiden lassen, oder eine (heidnische) Sklavin, die das Tauchbad genommen hat." Da die Schulen Schammais und Hillels zur Zeit Jesu bestanden, könnte es sich hier also um eine Nachricht über die Proselytinnentaufe aus der Zeit Jesu handeln[5]. Man sieht, daß die männliche Beschneidung mit der weiblichen Taufe parallelisiert wird, denn beide sind Initiationsriten. Männer haben sowohl die Beschneidung als auch die Taufe (das Tauchbad), während für Frauen der einzige Initiationsritus die Taufe ist. Der Streit zwischen der Schule Schammais und der Schule Hillels geht eindeutig um die Zeitspanne zwischen der Beschneidung und dem Tauchbad bei männlichen Proselyten und nicht um die Grundsatzfrage Taufe oder Nicht-Taufe[6].

Auch für das Ende des ersten Jahrhunderts ist die Proselytinnentaufe bezeugt. Eine Proselytin namens Beluria (= Veluria? Valeria?), die zur Zeit des R. Gamaliel (um 90) gelebt hat (b. Rosch ha-Schanah 17b), wurde durch Taufe in die jüdische Gemeinschaft aufgenommen (b. Jevamot 46a; [außerkanonischer] Traktat Gerim 2,4)[7]. Auch später galt die Taufe als jüdischer Initiationsritus für Frauen ([außerkanonischer] Traktat Gerim 2,1). Angesichts eines solchen Befundes ist es irreführend, von einer „christlichen Revolution" (S. 95) in Bezug auf die Taufe als Initiationsritus zu sprechen.

Im Kontext seiner Diskussion über die Taufe zählt Laurentin noch

---

5 Die Datierung in die Zeit Jesu beruht darauf, daß diese Sprüche den Schulen Schammais und Hillels zugesprochen werden. Da die Tosefta aber viel später redigiert wurde, ist es nicht auszuschließen, daß die zitierten Sprüche von einem späteren Redaktor stammen. Im vorliegenden Aufsatz halte ich mich der Einfachheit halber an die Angaben des Originaltextes. Das soll aber nicht heißen, daß Datierungen nicht mittels Quellenscheidung u.a. der kritischen Überprüfung zu unterziehen wären. Ein musterhaftes Beispiel solcher kritischen Arbeit an einem Frauenthema bildet der Aufsatz von *David Goodblatt*, „The Beruriah Traditions": Journal of Jewish Studies 26 (1975) 68–85.
6 Vgl. auch M. Pesahim 8,8; M. 'Edujot 5,2.
7 Für weitere Stellen über die Taufe von weiblichen und männlichen Proselyten vgl. *Hermann Strack – Paul Billerbeck*, Kommentar zum Neuen Testament aus Talmud und Midrasch I, München ¹1926; ⁷1978, 102–112.

andere Benachteiligungen von Frauen auf: „Im Judentum wurden die Frauen nicht zu der liturgischen Versammlung zugelassen" (S. 275). Aus dem Neuen Testament selbst läßt sich diese Aussage widerlegen: Priskilla (Apg 18,26) wie auch Lydia und andere Frauen (Apg 16,13f.) sowie die von Jesus geheilte, verkrüppelte Frau (Lk 13,10—17) nahmen am Gottesdienst teil. Auch durch die rabbinische Literatur hindurch gibt es genügend Texte, die von der weiblichen Teilnahme an liturgischen Versammlungen sprechen (z.B. j. Sotah 16d,38—52; b. 'Avodah Zarah 38a—38b; j. Berakhot 9d, 5—8; vgl. b. Sotah 38a).
Es ist auch das Anliegen von *Elizabeth Carroll* („Kann die Herrschaft der Männer gebrochen werden?", S. 57—73), den Kontrast zwischen Jesus und seiner patriarchalischen Umwelt zu unterstreichen. In ihren Ausführungen über die Situation der Frau zur Zeit Jesu liest man: „Frauen . . . brauchten nicht am Kult im Tempel teilzunehmen" (S. 61). Auch dies läßt sich aus dem Neuen Testament widerlegen. Gemäß dem jüdischen Gesetz (Lev 12,1—8) hat Maria nach den Tagen ihrer Reinigung Opfer im Tempel dargebracht (Lk 2,22—24.39)[8].
Marie de Merode-de Croy („Die Rolle der Frau im Alten Testament", S. 83—93) spricht im Kontext ihrer Diskussion über die Lage der jüdischen Frau zur Zeit Jesu von einem „Verbot hinsichtlich des Gesetzesstudiums" (S. 86). Sie schreibt: „Ebenfalls in diesem Rahmen (daß Frauen vorwiegend als Ehefrauen, Mütter und Hausfrauen betrachtet wurden) muß man anscheinend auch die rabbinischen Vorschriften sehen, die jeder Frau, auch der unverheirateten, das Studium der Schrift untersagten, die man übrigens das Gesetz nannte. . ." (S. 86; vgl. S. 90). Der einschlägige Text für diese Frage ist M. Sotah 3,4: „Von da aus sagt Ben 'Azzai (um 110): Ein Mensch ist verpflichtet, seine Tochter Torah zu lehren. . .R. Eli'ezer (um 150) sagt: Wer seine Tochter Torah lehrt, der lehrt sie Ausschweifung." Wichtig ist auch die Diskussion in b. Qidduschin 29b über die Frage, ob man verpflichtet sei, sowohl seine Töchter als auch seine Söhne Torah zu lehren. Die Antwort lautet, diese Verpflichtung gelte nur

---

8 Vgl. auch Lev 15,25—30. Um nur ein Beispiel der faktischen Teilnahme von Frauen am Tempelgottesdienst zu erwähnen, vgl. *Josephus*, Jüdische Altertümer 20,49—53, wo die Königin Helena von Adiabene nach Jerusalem kommt, um im Tempel zu beten und Dankopfer darzubringen.

für die Söhne. Es dürfte klar sein, daß man diese Nicht-Verpflichtung keineswegs mit einem Verbot gleichsetzen darf. Der erste – auch ältere – Text zeigt, daß sogar in der Frage der Verpflichtung die Meinungen in tannaitischer Zeit stark auseinandergingen. Gab es zu der Zeit tatsächlich Frauen, die die Torah studiert haben? Philon von Alexandrien (20 v.Chr. – nach 40 n.Chr.) berichtet in seiner Schrift „De vita contemplativa" von einer Gruppe von Frauen namens terapeutrides (De vita contempl. 2), die ihr Leben dem Studium des jüdischen Gesetzes widmeten (De vita contempl. 28). Diese Frauen lebten zölibatär (De vita contempl. 68) in einer Art Doppelkloster zusammen mit ihren männlichen Glaubensgenossen, den terapeutai. Philon betont, daß diese Gruppe in vielen, auch nichtgriechischen Ländern (auch Palästina?), besonders zahlreich aber in Ägypten vertreten sei (De vita contempl. 21).

Gerade dieses letzte Beispiel (angebliches Verbot des Gesetzesstudiums) läßt einiges von methodischer Bedeutung für das Studium jüdischer Frauengeschichte erkennen:

1. Wer eine rabbinische Aussage zitiert, muß sich gleichermaßen auch nach anderen Meinungen im rabbinischen Schrifttum umsehen. Der Dialogcharakter des rabbinischen Schrifttums verbietet oft die eindeutige Festlegung in einer bestimmten Frage. De Merode-de Croy zitiert keine Belege für ein Verbot des Gesetzesstudiums. Stattdessen verweist sie auf einen früheren Aufsatz von sich, worin sie von M. Sotah 3,4 nur die Hälfte des relevanten Textes zitiert, und zwar nur die negative Aussage von R. Eli'ezer, nicht aber die positive von Ben 'Azzai[9].

2. Wir müssen endlich von der Vorstellung einer Allmacht der Rabbinen im Judentum wegkommen. Die terapeutrides haben höchstwahrscheinlich nicht deswegen das Gesetz studiert, weil sie sich von irgendeinem Rabbi die Erlaubnis holen konnten, sondern weil sie sich selber dazu entschlossen haben (vgl. De vita contempl. 32.68) und die Gruppen, zu denen sie gehörten, dies akzeptierten. Weder haben die Rabbinen das ganze Judentum beherrscht (im ersten Jahrhundert, d.h. zur Zeit Jesu, kann davon erst recht keine Rede sein), noch wird man behaupten können, daß Frauen nie eine eigene Praxis

---

9 *Marie de Merode*, in: Revue Théologique de Louvain 9 (1978) 182. Für weitere Stellen über Frauen und das Studium der Torah vgl. *Leonard Swidler*, Women in Judaism, Metuchen, N.J., 1976, 93–111; *Moshe Meisselmann*, Jewish Woman in Jewish Law, New York 1978, 34–42.

hatten, die sich nicht unbedingt mit der der Rabbinen deckte[10]. Mit anderen Worten: Die heutige Diskussion über Jesus und das antike Judentum in bezug auf die Frauenfrage konzentriert sich weniger auf Jüdinnen selbst, als vielmehr auf das, was die Rabbinen über Frauen gesagt haben. Besonderes Interesse in dieser Diskussion gilt dann dem Rabbi, der negative Aussagen über Frauen gemacht hat, da ein solcher Rabbi den Kontrast zwischen Jesus und seiner jüdischen Umwelt schärfer hervortreten läßt.

Was zeigen alle diese Beispiele? Sind sie nicht doch bloße Detailkorrekturen, die am Gesamtbild jüdischer Frauenfeindlichkeit nur wenig ändern? Und hat Jesus hier nicht doch letzten Endes eine „revolutionäre" Sonderstellung? Gewiß ist vieles, was in diesem Buch über die minderwertige Situation von Frauen im antiken Judentum steht, richtig. Bekannt ist das von orthodoxen, jüdischen Männern noch heute rezitierte Gebet: „Gelobt sei Gott, der mich nicht als Heiden geschaffen hat. Gelobt sei Gott, der mich nicht als Frau geschaffen hat. Gelobt sei Gott, der mich nicht als Unwissenden geschaffen hat", das auf jeden Fall ins zweite Jahrhundert zurückdatiert werden kann (R. Jehuda: T. Berakhot 7,18; Parallele: R. Me'ir: b. Menahot 43b; R. Jehuda: j. Berakhot 13b, 57–59)[11]. Es ist auch unbestritten, daß – wohl mit einigen Ausnahmen – Frauen nach rabbinischem Recht nicht als Zeuginnen vor Gericht auftreten konnten (Sifre Deuteronomium 19,17 §190; M. Schevu'ot 4,1; M. Rosch ha-Schanah 1,8; M. Bava Qamma 10,2; b. Bava Qamma 114b)[12]. Ferner, daß eine ganze Anzahl jüdischer Männer in der Antike frauenfeindliche Ansichten gehegt hat (z.B. Flavius Josephus, Contra Apionem 2,201; über die Essener: Jüdischer Krieg 2,121.160f; Hillel: M. 'Avot 2,7; Jehuda ha-Nasi': b. Qidduschin 82b)[13]. Und doch ist es eine historische Simplifizierung, solche Benachteiligungslisten zusammenzustellen. Hier werden Informationen aus verschiedenen Jahrhunderten harmonisiert,

10 Jacob Neusner formuliert es folgendermaßen: „So Mishnah speaks for its authorities and tells us what is on their minds, that alone. Only in later times would the Israelite world come to approximate, and even conform to, Mishnah's vision of reality. But the meaning of which we presently speak is in the minds of a handful of men" (Method and Meaning in Ancient Judaism. Missoula, Mont., 1979, 95).
11 Vgl. *Carroll*, De Merode-de Croy, 61; *Margaret Brennan*, Frauen und Männer im kirchlichen Dienst, in: Concilium 4 (1980) 288.
12 Vgl. *Raming*, 11; *Carroll*, 61; *Brennan*, 288.
13 Vgl. *Raming*, 11f; *Brennan*, 288; *De Merode-de Croy*, 88; ähnlich auch *Rosemary Haughton*, Ist Gott ein Mann?, in: Concilium 4 (1980) 267.

ein monolithisches Bild vom Judentum vorausgesetzt und männliche Aussagen über Frauen (vor allem negative) sehr viel ernster genommen als Nachrichten über die eigentliche Geschichte von Frauen. Mit anderen Worten: Es ist beim gegenwärtigen Stand der Forschung noch verfrüht, einen allgemeinen Vergleich zwischen Jesus und seiner jüdischen Umwelt zu ziehen, da das antike Judentum bei näherem Hinsehen sich immer mehr als eine äußerst differenzierte Größe erweist, wo „frauenfreundliche" wie „frauenfeindliche" Tendenzen gleichermaßen vorhanden waren. Es fehlen Detailuntersuchungen, die die Grundlage eines jeden historischen Überblickes bilden müssen, Detailuntersuchungen z.B. über Ehe und Ehescheidung aus weiblicher Sicht, über Frauen und Gottesdienst, über weibliche Konversionen zum Judentum, über das Leben von einzelnen Frauen, die wir aus den Quellen kennen, über Frauenarbeit und das Alltagsleben, über Frauen, die Synagogenämter innehatten[14]. Bei solchen Detailuntersuchungen muß z.B. zwischen rabbinischen Meinungen über die Ehe und der historischen Wirklichkeit der Ehe, wie sie sich aus den verschiedenen Quellen rekonstruieren läßt, unterschieden werden. Besonders wichtig dabei ist auch, die einzelnen Texte, die von Frauen handeln, im Kontext des jeweiligen Denksystems zu sehen. In dieser Beziehung ist vor allem auf den fünfbändigen Kommentar von Jacob Neusner zur Mischnah Ordnung Naschim (Frauen) hinzuweisen[15], denn dieser Kommentar versucht, die einzelnen Weisungen zum Frauenthema wie auch die rabbinischen Auswahlprinzipien in dieser Frage in das ganze Denksystem der Mischnah einzuordnen. Wichtig dabei ist,

---

14 Die Doktorarbeit, die ich zur Zeit abschließe, handelt von Frauen, die Synagogenämter innehatten, vgl. *Jean-Baptiste Frey*, Corpus Inscriptionum Iudaicarum. I. Rom 1936; New York 1975, 619d.696b.731c.166. 496.523.581.590.597.606.639.692; II. Rom 1952, 741.756; vgl. auch I, 315; II, 1007.1514.

15 A History of the Mishnaic Law of Women, Leiden 1980. Die fünf Teile sind: I. Yebamot. Translation and Explanation; II. Ketubot. Translation and Explanation; III. Nedarim, Nazir. Translation and Explanation; IV. Sotah, Gittin, Qiddushin. Translation and Explanation; V. The Mishnaic System of Women. Wichtig sind auch zwei programmatische Aufsätze von Neusner zur Ordnung Naschim: „Thematic or Systemic Description: The Case of Mishnah's Division of Women", in: Method and Meaning in Ancient Judaism. Missoula, Mont., 1979, 79–100; „From Scripture to Mishnah. The Origins of Mishnah's Division of Women": Journal of Jewish Studies 30 (1979) 138–153.

daß Neusner die rabbinischen Traktate in dieser Frage keineswegs mit der tatsächlichen Geschichte von Frauen verwechselt. Vielmehr bilden die verschiedenen Schichten seiner Arbeit (Übersetzung, Detailkommentar, Strukturanalyse, chronologische Einordnung der verschiedenen Gesetzesentscheidungen, Analyse des ganzen Frauensystems in seinem Kontext) das beste Instrumentarium für den Gebrauch dieser Quellen als Quellen zur Geschichte der jüdischen Frauen. Erst wenn die einzelnen Aussagen einmal chronologisch aufgefächert und die Denkstrukturen dahinter freigelegt sind, können wir fragen, welcher Zusammenhang zwischen den Aussagen dieser Literatur über Frauen und dem tatsächlichen Leben von Frauen in den Entstehungsepochen dieser Literatur bestanden hat. Nur nachdem solche historische Arbeit an den verschiedenen Korpora der altjüdischen Literatur wie auch an den Inschriften, Papyri und archäologischen Resten geleistet worden ist, können wir anfangen, Vergleiche zwischen Jesus und dem zeitgenössischen Judentum bzw. den frühen Christinnen und den zeitgenössischen Jüdinnen zu ziehen.

Dorothee Sölle
Vater, Macht und Barbarei
Feministische Anfragen an autoritäre Religion

Einer der Namen Gottes in der jüdisch-christlichen Tradition ist „Vater". Was sind die praktischen Implikationen dieses Symbolnamens für die Gegenwart? Ich will hier nicht die Ursprungsgeschichte reflektieren, sondern die Wirkungsgeschichte, nicht die Frage, wie war's gemeint? Sondern die, was ist daraus geworden? Die Themenstellung, die mich zu diesem Aufsatz veranlaßt hat, hat zwei zusammengesetzte Wörter ins Spiel gebracht: Vatergott und Gehorsamskultur. Mit beiden Ausdrücken habe ich extreme Schwierigkeiten, die ich in drei Fragen formulieren will:
1. Hat der Gehorsam eine „Kultur" hervorgerufen und mitbestimmt – und nicht eher eine Barbarei?
2. Kann das Wort „Vater" noch für Gott stehen, wenn wir gelernt haben, Gott und Befreiung zusammenzudenken?
3. Welche Elemente des Vatersymbols sind unverzichtbar?

Diese Fragen sollen nicht enthistorisiert und nicht entsubjektiviert werden. Ich reflektiere sie als eine Deutsche, als eine Frau, und als jemand, der Christ zu sein versucht am Ende des 20. Jahrhunderts, und ich will dabei meine nationale, meine sexuelle und meine sozioökonomische Identität nicht verleugnen. Das ist deswegen schwierig, weil die theologische Sprecherlaubnis zwar den Gott der Philosophen von dem Abrahams, Isaaks und Jakobs zu unterscheiden weiß, den Gott Sarahs, Rebekkas und Rachels aber weiterhin verschweigt. Die Väter des Glaubens sind redupliziert im Vater im Himmel; die Mütter des Glaubens sind im Dunkeln: vorgeschichtlich, nicht erinnert, vergessen, verdrängt.

Diese Verdrängung betrifft nicht nur die 51 % der Menschheit, die somit theologisch stumm geblieben sind; sie hat auch katastrophale Folgen für die Theologen unter den übrigen 49 %, nämlich für ihre Sprache. Das Verschweigen der weiblichen Anteile der Seele, die Subordination alles dessen, was nach Frau riecht, hat die Sprache der Theologen mehr zerstört als alle Angriffe der säkularen Welt. In diesem Reinigungs- und Verarmungsprozeß wurde ein emphatisches, ganzheitliches, bewußtes und integratives Sprechen, wie wir es in den Evangelien finden, zurückgedrängt. Die sogenannte wissenschaftliche Theologie ist normalerweise bewußtlose Sprache: ohne Bewußtsein von den Emotionen, unsensibel für die Erfahrungen der Menschen, gespenstisch und neutralistisch, ohne Interessen und ohne appeal; flach, weil der Schatten des Glaubens, der Zweifel, nicht zugelassen ist. Man lese nur die Kommentare männlicher Theologen zu Evas Gespräch mit der Schlange im Paradies, mit ihrer Verteufelung intellektueller und sexueller Neugier. Wer redet denn schon mit so einer Schlange! Bewußtes, integratives, emphatisches Sprechen ist aber für einen Menschen anrührende Theologie konstitutiv. Es wächst aus Erfahrung und Praxis und leitet zum Anderswerden und Andershandeln an. Die gängige wissenschaftlich-theologische Sprache erreicht diese Qualität wirklicher lebendiger Sprache nur sehr selten, und wenn überhaupt, so auf Umwegen, im Widerstand gegen verordnete Wissenschaftlichkeit, die sich an den männischen Idealen des Neutralismus, der Überparteilichkeit, der Reinheit von Emotionen orientiert und deren ganze Anstrengung darauf geht, das Subjekt verschwinden zu machen: der Student lernt, nicht „ich" zu sagen in wissenschaftlicher Sprache. Es gehört schon ein gewisses subversives Talent dazu, wenn die (überwiegend zur Gruppe weißer Männer gehörenden) Theologen eine bewußte, emotionsreiche und subjekthafte Sprache wiederfinden.

I.

Meine älteste Schwierigkeit mit einer Kultur des Gehorsams stammt aus meiner nationalen Identität. Die Geschichte meines Volkes ist gefärbt durch ein zentrales Ereignis in diesem Jahrhundert, das die Sprache, die Ideen, die Vorstellungen und Bilder verändert hat. Wörter und Begriffe haben durch dieses Ereignis eine unwiderruflich andere Qualität gewonnen; ihre Unschuld ist ihnen genommen. Ich kann und ich will gerade als jemand, der nach dem Ereignis lebt und der mit Sprache umgeht, nicht vergessen. In einem bewußten, z.B. poetischen Text haben bestimmte Wörter ihr historisches Schicksal am Leib. Stern, Rauch und Haar z.B. hatten in der deutschen Sprache noch 1942 einen anderen Sinn als den, den sie nach dem größten Verbrechen und Unglück in der Geschichte meines Volkes haben.

Meine erste Frage an eine „christliche Kultur des Gehorsams" ist, ob nicht Gehorsam zu eben diesen Begriffen gehört, die nicht mehr heil werden können nach dem Holocaust[1]. Die Entscheidung darüber, wie hoch die Wirkungen der christlichen Gehorsamserziehung in Deutschland für die Vorbereitung des Faschismus zu veranschlagen sind, ist eine Sache der Historiker. Für die Theologen sollte der wiederholte Hinweis auf den Gehorsam aus dem Munde Eichmanns, der von seinen Eltern im CVJM angemeldet war, oder von Rudolf Hess, der von seinem Vater zum Priester bestimmt war, genügen, um dem Begriff seine theologische Unschuld zu nehmen. Auch der sich nahelegende Versuch, zwischen „echtem" oder „eigentlichem" Gehorsam gegen Gott und dem gegen Menschen zu unterscheiden, hilft da nicht weiter. Kann man Gott gegenüber eine Haltung verlangen und auf eine Haltung hin erziehen, die man Menschen gegenüber und Institutionen gegenüber kritisiert? Muß Gehorsam in die Barbarei führen? Diese Frage ist aber nicht nur auf den historischen Faschismus zu beziehen. Heutiger Gehorsam definiert sich selber unabhängig von charismatischen Führern an den sog. „Sachzwängen" der Wirtschaft, des Energieverbrauchs und der wachsenden Militarisierung. Lange schon haben die Technokraten das Erbe der Priester angetreten. Aber auch unter den neuen Gehorsamsverhältnissen, die sich selber gern als bloße „Spielregeln" verschleiern, bleiben die strukturellen Elemente autoritäterer Religion erhalten, und die Relikte religiöser Erziehung präparieren die zunehmend religionsfreien Massen zu einem Gehorsam, aus dem alle personalen, auf Vertrauen und Hingabe bezogenen Züge verschwunden sind. Der neue komputerisierte Gehorsam hat mit dem alten religiösen drei Elemente strukturell gemeinsam:
1. Anerkennung einer höheren Macht, die unser Schicksal in Händen hat und Selbstbestimmung ausschließt.
2. Unterwerfung unter die Herrschaft dieser Macht, die keine sittliche Legitimation, etwa in Liebe und Gerechtigkeit, braucht.
3. Ein tiefer Pessimismus hinsichtlich des Menschen: Er/sie ist nicht wahrheits- und liebesfähig, sondern ein macht- und bedeutungsloses Wesen, dessen Gehorsam sich gerade aus der Verleugnung der eige-

---

[1] Vgl. zum Folgenden meine 1968 zuerst erschienene Kritik an der christlichen Ideologie des Gehorsams: D. Sölle, Phantasie und Gehorsam. Überlegungen zu einer künftigen christlichen Ethik (Stuttgart [8]1978).

nen Stärke speist. Die Haupttugend der autoritären Religion ist Gehorsam, die Kardinalsünde Auflehnung im Gegensatz zu humanitärer Religion, die Selbstverwirklichung und Selbstverfehlung in den Mittelpunkt rückt[2]. Sozialgeschichtlich funktioniert solche autoritäre Religiosität affirmativ zur Gesellschaft und stabilisierend zu den in ihr herrschenden Tendenzen. Im Rahmen autoritärer Religion werden emanzipatorische Veränderungsbereitschaft und kritische Transzendenz des Bestehenden abgewehrt, auch und gerade wenn sie sich religiös begründen: Gottes Gerechtigkeit und Liebe sind weniger wichtig als seine Macht. Die autoritäre Religion drückt ein infantiles Trostbedürfnis aus, das sich als Sentimentalität ästhetisch und frömmigkeitsgeschichtlich niederschlägt; dem korrespondiert aber ein zwanghaftes Ordnungsbedürfnis, Angst vor Vermischung und Chaos, Wunsch nach Überschaubarkeit und Herrschaft. Gerade die Rigidität überdauert die übrigen Momente aussterbender Religion, die autoritäre Bindung bleibt unter dem technokratischen Verständnis des Lebens bestens erhalten. Das Milgramexperiment, bei dem eine überwältigende Mehrheit der Versuchspersonen von der Straße bereit waren, auf wissenschaftliche Anordnung hin unschuldige Mitmenschen mit elektrischem Strom zu foltern, gehört genau in den Zusammenhang einer „Kultur" des Gehorsams. Gehorsam funktioniert in faschistischer oder technokratischer Barbarei.

II.

Fromm hat zwischen humanitären und autoritären Formen von Religion unterschieden. Der historische Jesus, der frühe Buddhismus, die Mystiker der meisten Religionen sind Beispiele einer nichtrepressiven Religion, die nicht auf einseitiger, asymmetrischer Abhängigkeit beruht und sich durch verinnerlichten Zwang verwirklicht. Genau an dieser Stelle setzen die sozialpsychologischen Fragen nach dem Symbol des Vaters ein.
Warum verehren Menschen einen Gott, dessen wichtigste Qualität Macht ist, dessen Interesse Unterwerfung, dessen Angst Gleichbe-

---

[2] Vgl. Erich Fromms grundlegende Unterscheidung von humanitärer und autoritärer Religion in E. Fromm, Psychoanalyse und Religion (Konstanz 1966).

rechtigung ist? Ein Wesen, das mit Herr angeredet wird, ja dem Macht allein nicht genug ist, seine Theologen müssen ihm Omnipotenz bescheinigen. Die wichtigsten Anfragen einer entstehenden feministischen Theologie an die herrschende gehen gegen phallokratische Phantasien an, gegen die Adoration der Macht. Warum sollten wir ein Wesen verehren und lieben, das das moralische Niveau der derzeitigen von Männern bestimmten Kultur nicht transzendiert, sondern stabilisiert?

Um es im Rahmen meiner theologischen Autobiographie zu sagen: meine Schwierigkeit mit dem großen Machthaber sind an der Erfahrung von Auschwitz entstanden. 1965 veröffentlichte ich mein erstes Buch „Ein Kapitel Theologie nach dem Tode Gottes". Die dort vertretene Position ist, in der Tradition Bonhoeffers, radikal christozentrisch. Gott selber, Gott als Handelnder und Sprechender, kann nicht erfahren werden. Wir können uns halten an den herrschaftsfreien, den machtlosen Christus, der außer seiner Liebe nichts hat, uns zu gewinnen und zu retten. Seine Machtlosigkeit ist eine innere Autorität, nicht weil er uns erzeugt, geschaffen oder gemacht hat, sind wir sein, sondern weil Liebe seine waffenlose Macht ist, stärker als der Tod.

Die Schwierigkeiten mit dem Vater, Erzeuger, Machthaber und Lenker der Geschichte wurden vertieft, als ich genauer zu verstehen lernte, was es bedeutet, als Frau geboren zu sein, verstümmelt also, und zu leben in einer patriarchalischen Gesellschaft. Wie könnte ich wollen, daß Macht die zentrale Kategorie meines Lebens wird, wie könnte ich einen Gott verehren, der nicht mehr ist als ein Mann. Mit männlicher Macht assoziiere ich Dinge wie: brüllen können, Befehle geben, sich im Schießen ausbilden. Ich glaube nicht, daß ich besonders, mehr als andere Frauen, von der patriarchalischen Kultur beschädigt bin. Es ist mir nur immer klarer geworden, daß jede Identifikation mit dem Aggressor, mit dem Machthaber, mit dem Vergewaltiger das furchtbarste Unglück ist, das einer Frau zustoßen kann.

Auch das Vatersymbol hat nicht dieselbe Faszination für die, die niemals Vater werden können. Auch die mit Barmherzigkeit versetzte Macht, auch der gütige Vater ist keine Lösung des Problems. Ein gütiger Sklavenhalter kann von seinen Sklaven geliebt und verehrt werden; weibliche Frömmigkeit ist weithin Uncle-Tom-Frömmigkeit. Aber Unterwerfung unter die als „weiblich" definierten Rollen und Gehorsam dem Gott gegenüber, der ihre Regeln angeblich naturhaft gesetzt hat, zerstören unsere Möglichkeiten, Menschen zu werden. Aus der Geschichte meines Volkes und aus dem Sexismus der herrschenden Kultur kann ein Vater uns nicht befreien. Kann das Symbol „Vater" das, was wir mit dem Wort Gott meinen, noch repräsentieren?

Wenn man verstanden hat, daß wir über Gott nur symbolisch reden können, so muß jedes Symbol, das sich zum Absoluten aufspreizt, relativiert werden. Gott transzendiert in der Tat unsere Rede über ihn, aber nur dann, wenn wir ihn nicht mehr in Symbolgefängnisse einsperren. Ich kann zugeben, daß „Vater" eine Art ist, von Gott zu reden, aber wenn das zur zwanghaft einzigen Art wird, dann wird das Symbol ein Gefängnis Gottes. All die anderen Symbolwörter, die Menschen gebraucht haben, um ihre Gotteserfahrung auszudrücken, werden mittels der Zwangssprache zurückgedrängt oder auf eine hierarchisch niedrigere Stufe gedrückt.

Papst Johannes Paul I. hat in einer vielbeachteten Äußerung bemerkt, daß Gott mindestens ebenso Mutter wie Vater sei. Aber praktisch-religiös sind wir noch weit hinter dieser Relativierung symbolischer Sprache zurück. Nach einem Gottesdienst in der Katharinenkirche in Hamburg, den wir mit „Im Namen des Vaters und der Mutter, des Sohnes und des Geistes" begannen, gab es eine erregte Diskussion, ob man so reden dürfe. Die Veränderung liturgischer, geheiligter Sprache ist ein Schritt aus dem Gefängnis und wird daher als Bedrohung erlebt. Als Segen sprachen vier Frauen gemeinsam: „Gott segne dich und behüte dich. Sie lasse ihr Angesicht leuchten über dir. Sie gebe dir Frieden."

Das sind Beispiele tastender Versuche, die heute überall gemacht werden, wo Frauen sich ihrer Lage bewußt geworden sind. Der Wunsch nach einer anderen Gottesvorstellung, anderen Symbolen und anderen Hoffnungen ist wichtig für die, die einen anderen Gott brauchen, weil sie von der Kultur, in der wir leben, beleidigt, erniedrigt und angewidert sind. Es sind ja nicht zuerst die Männer, die am Sexismus theologischer Sprachbildung leiden.

Die Relativierung eines absolut gebrauchten Gottessymboles, wie es „Vater" darstellt, ist in diesem Kontext eine Minimalforderung. Es gibt andere Symbole für Gott, wir können Mutter oder Schwester zu ihr sagen, um im familialistischen Sprachgebrauch zu bleiben. Deutlicher noch scheinen mir allerdings die naturhaften Symbole in ihrer nicht-autoritären Qualität. Herrschaftsfreie theologische Sprache wird an mystische Tradition anknüpfen können: „Brunnquell aller

Güter... lebendiger Wind", "Wasser des Lebens". "Licht" sind Gottessymbole ohne Autorität oder Macht, ohne chauvinistischen Beigeschmack. Die Anerkennung der "höheren Macht", die Anbetung von Herrschaft, die Verleugnung der eigenen Stärke hat in mystischer Frömmigkeit keinen Raum. Die Herr-Knecht-Beziehung wurde oft ausdrücklich kritisiert, vor allem aber sprachschöpferisch überholt. Religion ist hier Empfindung des Einsseins mit dem Ganzen, zusammengehörigkeit, nicht Unterwerfung. Menschen verehren Gott nicht wegen seiner Macht und Herrschaft, sondern "versenken" sich in seine Liebe, die "Grund" ist, "Tiefe", "Meer". Mutter- und Natursymbole werden bevorzugt, wo die Beziehung zu Gott nicht Gehorsam, sondern Einigung verlangt, wo nicht ein distantes Gegenüber Opfer und Selbstaufgabe fordert, wohl aber Übereinstimmung, Einssein mit dem Lebendigen zum Thema der Religion wird. Solidarität als die wichtigste Tugend wird dann den Gehorsam ablösen.

III.

Gibt es Elemente im Vatersymbol für Gott, die für eine befreiende Theologie unverzichtbar sind? Hat die personalistische Rede von Gott einen Vorrang vor anderen möglichen Symbolen? Brauchen wir ein als "Vater" ausgelegtes Du als das Gegenüber des Menschen?
In der patriarchalischen Kultur repräsentiert der Vater die Abhängigkeit des Individuums. Sie ist biologisch gegeben in der Tatsache des Erzeugtseins und der langen Abhängigkeit des Menschenjungen, das versorgt und beschützt werden muß. Aber rechtfertigt unsere lange Kindheit eine religiöse Sprache, die sich wesentlich am Eltern-Kind-Verhältnis orientiert? Und hat nicht die Verdrängung der Mutter aus dieser Beziehung, als sei es der Vater, und er allein, der Entstehen/Erzeugen und Überleben gewähre, das autoritäre Element noch weiter verschärft?
Das Bild des Vaters im Judentum ist an den Funktionen des Hausherren orientiert, der bestimmte rechtliche, religiöse, pädagogische und ökonomische Macht darstellt. Er ist Richter, Priester, Lehrer, und er verfügt über die Produktionsmittel. Wer innerhalb dieser Kultur Gott als Vater anredet, hat die genannten konkreten Abhängigkeiten am eigenen Leibe erfahren, doppelt verschärft für die Frau. Nur Barmherzigkeit als das andere Element im Vatersymbol kann diese

Abhängigkeit erträglich machen; die Verbindung von absoluter Autorität mit Erbarmen ist das Kennzeichen des Vatergottes. Nähe und Ferne, väterliche Güte und richterliche Herrschaft sind die Pole, die das Vaterbild bestimmen. Man kann die Geschichte des Vatergottes in unserer Kultur als die Spannung zwischen diesen beiden Polen beschreiben. Wenn aber die Anhäufung biologisch-soziologischer Machtrollen zerfällt und zunehmend der Vergangenheit angehört, ist dann nicht auch ihre religiöse Überhöhung fundamentlos? Was ist denn im Vaterbild unaufgebbar?

Ich vermute, die zentrale Frage jeder feministischen philosophischen und theologischen Diskussion ist die nach dem Verhältnis von Abhängigkeit und Unabhängigkeit. Ist Unabhängigkeit ein Befreiungswort, ein zentraler Wert, den Frauen für sich entdecken, oder gibt es Abhängigkeiten, die nicht zu verleugnen sind? Ist es gut, sich emotional unabhängig zu machen, oder kommen wir damit nur so weit wie die Männer mit ihren oberflächlichen Bindungen, die die ideologisierte Unabhängigkeit des männlichen Helden nicht antasten dürfen? Was bedeutet es, anthropologisch, abhängig zu sein? Und was bedeutet es in der Gesellschaft? Das Feld dieser innerfeministischen Diskussion ist auch das Feld theologischer Entscheidungen. Ist Abhängigkeit nichts als repressives Erbe oder gehört sie zu unserem Geschaffensein?

Wir haben uns nicht selber gemacht, entworfen und historisch-geographisch placiert. Der Zusammenhang unseres Lebens kennt ein Vorher und ein Nachher, zu dem wir in Beziehungen stehen, bzw. von denen wir uns nicht ohne Schaden lösen können. Wir sind ontologisch nicht allein. Es gibt eine (zu glaubende) Einheit der Welt, eine Ganzheit, ein Ziel.

Drückt nicht die Rede von Gott, dem Vater der Lebendigen, eben dieses Abhängigsein als Verbundenheit aus? In einem der geistlichen Lieder Johann Sebastian Bachs heißt es nach Simon Dach (1605−1659):

Ich bin ja Herr, in deiner Macht,
du hast mich an das Licht gebracht,
du unterhältst mir auch das Leben,
du kennest meiner Monde Zahl,
weißt, wann ich diesem Jammertal
auch wieder gute Nacht muß geben.
Wo, wie und wann ich sterben soll,
das weißt du, Vater, mehr als wohl.

Die „Macht" des Herren, der schließlich „Vater" genannt wird, ist hier genau gefaßt: es ist zeugende, lebensschaffende, es ist Leben erhaltende und Leben beendende Macht. Unser Geborenwerden und unser Sterben ist nicht in unseren Händen. Vater zu Gott sagen bedeutet, Leben und Tod nicht der vitalistischen Zufälligkeit zu überlassen. Die Welt als Schöpfung ansehen heißt, sie als gewollt, entworfen, als „gut" anzusehen. Wenn die Rede von Gott als dem Vater uns dazu hilft, unsere Abhängigkeit nicht nur als zu überwindenden Erdenrest hinzunehmen, sondern sie zu bejahen, unsere Endlichkeit und Kreatürlichkeit zu akzeptieren, dann ist nichts gegen diese Rede einzuwenden. Familialistische Symbole können befreiend sein, wenn sie unsere Abhängigkeit theologisch interpretieren, als Vertrauen in Vater und Mutter.
Familialistische Gottessymbole, die Rede von Gott unserem Vater und Gott unserer Mutter, können befreienden Charakter haben, nicht weil sie die menschenfeindlichen Unterdrückungszüge des Patriarchats mildern, sondern weil sie uns einbinden in die Natur und in die menschliche Familie. Die Rede von dem Vatergott wird dann nicht mehr soziologisch ausgebeutet, um Rollenfixierung und falsche Abhängigkeit zu bekräftigen, sie wird nicht benutzt, um uns für ewig zu Kindern zu machen. Sie macht uns vielmehr fähig zu vertrauen in das Leben, das über unsere eigene Lebenszeit hinausgeht. Sie stiftet Vertrauen auch in den Bruder Tod.

Catharina J.M. Halkes
Feministische Theologie
Eine Zwischenbilanz[1]

1. Einige Umschreibungen der feministischen Theologie

Feministische Theologie ist eine Reaktion und ein Protest gegen eine jahrhundertelange einseitige, da androzentrische Theologie. Unter Berufung auf eine patriarchalische Heilige Schrift als Grundlage und selbst in einer stark androzentrischen Kultur und in einer hierarchisch geordneten Kirchenstruktur lebend, haben Theologen wie Augustinus und Thomas von Aquino, die beiden wichtigsten Vertreter der klassischen Theologie, einen wesentlichen Einfluß namentlich auf die katholische Theologie ausgeübt.
Die christliche Anthropologie betrifft in erster Linie das Verhältnis zwischen dem Menschen und Gott; aber sie handelt auch über das gegenseitige Verhältnis zwischen Frau und Mann; die Frau ist in der Gnadenordnung zwar dem Manne gleichwertig, aber in der Schöpfungsordnung ist sie ihm untergeordnet[2].
Wie sehr auch in den letzten fünfzig Jahren die neueren Theologien Eingang gefunden haben, die der veränderten Situation des Menschen in seiner/ihrer Beziehung zu Gott adäquater Ausdruck verliehen, wie sehr sie auch revolutionär wurden, wie etwa eine politische Theologie oder eine Befreiungstheologie – Frauen spielten darin

---

1 Da es Literatur in Überfülle und verschiedenster Art gibt und diese Theologie kaum ein Jahrzehnt alt ist und also noch ihren Weg sucht, kann ich nichts anderes tun, als eine „feministische Theologie im Werden" vorzustellen, lediglich auf einige Akzente zu verweisen, ein paar Probleme zu nennen und die Leser(innen) einzuladen, selbst daran zu gehen zu lesen. Wegen des hier begrenzten Umfanges verweise ich auf eine ausführliche Literaturliste, die zu erhalten ist bei „Feminisme en Christendom", Theologische Fakultät, Katholieke Universiteit Nijmegen, Heyendaalseweg 121 A, Nijmegen, Niederlande.
2 Kari Elisabeth Børresen, Die anthropologischen Grundlagen der Beziehung zwischen Mann und Frau in der klassischen Theologie: Concilium 12 (1976) 10–17.

noch keine Rolle. Sie sind darin schlichtweg abwesend oder aber sie werden als untergeordnet betrachtet.

1. Es ist daher vorstellbar, daß feministische Theologie umschrieben wird als eine Theologie, die sich im besonderen mit der Beziehung zwischen Frau und Mann befaßt und diese theologisch erklären will. Ihre Relevanz empfängt sie dann aus dem Studium der Frage: Wie formen wir uns ein Bild der Menschheit? Wie verhalten sich die beiden Geschlechter zum Humanum? Sie lehnt sich auf gegen eine Theologie, die sich gründet auf ein Naturrecht, welches die Rollen von Frau und Mann kraft der Schöpfung festgelegt hat, und auf eine Kultur, welche diese fixierten Muster fest aufrecht erhält. Selbst ein Theologe wie Karl Barth hat sich dem nicht entziehen können[3]. Dies zu untersuchen, ans Licht zu bringen und zu korrigieren, ist eine mögliche erste Umschreibung der feministischen Theologie.

2. Eine andere Umschreibung läßt die feministische Theologie entstehen aus der Unbefriedigtheit von Frauen, die entdecken, daß die bestehende Glaubenslehre Frauen immer noch unrecht tut dadurch, daß sie sie klein und auf ihrem traditionellen Platz hält. Frauen als die „verbannten Kinder Evas" sind sowohl vom Altar verbannt, also aus dem Heiligtum, wie auch verbannt aus der menschlichen Geschichte und der menschlichen Denkwelt. In diesem Augenblick neuer Entdeckung stehen sie auf aus ihrer geduckten Haltung, richten sich gerade auf und kommen dadurch auch zu einer „recta confessio", zu einer Neuformulierung von Glaubenslehre und Theologie[4].

3. Unter einem anderen, allgemeineren Nenner kann man die feministische Theologie eine kontextuelle Theologie nennen: Die historische Dimension spielt eine gewichtige Rolle, die universalen Wesensmerkmale von Mann und Frau treten zurück, und man bricht durch zu einem Ausblick auf die sehr unterschiedlichen Möglichkeiten und Erscheinungsformen von Frauen. Kontextuelle Theologie ist ebenso wenig gegenüber der heutigen Welt wie gegenüber der Geschichte isoliert. Sie kann keine relevanten Dinge mehr sagen,

---

[3] Dagny Kaul, Principal lines in feminist theology: The bible and our future (= vorbereitende Studienmappe für die W.S.C.F.-Konferenz in Norwegen, August 1979) 7—9.

[4] Mary Condren, For the banished children of Eve: An introduction to feminist theology: Movement. Journal of the Student Christian Movement 24 (o.J.) 21—23.

wenn sie kein Auge hat für die soziokulturellen, politischen und wirtschaftlichen Gegebenheiten, die nach einer sorgfältigen Analyse verlangen. Ich weise hier hin auf die Theologie der Zeichen der Zeit des Zweiten Vatikanischen Konzils. In diesem Licht will die feministische Theologie reflektieren auf die Bedeutung einer stark wachsenden Frauen-Befreiungsbewegung und deren Offenbarungscharakter, sowohl diachronisch, das heißt durch die Geschichte hin – inwiefern sind Heils- und Kirchengeschichte tatsächlich auch „herstory" gewesen und nicht ausschließlich „his-story"? – wie auch synchronisch, das heißt das Heute in all seiner Komplexität zum Ausdruck bringend.

Das bedeutet, daß wir das universale Konzept von der Frau als abstrakt und unhistorisch fallen lassen müssen, aber auch daß wir die Verallgemeinerung Frauen vermeiden müssen, so als ob wir eine homogene, übersichtliche Kaste seien. Die Zusammenhänge, in denen Frauen leben, und ihre dabei gemachten Erfahrungen sind untereinander sehr verschieden. Selbst in den kleinen Niederlanden kann ich als weiße, dem Mittelstand angehörende intellektuelle Frau, die in einer kapitalistischen Gesellschaft lebt, nicht sprechen im Namen meiner Schwestern aus dem auch heute immer noch bestehenden Proletariat, selbst nicht im Namen derjenigen aus der Arbeiterwelt schlechthin, auch nicht namens der Prostituierten, der Surinamerinnen, der Frauen von Gastarbeitern; ganz abgesehen davon, daß ich es nicht wage, mich zu vergleichen mit den farbigen Frauen aus der Dritten Welt, die ihren Kampf für ihre Klasse und/oder ihre Rasse noch zusammen mit Männern führen und vielleicht selbst Mühe haben, in uns ihre Schwestern zu sehen, weil wir in Luxus leben und in Strukturen, die ihre Unterdrückung aufrecht erhalten.

4. Wieder eine andere Umschreibung feministischer Theologie kommt meines Erachtens dem Kern der Frage noch näher, nämlich die Umschreibung mit Hilfe des Begriffs „Genetiv-Theologie", der übrigens verschiedenartig verwendet und erklärt wird[5]. Ich selbst sehe es so: Faßt man den Genetiv auf als einen genetivus subjectivus, dann kann man sagen, daß jetzt zum ersten Mal und konkret Frauen Subjekt des Erlebens eigener Glaubenserfahrung, von deren Formu-

---

5 Vgl. z.B. Letty Russell, Human liberation in a feminist perspective. A theology (Philadelphia 1974) 52–53; Kurt Lüthi, Gottes neue Eva (Stuttgart 1978) 50–52.

lierung und der Reflexion darauf, also auch des Theologisierens, werden. Hier muß schnell eine Einschränkung gemacht werden: Es geht hier allein um die Frauen, die aus ihrem Untertanenzustand oder aus ihrem unbewußten Drang, Männer zu imitieren (um doch bloß mitmachen zu können), aufgestanden sind; die das Bild, das von Männern auf sie projiziert worden ist, von sich abschütteln; die sich nicht mehr die Frage stellen wollen „Für wen hält man mich?", sondern die eine Antwort suchen auf die Frage „Wer bin ich?". Dieses Letzte haben Feministinnen ungeachtet ihrer stark verschiedenen Situationen gemeinsam: Sie wünschen sich selbst zu definieren.

Aus all dem folgt, daß diejenigen Frauen, die sich ausdrücklich für das unkritische Emanzipationsmodell entschieden haben, das sie „frei" gemacht hat, sich in die bestehenden Normen und Werte der Männergesellschaft und des männlichen Wissenschaftsbetriebs einzufügen, nicht Subjekt dieser Theologie sein wollen; daß ebensowenig diejenigen Frauen, welche die noch immer gehandhabten Bilder, Sterotypen und Rollenmodelle der Frau und die ihr gegenüber bestehenden Erwartungen dermaßen verinnerlicht haben, daß sie sich nicht einmal bewußt machen, wie unfrei sie sind, nicht Subjekt dieser Theologie sein können.

Faßt man den Genetiv aber als genetivus objectivus auf, dann kann man sagen, daß das Objekt der feministischen Theologie die Glaubenserfahrung aufständischer Frauen ist, ihr Umgang mit Schrift und Tradition, die Weise, wie sie Gott erfahren: als Schöpfer, Erlöser und Geist; die Bedeutung ihres Menschseins und ihrer weiblichen Sexualität; die Einschränkung durch die Strukturen, die Frauen flügellahm machen wollen. Genetivus subjectivus und objectivus hängen fast untrennbar miteinander zusammen: Es sind zu allererst und wohl in jeder Hinsicht bevorzugt Frauen, die über diese Erfahrungen wirklich angemessen reflektieren können.

5. Damit komme ich nun zu der meines Erachtens angemessensten Umschreibung der feministischen Theologie, wonach diese zu verstehen ist als eine Befreiungstheologie, die sich nicht gründet auf die Eigenart der Frauen als solcher, sondern auf ihre historischen Erfahrungen von Leiden, von psychischer und sexueller Unterdrückung, von Infantilisierung und struktureller Unsichtbarmachung infolge des Sexismus in den Kirchen und in der Gesellschaft[6].

6 Elisabeth Schüssler Fiorenza, Feminist theology as a critical theology of liberation: Theological Studies 36 (1975) 605–626; Ds., Text eines Vortrags vor der Women Ordination Conference in Baltimore, No-

Diese kritische Theologie untersucht die Krisensituation von Frauen unter anderem in der Kirche und sieht darin auch eine Ursache der Krise in der Kirche selbst. Durch eine sorgfältige Situationsanalyse, die ausgeht von einer rebellischen, konstruktiven Praxis, inspiriert durch eine als heilsame Kommunio verstandene Schwesterschaft und durch eine spontanere und auch leibhaftigere Liturgie und „ganzheitlichere" Theologie will sie beitragen zum Heil und zur Heilung aller Eingeengten und zur Umgestaltung der Kirchenstrukturen und der männlichen Vorherrschaft. Daß „kritisch" auch einen Bezug hat zu den hermeneutischen Fragen, die an Schrift, Tradition und Geschichte zu stellen sind, bedarf wohl keines besonderen Hinweises.

Schließlich darf dieses kritische Moment an uns, den Feministinnen selbst, nicht vorbeigehen! Die Entscheidung, vor der wir stehen, nämlich selbst ganzheitlicher zu werden, Männer zu inspirieren, in sich selbst zu gehen und ihre Vorherrschaft abzulegen, eine Kirche zur Bekehrung zu führen, fordert zuerst von uns selbst den Mut, zu wagen, Gottes Partner zu sein, die berufen sind zur Transzendenz; den Mut, ja zu sagen zu der radikalen Liebesbotschaft Christi in seinem Evangelium; nein zu sagen zu der „Verführung", nachgiebig zu sein, Kompromisse zu schließen und damit kraftlos zu werden; kurzum: den Mut, „lästig" zu sein und gegen den Strom zu schwimmen[7].

Feministische Theologie betrifft in ihrer Glaubensreflexion alle, die unfrei und zum Objekt gemacht sind, aber sie bleibt sich dessen bewußt, daß Frauen fast immer und überall letzten Endes doch wieder „die Unterdrückten der Unterdrückten" sind; das heißt, daß (ihre) Männer bestimmen, wer sie sind, worin sie anders sind als sie (die Männer), welche Rolle ihnen zuerkannt wird, und vor allem: wie ihre Sexualität „gebraucht" wird.

---

vember 1978, worüber noch ein Berichtbuch erscheinen soll. – Vgl. auch Dorothee Sölle, Remembering Christ: Faith, Theology and Liberation: Radical Religion 3 (1977) 12–18.

7 Vgl. Ino Biezeno, Een vrouw die in de weg liep: Catharina van Siena: Relief (Zeitschrift für das geistliche Leben) 43 (1975) Nr. 7/8.

2. Einige Kennzeichen der feministischen Theologie

2.1 Formell-methodologische Gesichtspunkte

Hier ist in erster Linie zu sprechen von einer Ausweitung des Begriffs Theologie. Diese wird hier verstanden als Reflexion auf die Praxis, die ihr vorausliegt und selbst einen Teil dieser Theologie ausmacht; als Reflexion auf die Erfahrungen, die in Worte gefaßt werden, auf die Analyse der heutigen ungerechten, in diesem konkreten Falle sexistischen Strukturen.

Natürlich kann man diese Aspekte wohl unterscheiden, aber ebenso wie in den anderen Befreiungstheologien werden sie nicht geschieden. Aktion und Reflexion gehören zusammen. Analyse der Praxis hat für die Theologie nur dann einen Sinn, wenn sie zu kritischen Fragen, zu Neuformulierungen und Befreiung und Bereicherung der Theologie selbst führt.

Damit wird die feministische Theologie zu einem Instrument, um zu einem besseren Verstehen dessen zu kommen, was sich im Laufe der Geschichte vollzogen hat, zu einem strategischen Hilfsmittel, um zu einer Vertiefung und Ausweitung im Verständnis dessen zu kommen, was Kirche, Amt, Charisma und Prophetie ist. Dadurch kann sie beitragen zur Schaffung einer neuen Wirklichkeit[8].

Hier muß auch – wenn auch nur kurz – die Verbindung zwischen Feminismus und Sozialismus wenigstens erwähnt werden. Es ist notwendig, zu einer Analyse der Art und Weise zu kommen, wie Patriarchat und Kapitalismus ineinandergreifen und einander verstärken. Daraus wird sich die Folgerung ergeben, daß Feminismus (als Gegenbewegung gegen das Patriarchat) und Sozialismus (als Gegenbewegung gegen den Kapitalismus) einander nötig haben, wenn wir jemals zu einer neuen menschlichen Freiheit für alle kommen wollen. Der Feminismus läuft Gefahr, in hohen Idealen und edlen Zielsetzungen stecken zu bleiben, abstrakt und wirklichkeitsfern zu werden, wenn er die genauen und historisch gewachsenen wirtschaftlichen Faktoren vernachlässigt; der Sozialismus aber bedarf dringend der ständigen und kritischen Begleitung durch den Feminismus, um sich von seinem Sexismus bekehren zu können, um einen Ausblick zu gewinnen auf den Schaden, den er bereits angerichtet

---

8 Vgl. Mary Hunt, Vortrag vor der Women Ordination Conference Baltimore (siehe Anmerkung 6).

hat, und um Respekt zu lernen für die Werte der menschlichen Person und die zwischenmenschlichen Beziehungen. Hier liegt ein sehr gewichtiger Auftrag für die feministische Theologie: sachliche Analyse und gläubige Inspiration[9].

So hofft die feministische Theologie, zu einem Instrument werden zu können, das die überlebensgroßen Hindernisse wegnehmen kann, die zahllose enttäuschte Frauen der Kirche und der Religion entfremdet haben; sie hofft, die Flamme der religiösen Dimension im Feminismus als solchem hüten zu können.

Feministische Theologie ist eine ganzheitliche Theologie, die alle heillose Scheidung zwischen Leib und Geist, Erde und Himmel, Frau und Mann, Mensch und Gott, Ost und West, Natur und Geschichte aufheben will – nicht um zu nivellieren, sondern um in einer spannungsvollen Einheit in Polarität beieinanderzuhalten, was schöpferisch und fruchtbar zusammengehört. Die totale Scheidung zwischen den jeweiligen beiden Größen läuft ja immer hinaus auf eine Polarisierung, auf Distanz, und sie wird mit dazu aufrechterhalten, um das eine über das andere zu stellen[10].

Die feministische Theologie ist auch eine Theologie, die aus der Gemeinschaft von Frauen geboren ist, und sie hat diese auch nötig, weil Frauen dann ihre eigenen Fragen hinsichtlich der letzten Werte stellen und gemeinsam nach Antworten suchen können. Es liegt auf der Hand, daß dieser Austausch, dieses Einander-Erkennen und Bestätigen, aber auch die liebevolle Konfrontation, das Suchen nach neuen Bildern und Ausdrucksformen große Kreativität hervorrufen kann. Die Erfahrung der Ohnmacht verebbt und macht einer Erfahrung von Wiedergeburt Platz, einer Erfahrung von Sein, von einem Potential zu wahrer Menschwerdung. Der Funke des Geistes springt über von der einen zur anderen, er erwärmt und erhellt den Raum zwischen ihnen und in ihnen und führt zu Schwesterschaft. Geist und Kirche gewinnen hier eine unerhörte, bisher ungedachte, existentiell ergreifende Gestaltung.

---

9 Sheila D. Collins, Socialism and feminism: A necessary ground for liberation: Cross Currents 26 (1976) 33 – 47; Ds., Feminism and Socialism: Radical Religion, 3 (1977) 5 – 12 (Thema-Nummer über diese Frage).
10 Nelle Morton, Towards a whole theology: Sexism in the 1970s (Genf 1975) 56 – 65.

Feministische Theologie ist eine prozeßhafte Theologie. Jede Studie läßt das erkennen. „Dieses Buch handelt von Veränderung und Bewegung, es handelt von einem Prozeß, und es ist selbst ein Prozeß."[11] Daß Frauen sich bewußt werden, daß sie jahrhundertelang auf einem bestimmten Platz festgehalten worden sind, aufgrund welchen „Naturrechts" oder „göttlichen Rechts" und welcher theologischen Rechtfertigung auch immer, das hat uns offengemacht für die Entfaltung der göttlichen Offenbarung in der Zeit und in der Geschichte.

Es wäre nun noch eine Anzahl kennzeichnender Epitheta zu nennen, wie zum Beispiel „induktive Theologie", „pneumatologische Theologie", „utopisch-prophetische Theologie", „dionysische Theologie"[12]. Aber ich muß nun aufhören, wobei ich aber noch einen Punkt nennen will: nämlich die Notwendigkeit, daß die feministische Theologie einen gediegenen Gebrauch macht von den Ergebnissen der Religionswissenschaften.

Ohne daß die Prozeßphilosophie und Prozeßtheologie oft ausdrücklich erwähnt werden (Mary Daly verweist in ihrem Buch „Beyond God the Father" immerhin einmal auf sie), habe ich diese hier dennoch namentlich nennen wollen. Dies gibt mir nämlich die Gelegenheit, überzugehen auf einige inhaltliche Kennzeichen der feministischen Theologie.

2.2 Inhaltliche Gesichtspunkte

In einer Studie über die Prozeßtheologie beziehen nämlich die Autoren[13] die feministische Kritik mehrmals in ihre Überlegungen mit ein. Sie verweisen namentlich auf drei Ebenen, in denen die Prozeßtheologie einen Beitrag leisten könnte zur Diskussion über die Befreiung der Frau, und zwar nennen sie die Ebene der Ideen und Begriffe, die Ebene der Bilder und die Ebene der Sprache. Ich arbeite

---

11 Z.B. Clare Benedicks Fischer u.a., Women in a strange land (Philadelphia 1975) 2.
12 Sam Keen, Manifesto for a Dionysian theology: Cross Currents 19 (1968/69) 37—55. – Vgl. auch Andreas Burnier, De zwembadmentaliteit (Amsterdam 1979) 76—97.
13 John B. Cobb Jr. und David Ray Griffin, Process Theology (Philadelphia 1976) Kapitel 3 und 132—135.

dies hier ein wenig ausführlicher aus in Verbindung mit der Gottesfrage.

2.2.1 Der Gottesbegriff

Ebenso wie die Prozeßtheologie lehnt sich auch die feministische Theologie auf gegen einen Gott, der sich selbst genug ist, der allwissend und allmächtig ist, der ganz andere, der unveränderliche, der ausschließlich transzendente Gott (mit typisch „mächtigen" Zügen), für den wir nur nichtige Menschlein sind. Vielmehr betonen wir die Gegenseitigkeit zwischen Gott und Mensch, daß Gott als Liebespartner sich uns zuwendet, daß Gott zärtlich ist, verletzbar und nahe: „Gott als schöpferische und dialogische Liebe"[14].

2.2.2 Das Gottesbild

Es ist inzwischen hinlänglich bekannt, daß die feministische Theologie protestiert gegen einen männlichen, patriarchalischen Gott. Der Gott von Israels Offenbarung hat sich aber nicht als ein solcher kundgemacht, sondern sich in äußerster Schlichtheit „Jahwe" genannt: der Seiende; derjenige, der mit uns sein wird; dessen Tun Sein ist; Quell und Grund des Seins; der sich entfaltend Seiende.
Außer den männlichen, patriarchalischen Zügen, welche die Gläubigen diesem Gott gegeben haben, findet man in der Schrift auch – wenn freilich auch in geringerem Maße – mütterliche Bilder, die aber in der Praxis und in der Wirkungsgeschichte der Theologie eine geringere Rolle gespielt haben. Im Laufe der Jahrhunderte erkennen wir Schwankungen in den Bildern, welche die Nähe symbolisieren mußten: In der römisch-katholischen Kirche wurde dies Maria, und zwar in dem Maße, wie die göttliche Natur Christi mehr betont wurde; im reformatorischen Christentum bekommt bisweilen Jesus selbst „feminine" Züge, so zum Beispiel in der pietistischen Frömmigkeit.
Um hier das Gleichgewicht wiederherzustellen, plädieren manche für eine Betonung der vernachlässigten Züge, die doch auch wert sind, dem Göttlichen bildnerischen Ausdruck zu verleihen; lapidar findet sich das ausgedrückt in dem Satz: „Gott, sie ist schwarz".

---

14 A.a.O.

Anderen (u.a. Whitehead) schweben offenere Bilder vor, die auch auf das Weibliche hindeuten können: Gott unter dem Bild der göttlichen Geduld, unter dem Bild von Zärtlichkeit, von Weichheit.

2.2.3 Die Sprache

Auch die Sprache ist eine Art von Prozeß, von impliziertem Prozeß: Sprache braucht selbst Bilder als Ausdrucksmittel und beeinflußt so unsere Wahrnehmung. Aber Sprache ist auch selbst wieder abhängig von den Bildern, die wir uns formen und die nach Ausdruck verlangen. Neue Bilder und Symbole entstehen nicht auf Kommando, sondern tauchen empor aus tieferen Schichten unserer Seele, die sich dank einer vorsichtigen, mehr umschreibenden und auf anderes verweisenden Sprache öffnet, um neuen, ursprünglichen Bildern Ausdruck zu verleihen.

2.2.4 Zusammenfassung

Gott ist kein statischer, sondern ein dynamischer Gott; Quelle von Unruhe und schöpferischem Chaos, insofern diese hinführen zur Umgestaltung des Bestehenden, wenn dieses halb und beschränkt ist und nach Ergänzung verlangt; wenn dieses verhärtet ist und nach Erneuerung verlangt; wenn dieses ein schlummerndes und ungewecktes Potential ist und darauf wartet, daß es aufgerufen wird, sich zu entfalten, sich zu aktualisieren. Der Nachdruck liegt also mehr auf der Immananz Gottes als auf der Transzendenz, insofern wir glauben, daß unser Sein eine Teilhabe an Gottes Sein ist in einer geschenkten und angenommenen Gegenseitigkeit.

2.2.5 Christologie

Jesu prophetischer Umgang mit allen menschlichen Randexistenzen, also auch mit Frauen, ist ein Hinweis auf und ein Sichtbarmachen von Gottes liebevoller Aufmerksamkeit für alle Menschen, und es zeigt, wie er die aufrichtet, über die man rücksichtslos hinweggeht. Aber wir gehen noch tiefer, wenn wir aus der feministischen Theologie den Protest heraushören gegen den kirchlichen Lehrsatz, daß Gottes Offenbarung mit Leben, Tod und Auferstehung Jesu Christi endgültig geworden und damit auch abgeschlossen ist. Die Theologie würde dann nichts anderes tun dürfen, als aus dem „depositum

fidei" zu deduzieren; und die einmal so gewachsenen Machtstrukturen, die Frauen von jeder Verantwortlichkeit und Heilsmittlerschaft ausschließen – und zwar, wohlgemerkt, unter Berufung auf das Mann-Sein Jesu! – können dann aufrechterhalten bleiben[15].
Feministische Theologie ist denn auch mehr induktiv und glaubt an eine weitergehende Inkarnation, die sich manifestiert in der Neugeburt aller Unterdrückten, aller Frauen, die soeben erst zu einer eigenen Existenz kommen, eine Stimme und ein Gesicht erhalten und zu ihrem eigenen Glaubensausdruck kommen. Gottes Menschwerdung geht weiter, und Jesus Christus hat uns sichtbar gemacht und vorgelebt, wie Gott sich der Macht entäußert, um dienstbar zu werden.

2.2.6 Pneumatologie

Als ich im Jahre 1975 in den Niederlanden die feministische Theologie bekanntmachen konnte[16] – noch sehr skizzenhaft und völlig in der Tributpflicht gegenüber der amerikanischen Literatur –, vermißte ich darin die Pneumatologie, wo ich doch meine, daß dort ein wichtiger Ansatz für eine Weiterentwicklung der feministischen Theologie zu finden wäre.
Wir wissen, daß „Geist" früher in den semitischen Sprachen mit einem Wort weiblichen Geschlechtes (ruach) benannt wurde, dann aber später auf seinem Gang in den Westen im griechischen „pneuma" zu einem Neutrum oder im lateinischen „spiritus" zu einem Masculinum gemacht wurde. Damit konnte die Dreifaltigkeit in vollständig männlichen Assoziationen zum Ausdruck gebracht werden.
Diese „ruach Jahwe" hat Platz machen müssen für den von Plotin entlehnten Logos im Johannesevangelium, das scheidende, schaffende, machtvolle Wort, das „clair et distinct" war gegenüber dem Fließenden, Mehrdeutigen der brütenden Taube, dem Symbol der Wärme und Fruchtbarkeit.
Es wird deutlich geworden sein, daß für mich feministische Theologie eine vornehmlich pneumatologische Theologie ist, welche die

---

15 Z.B. Mary Condren, siehe Anmerkung 4.
16 Tine (Govaart) Halkes, Feminist theology versus a patriarchal religion: Feminology. Proceedings of the Dutch-Scandinavian symposium on woman's position in society (Nijmegen 1975) 44–58.

Beweglichkeit von Gottes Handeln im Geist ans Licht zu bringen trachtet. Wenn wir auf das Rahmenwerk blicken, welches die drei Weisen von Gottes Offenbarung reflektiert: die Schöpfungstheologie, die Christologie und die Pneumatologie, dann konstatieren wir eine deutliche Unterbewertung der letzten. Es muß wieder zu einer fruchtbaren Wechselwirkung zwischen diesen dreien kommen, die dadurch den kommunikativen Aspekt in Gott zum Ausdruck bringt und das Gleichgewicht zwischen Gottes Transzendenz und Gottes Immanenz herstellt.

Dann erst kann auch die christliche Anthropologie ihre ganze Bedeutungstiefe gewinnen, nämlich unter diesem kommunikativen Aspekt der Trinität[17].

Noch anders gesagt: Von der Schrift her werden wir getroffen durch die vielen relationalen, das heißt Beziehungen zum Ausdruck bringenden Bilder und Strukturen wie Gott/Volk, Gott/Sophia (= Weisheit), Christus/Kirche usw. Diese Bilder und Strukturen alle verleihen Gott Ausdruck „in einem Reichtum von Beziehungen, welche Gestalt annehmen als Geschichte, als Begegnung und als Prozeß"[18]. Die Trinitätslehre ist Ausdruck dieses Beziehungsreichtums. Die anthropologische Konsequenz (denn der Mensch ist Bild Gottes!) wäre denn auch, daß auch der Mensch eine Struktur von Beziehungen darstellt und in diesem seinem Reichtum verstanden werden muß: In ihrer/seiner Existenz, in der Geschichte und in den Strukturen der Partnerschaft.

Mit allem Nachdruck will ich hier unter „Partnerschaft" alle Beziehungen und Strukturen von Gegenseitigkeiten zwischen Menschen untereinander verstehen zwischen den Geschlechtern, zwischen Menschen und der Natur, dem Kosmos, und – als Grundlage alles dessen – zwischen Menschen und Gott. Keine Beziehung, durch den der eine den anderen unterwirft, auch nicht jene einer „Komplementarität", in der jeder eine „feste" Natur hat und bloß noch einer

---

17 Dagny Kaul, Principal lines in feminist theology: The bible and our future, 22 ff. (Vgl. Anmerkung 3.) – Vgl. auch Kurt Lüthi, Gottes neue Eva 197 ff.
18 Kurt Lüthi, a.a.O.; vgl. auch Elisabeth Moltmann-Wendel, Partnerschaft. Studie zur Entwicklung des theologischen und kirchlichen Partnerschaftsbegriffes seit 1945: Claudia Pinl u.a., Frauen auf neuen Wegen (Gelnhausen 1978); Letty Russell, The Future of Partnership (Philadelphia 1979).

Ergänzung bedarf, während aber die Rangordnung schon festgelegt ist; sondern vielmehr eine Vielzahl von unterschiedlichen Beziehungen, bei der es – auf welche verschiedenartige Weise auch immer – um ein Geben und Empfangen, um wachsenden Reichtum und Ganzwerdung geht.

2.2.7 Ethische Gesichtspunkte

Sexismus ist sowohl eine anthropologische, psychologische Sünde wie ein strukturelles Übel; auf beiden Ebenen müssen wir uns bekehren. Uns bekehren von einem patriarchalischen Verhalten; der „Mächtige" zwingt anderen seinen Willen auf und betrachtet ihn als sein Eigentum; uns bekehren von Androzentrik: solange unsere Kultur oder Politik den Mann in den Mittelpunkt stellt, bleiben Frauen am Rande; uns bekehren von einem maskulinistischen Dualismus, der aus Frauen nicht bloß „die anderen" macht, sondern der sie dadurch degradiert, daß er auf sie alle die Züge projiziert, die Männer nicht in sich selber zu kultivieren wagen, die sie darum zu Werten zweiten Ranges machen und den Frauen zuschreiben.

In dieser Degradierung und übrigens überhaupt in dem Definiertwerden des weiblichen Geschlechtes durch das männliche steckt eine Verdinglichung, eine Objektivierung (im Sinne von Abwertung zum Ding, zum Objekt!), die einer wirklichen Beziehung auf Gegenseitigkeit zwischen beiden im Weg steht. In einem vortrefflichen Artikel „The personalization of human sexuality" hat Rosemary Ruether dargelegt, welcher Art der Weg der Befreiung sein muß, wenn wir jemals frei werden wollen von männlicher Vorherrschaft und zu echter Gegenseitigkeit gelangen wollen[19].

Weder die sogenannte sexuelle Befreiung noch die heuchlerische doppelte Moral bieten einen Ausweg. In Romanen und Gedichten bekundet sich ein deutliches Suchen von Frauen nach Zärtlichkeit, nach uneigennütziger und spielerischer Erotik, die nicht zwangsweise auf ein Produkt, auf den Orgasmus, hinauslaufen muß, nach Gegenseitigkeit als Spiel ohne „diesen verfluchten genitalen Ernst, den ich noch niemals begriffen habe"[20].

---

19 Eugene G. Bianchi und Rosemary Radford Ruether, From Machismo to Mutuality (New York 1976) 70–87.
20 Verena Stefan, Ontwenning (1975); deutsche Ausgabe: Häutungen (München 1975).

Feministische Theologie ist deswegen eine Befreiungstheologie, weil sie – in wie verschiedenen kulturellen, psychologischen und gesellschaftlich-politischen Kontexten auch immer – helfen will, die unselige Scheidung, Polarisierung und Degradierung zwischen den beiden Geschlechtern aufzuheben: dadurch, daß sie das „weibliche" Prinzip in Männern frei macht, so daß auch sie ganzheitlich werden; dadurch, daß sie dem „weiblichen" und dem „männlichen" Prinzip zugleich in Frauen allen nur möglichen Raum gibt, mit anderen Worten: dadurch, daß sie Frauen zu Personen ausreifen läßt, die sich selbst definieren; dadurch, daß sie die Strukturen humanisiert und sie befreit von den harten, maskulinen, konkurrierenden Zügen (ich denke hier unter anderem an die Wirtschaft, die Ökologie, die Technologie, an Krieg und Frieden[21], durch eine Überwindung der Stereotypen „weiblich" und „männlich" und ihre Umformung zu einer reichen vielfältigen Verschiedenheit des „Menschlichen").

3. Umgang mit der Schrift[22]

Es ist deutlich erkennbar, daß der Feminismus als Äußerung radikaler Veränderung in einer existentiellen, geistig-leiblichen Erfahrung von Frauen umfangreiche hermeneutische Fragen hervorruft. Die hermeneutische Spirale findet ihren Grund in der Geschichtlichkeit der menschlichen Existenz und daher auch allen menschlichen Verstehens. Dies Letzte impliziert auch eine Form von Selbstverstehen, das heißt: die eigene Existenz spielt eine hermeneutisch-kritische Rolle.

Es geht hier also darum, daß die feministische Theologie ein empfängliches, kritisches und konfrontierendes (in dieser Reihen-

21 Daß der Feminismus als Kulturkritik und Gegenkultur ein unverzichtbarer Partner ist im Gespräch über „Glaube, Wissenschaft und die Zukunft", um zu einer tragbaren Gesellschaft zu gelangen, will nur mühsam ins allgemeine Bewußtsein durchdringen, selbst was die Konferenz des Ökumenischen Rates der Kirchen zu diesem Thema in Boston 1979 betrifft. (Vgl. die „Preparatory Readings" für diese Konferenz über „Faith, Science and the Future", Genf 1978.)
22 Vgl. C.J.M. Halkes, Gott hat nicht nur starke Söhne (Gütersloh 1980). Ich verweise auch noch auf die Publikationen von Maria De Groot u.a., Schritte auf dem Weg zur Menschwerdung: Claudia Pinl u.a., Frauen auf neuen Wegen (Gelnhausen 1978) 201–220; Ds., in: Halkes u. Buddingh (Hg.), Als vrouwen aan het Woord komen (^{2}1978) 27–43 und 47–53.

folge!) Gespräch aufnimmt mit den Texten aus der Heiligen Schrift und dadurch berechtigt wird zur Auswahl zwischen den patriarchalischen, kulturbestätigenden Texten, in denen es um die Nicht-Person der Frau geht, und den Texten, in denen das befreiende Handeln Gottes auch im Hinblick auf die Menschwerdung von Frauen gnädig durchbricht.

In dem Spannungsfeld von eigenem Vorverständnis, Interpretation und Kritik an der bestehenden Kirchen-, Glaubens- und Theologie-Ordnung müßten wir uns vor zwei Fallstricken hüten:

1. Unterschätzung: Unser Vorverständnis kann zu einem Vorurteil, zu einer voreiligen Parteinahme verkommen, dadurch nämlich, daß wir davon ausgehen, daß in einem Kontext patriarchalischer Kultur die Gottesoffenbarung überhaupt keine befreiende Botschaft für Frauen als eigenständige Personen beinhalten könne.

2. Überschätzung: Unser Verlangen, in der Schrift auch für rebellische Frauen Inspiration und Identifikation zu finden, kann feministische Theologen zu einer gewissen „Eisegese", einer „Einlegungskunst", verführen, die an der Realität vorbeigeht, daß der Kontext der Schrift ein beschränkter ist, daß das von Frauen gezeichnete Profil und die ihnen in den Mund gelegten Worte von Männern gemacht sind, die noch keine Ahnung haben konnten von dem heutigen historischen Geschehen: daß Frauen aufgestanden sind, um menschliche Personen, Subjekte zu werden, nicht festgelegt auf ihre leibliche Verfassung und ihre Möglichkeit, Mutter zu werden.

Jede Theologie, auch die feministische, impliziert ein schöpferisches Suchen nach einer Glaubensantwort. Schrift und Tradition können den Zugang öffnen und die Richtung weisen auf eine neue gläubige Kreativität hin, die sich entfaltet inmitten einer völlig neuen Situation[23]. Die Exegetin Phyllis Trible sagt es noch anders: Kontexte können Texte verändern und sie befreien aus eingefrorenen Konstruktionen[24]. Gottes Bund mit der Menschheit, mit seinem

---

23 E.C.F.A. Schillebeeckx, Het christelijk huwelijk en de menselijke realiteit van volkomen huwelijkkontwrichting: Th.A.G. van Eupen (Hg.), (On)ontbindbarheid van het huwelijk: Annalen Thijmgenootschap 58 (1970) 207f. – E. Schillebeeckx, Geloffsverstaan, interpretatie en kritiek (Bloemendaal 1972) vor allem 186–216.
24 Phyllis Trible, God and the rhetoric of sexuality (Philadelphia 1978) u.a. 3, 4, 202.

Volk, Gottes liebevoller Umgang mit dem Menschen in einem Liebesspiel, Jesu Tabus durchbrechender Umgang mit Frauen sind die Spuren, die Frauen die Richtung weisen. Die feministische Theologie wird auf die Erfahrung heutiger Frauen und auf ihre Praxis reflektieren müssen und in diesem heilsgeschichtlichen Ereignis das Universale und das Kontingente unterscheiden müssen.

4. Dialog

Zum Schluß noch dies eine: Wie sehr auch zeitweilige und örtliche Absonderung für Feministinnen nötig ist, damit sie einander informieren, ihre Erfahrungs- und Denkprozesse ordnen, ihre Hoffnung und Erwartung angemessen und verständlich zum Ausdruck bringen, ihre Pläne und Strategien entwickeln und ihre Beziehung zu Gott, zueinander und zur Welt auf neue Weise feiern können, so sehr wächst auch, so meine ich, das Bedürfnis nach einem Dialog mit anderen Befreiungstheologen und mit Theologen, für welche die Situation in der Welt und in den Kirchen Ausgangspunkt ihrer Glaubensreflexion ist. Theologie als Dialog! Um diesen Dialog für jeden Gesprächspartner fruchtbar zu machen, scheinen mir unter anderem zwei Dinge notwendig:
1. Eine Haltung der Offenheit und der neugierigen Bereitschaft zuzuhören; das „In-Anführungszeichen-Setzen" der eigenen theologischen „Standpunkte"; eine Empfänglichkeit, etwas auf sich einwirken zu lassen und sich auf einen Gedankengang einzulassen, ihn mitzuvollziehen; ein vorläufiges Absehen von Argumenten, um recht zu bekommen, und gewiß von einer (ver)urteilenden Haltung dem anderen gegenüber. Wenn man sich diese Vorbedingungen nicht zu eigen machen kann, darf man noch keinen Dialog beginnen und ist man bloß „tauglich", das scharf schneidende Messer der Debatte zu führen, der Diskussion in aller Buchstäblichkeit. Dem Dialog ist es nämlich eigen, daß die Partner sich gegenseitig bereichern. Es geht dabei nicht darum, „als Sieger oder Besiegter aus dem Gespräch hervorzugehen, sondern als veränderter Mensch"[25].
2. Dies ist nicht nur eine die äußere Haltung betreffende Notwendigkeit, sondern auch eine Vorbedingung für das inhaltliche Gelingen

---

25 Kurt Lüthi, a.a.O. 53; Catharina J.M. Halkes, De horizont van het pastorale gesprek (Haarlem 1977) 15f.

des Dialogs. Denn im Gespräch mit der feministischen Theologie ist eben „das Fremde" eine inhaltliche Kategorie und gleichzeitig ein hermeneutisch-theologisches Prinzip, das neue Erfahrungsräume eröffnen kann. Nicht das Selbstverständliche, sondern das Fremde ist der hermeneutische Ursprung von Wirklichkeitserschließung[26]. Diese dialogische Offenheit gilt in unserem Fall in erster Linie für das Gespräch zwischen verschiedenen feministischen Theologen selbst, die ihre eigenen Wege gehen: zum Beispiel Daly, Ruether, Russel (im Jahre 1979 sind von jeder von ihnen noch neue Publikationen erschienen[27]). Noch notwendiger aber ist diese dialogische Offenheit für das Gespräch zwischen der feministischen Theologie, die sich zu entwickeln beginnt in Lateinamerika und innerhalb der „Schwarzen Theologie" einerseits, und uns westlichen feministischen Theologen andererseits. Ich hoffe aber auch weiterhin auf zuhörende männliche Theologen, deren jedes Land wohl einige hat[28].

Ich sage dies nicht in erster Linie, weil auch die feministische Theologie auf die Dauer ebenso wie alle kritischen Theologien verifiziert oder falsifiziert werden muß; sondern eher um ihre Entwicklungsmöglichkeiten auszuweiten und um ihre Entfaltungsweise auf die männliche Theologie einwirken zu lassen, die dann vielleicht ihre Selbstsicherheit nach einem Monolog von zweitausend Jahren verliert. Dann könnte es geschehen, daß wir es wagen, uns miteinander in einen Prozeß zu begeben, in dem wir einander zu verstehen beginnen und dadurch dem Dienst der Versöhnung, der Befreiung und des Friedens auf je eigene Weise Gestalt verleihen.

---

26 In seiner Besprechung des Buches von R. Friedli, Fremdheit als Heimat (Zürich 1974) in: „Saamhorig" (Blatt des „Nederlands Raad van Kerken") 3 (1978/10) inspirierte H.J. van Hout mich zur Nennung der Kategorie „des Fremden".
27 Vgl. Carter Heyward, Ruether und Daly: Theologians – Speaking and Sparking, Building and Burning: Christianity and Crisis, Vol. 39, No 5 (2. April 1979) 66–72.
28 Um mich bloß auf niederländische Autoren zu beschränken, deren Publikationen der Befreiung von Frauen, auch in theologischer Hinsicht, zugute gekommen sind, nenne ich nur: René van Eyden, Auke Jelsma.

Maria Agudelo

Die Aufgabe der Kirche bei der Emanzipation der Frau

1. Einleitung

Eine Sythese eines derart umstrittenen Themas zu erarbeiten, und dies für Leser aus allen Kulturen, erschien mir unklug und unmöglich, noch bevor ich es versucht hatte. Die Situation der Frau in der Kirche wie in der Gesellschaft verändert sich ständig; sie ist im Westen anders als im Osten; sie hat in Lateinamerika ganz besondere Nuancen; sie weist in Afrika wieder andere Merkmale auf. Zum anderen: was kann ich sagen, was für die Frauen in Mitteleuropa und Nordamerika interessant wäre, mit meiner persönlichen und lateinamerikanischen Einstellung zum Thema, mit einer Position, die, wie mich die Erfahrung gelehrt hat, ängstlich, zu gemäßigt, einseitig, zu allgemein oder trivial erscheint, wenn ich sie bei Tagungen oder Konferenzen darlege?
Um mein Denken ehrlich zum Ausdruck zu bringen, muß ich zu allererst folgendes sagen: wenn ich auch keiner organisierten feministischen Bewegung angehöre und auch keiner „Anti"-Bewegung, so sympathisiere ich doch mit dem, was man den „zweiten Feminismus" genannt hat: jenen Feminismus, der nicht versucht, in der Männerkirche (Kirche verstanden als menschliche Gesellschaft) einen Platz für die Frau zu suchen, sondern darum bemüht ist, immer mehr zu verstehen und verständlich zu machen, daß die Kirche ein Ort von Männern und Frauen sein muß, und durch eine aktive, bewußte und zugleich mutige Präsenz dazu beizutragen, daß diese Kirche sich zum Nutzen aller verändert, so daß eine wirkliche Umkehr stattfindet. Es ist die umfassende, tiefgreifende Umkehr, die der Geist von uns verlangt und die dazu führt, daß wir uns vorrangig für die am meisten Ausgeschlossenen interessieren. In diesem Sinne verstehe ich, was Paul VI. aussprach mit seiner Rede von einem „tieferen Ziel ... als der bloßen rechtlichen Gleichstellung...", einem Ziel, das Männern und Frauen erlaubt, ihre Reichtümer und ihre eigene Dynamik zum Aufbau einer nicht nivellierten, sondern

geeinten Welt zusammenzutun". Und dies als etwas, „das nicht mit Hilfe von Programmen zu machen ist, die oben von einer Elite konzipiert worden sind", sondern das „ein Heranreifen und eine Überprüfung des Lebens in den Ortsgemeinden" erfordert[1].

Wenn ich mich nun also dazu entschließe, über das Thema zu schreiben, so deshalb, weil es mir wichtig scheint, rechtzeitig über die theoretischen Elemente nachzudenken, die in diesem Feld der Umkehr die Koordinaten bilden. Ich tue es, weil ich mit einer ehrlichen Bemühung zu der allgemeinen Aufgabe beitragen will, eine Kirche des Dienstes, eine Kirche des Sauerteigs, eine Kirche des Reiches der Solidarität aufzubauen.

Vielleicht ist auch die Bemerkung von Interesse, daß ich kein feministisches Vokabular besitze. Das soll nicht heißen, daß ich die Bedeutung der Struktur der Sprache für unser Thema geringschätze. Der Kontakt mit ernstzunehmenden Gruppen wie „Femmes et Hommes dans l' Eglise" war in dieser Hinsicht für mich sehr wertvoll. In der Tat: wer entdeckte nicht zum Beispiel in der grammatikalischen Kongruenz des Spanischen, im Fehlen des Wortes „sororidad" (= Schwesterlichkeit) parallel zu „fraternidad" (= Brüderlichkeit), im geläufigen Gebrauch des Wortes „hombre" (= Mensch) für den Mann usw., in welchem Maße die Sprache eine Denkhaltung zum Ausdruck bringt, die von einem durch die Spuren einer „machistischen" Kultur strukturierten kollektiven Unbewußten geprägt ist?

2. Ein Versuch der Objektivität

Wir alle gewöhnen uns immer mehr an die äußerst harte Kritik, die der Kirche wegen ihrer Einstellung zur Frau sowohl von außen als auch von innen entgegengebracht wird. Mir erscheint jedoch die Feststellung sachlich geboten, daß wir uns, wenn wir unsere Fehler auf diesem Gebiet anerkennen, auch vor Augen halten müssen, daß die Gesellschaft im allgemeinen und Personen und Organisationen außerhalb der Kirche von denselben Fehlern nicht frei sind. Dies soll nicht dazu dienen, das Problem zu entschuldigen oder zu umgehen, sondern helfen, es tiefer zu verstehen. Nur eine Angabe: 1975, im Internationalen Jahr der Frau, beschäftigten die Vereinten Nationen, von denen diese Proklamation ausging, ein Personal von

---

1 Osservatore Romano v. 19. April 1975.

etwa 40000 Personen, von denen die Hälfte Frauen waren. In diesem Heer von Angestellten gehörten zu der höheren Kategorie 80 % Männer, während in der unteren Kategorie 70 % auf Frauen entfiel. Unter den 35 ersten Beamten gab es nur eine Frau, und auf der zweiten höheren Ebene standen acht Frauen 292 Männern gegenüber. Aber Objektivität ist auch von dem anderen Blickwinkel her wichtig: auch wenn es richtig ist, daß im Christentum die Frau als ganzheitliche Person erscheint und die Gestalt Marias für die Menschheit den Prototyp der freien und endgültigen Frau entworfen hat, so ist doch nicht zu leugnen, daß zwischen der Theorie und der Praxis sehr düstere Grauzonen bestehen; daß die offizielle Kirche die besten Ergebnisse der Humanwissenschaften über die Weiblichkeit nicht einmal in ihre Theorie aufgenommen hat; daß die sakralisierten Strukturen – wie das Kirchenrecht und die Liturgierichtlinien – nicht wenig dazu beigetragen haben, unter den Gläubigen die Frau als zweitrangig einzuordnen; und schließlich, daß die Frau in den meisten Ortskirchen noch immer eine Hilfsfunktion erfüllt und nicht eine Arbeit der wirklichen Beteiligung an der Seelsorge leistet.

3. Grauzonen zwischen Theorie und Praxis

Für die Kirche müßte der Feminismus ein Faktum, ein Zeichen der Zeit sein, etwas, das nicht aus ihrer Mitte hervorgegangen und auch nicht mir ihrer Billigung entstanden ist, sondern sie durch sein bloßes Vorhandensein in der Welt herausfordert. Die Frage besteht also nicht darin, ob sie dafür oder dagegen ist – um so mehr als der Feminismus als Anerkennung der Würde der menschlichen Person und als Weg zur Brüderlichkeit einen ganz authentischen christlichen Stempel trägt –, sondern die Frage lautet, wie sie das Zeichen zur Erfüllung ihrer Mission als Dienerin und Sauerteig einer neuen Menschheit interpretieren wird. Das heißt angesichts der Tatsache, daß der Ruf nach einer anderen Sicht und Anerkennung der Frau immer stärker wird, muß diese Dynamik auf das Ziel einer neuen Beziehung zwischen Mann und Frau und damit auf eine neue Gesellschaft und eine neue Kirche hingelenkt werden.

Dies wird von der offiziellen Kirche verstanden und zum Ausdruck gebracht. Ich zitiere einen Text aus „Gaudium et Spes", der so große Hoffnung in uns Frauen erweckte: „Jede Form einer in den Grundrechten der Person vorgenommenen Diskriminierung... wegen des Geschlechts... muß überwunden und beseitigt werden, da sie dem Plane Gottes widerspricht" (Nr. 29). Wir fragen: Hat dieser Text rechtliche Bedeutung erlangt? Ist er, was seine Anwendung betrifft, bloß ein frommer Wunsch geblieben?

In dieser Hinsicht ist es sehr interessant, einen Abschnitt der Bischofssynode von 1971 zu untersuchen, der zu denken gibt, vor allem, wenn man seine Entstehung berücksichtigt: „Wir dringen darauf, daß die Frauen im gemeinschaftlichen Leben der Gesellschaft und auch der Kirche den ihnen gebührenden Anteil an Verantwortung und Beteiligung bekommen"[2]. In der ersten Fassung der zweiten Abstimmung über den Text gab es einen Zusatz, der dann gestrichen wurde: „daß die Frauen im gesellschaftlichen Leben und in der Kirche einen Anteil an Verantwortung und Beteiligung bekommen, die denen der Männer gleich sind". Dieser Zusatz hätte grundlegende Veränderungen bewirkt – es war utopisch anzunehmen, daß er durchkommen würde, und er kam auch nicht durch. Nicht, daß die Bischofssynode die Lehre von „Gaudium et Spes" verworfen hätte. Eher zögerte sie, aus dem Grundsatz alle Konsequenzen für das Leben der Kirche zu ziehen. Daher schlug sie vor, daß die Angelegenheit durch eine Kommision eingehender untersucht werden sollte. Und in der Tat wurde daraufhin die Päpstliche Kommission über die Rechte der Frau in Gesellschaft und Kirche gebildet.

Doch der Text in seiner endgültigen Formulierung ist interessant: „Wir dringen ... darauf, daß die Frauen den ihnen gebührenden Anteil an Verantwortung und Beteiligung bekommen". Der Satz steht im Kapitel über „Die Verwirklichung der Gerechtigkeit", in dem Abschnitt, der vom „Zeugnis der Kirche" handelt: „Wenn die Kirche von der Gerechtigkeit Zeugnis ablegen soll, erkennt sie an, daß derjenige, der den Menschen von Gerechtigkeit reden will, in den Augen der Menschen gerecht dastehen muß". Wenn sie also die Anerkennung der Rechte und Verantwortlichkeiten der Frauen in der Kirche bekräftigt, so muß sie ein ehrliches Beispiel geben, indem sie sich bemüht, Gerechtigkeit und Recht in ihrer eigenen Mitte zu verwirklichen. Daher das Prinzip fundamentaler Gerechtigkeit: jedem das Seine und folglich den Frauen der ihnen gebührende Anteil von Verantwortung und Partizipation. Damit, scheint mir,

2 De justitia in mundo, III, 41–44.

fällt man wieder dem so verbreiteten Fehler zum Opfer, der Frau Eigenheiten zuzuschreiben, die schließlich ihre fundamentale Gleichheit negieren. Denn wenn die „Unterschiede" so „spezifisch" werden, rechtfertigen sie die Diskriminierung. Man redet von ihrem Anteil als Frau und nicht von einem Anteil, der dem des Mannes gleich ist.

4. Das Wertvolle der Humanwissenschaften aufnehmen

Und so stecken wir bereits im Thema des spezifisch Weiblichen in seiner Beziehung zu veränderlichen historischen und kulturellen Daten. Dieses Thema ist mitreißend, aber andere haben es bereits in diesem Buch berührt, und es ist nicht das Thema, das man mir zugewiesen hat. Eines ist offensichtlich: es würde uns allen gefallen, wenn die Kirche bei der offiziellen Behandlung des Themas die wissenschaftlichen Erkenntnisse berücksichtigte und dann natürlich aus diesen Erkenntnissen die Konsequenzen ableitete. Zweifellos ist dies nicht einfach, denn es bleibt noch vieles zu klären, und die Diskussionen nehmen oft ideologische Färbungen an. Ein langer Weg muß noch zurückgelegt werden in der Theologie der Sexualität, in der Vertiefung des Themas der Berufung usw., und es gibt noch keine ausreichende Zusammenarbeit von Theologinnen. Zum anderen hat eine jahrhundertelange Tradition in der Frömmigkeitsliteratur über die Jungfrau Maria, in der die Passivität und das Leben im Verborgenen heiliggesprochen wurden, die Frau lange Zeit von ihrer Teilnahme und Verantwortung ferngehalten und das Bild vom zarten und schwachen weiblichen Wesen verstärkt, das zum unselbständigen, niedrigen Dienst berufen ist und um so mehr Frau ist, je größer seine Fähigkeit zur Entsagung um des Mannes willen ist.
Manchmal durchbricht die Kirche offiziell dieses Schema, was eine heilsame Wirkung auf allen Ebenen haben müßte, besonders in der Pastoral. Weithin bekannt ist dies im Fall des von Paul VI. gezeichneten Bildes von der Jungfrau Maria als Quelle der Anregung für die Frau von heute, „die den Wunsch hat, sich mit Entscheidungsbefugnis an den Optionen der Gemeinde zu beteiligen; sie wird mit tiefer Freude die Heiligste Jungfrau betrachten, die – zum Dialog mit Gott herangezogen – ihre aktive und verantwortliche Zustimmung gibt nicht zur Lösung eines beliebigen Problems, sondern zur Lösung des Werkes der Jahrhunderte..., der Inkarnation".

Aber wie kann man Maria als Beispiel für die sich beteiligende und entscheidende Frau in der Menschheitsgeschichte hinstellen, ohne sich die Frage zu stellen: und warum nicht auch jetzt?

5. Die Strukturen

Es gibt eine allgemeine Klage, die sich wie ein Schrei gegenüber der Kirche erhebt: während sich in der ganzen übrigen Welt seit einem Jahrhundert die Gesetzgebungen zugunsten der Frau verändert haben, blieb das Kirchenrecht jahrzehntelang in seiner Substanz stets gleich, und jetzt wurde es ohne die Frau, die weder in der Kommission noch unter den Beratern vertreten war, revidiert. Die liturgischen Richtlinien, die übrige schriftliche Gesetzgebung und die interne Organisation werden meiner Ansicht nach auf einer Ebene beibehalten, die zwischen Konzessionen, Ängstlichkeit und Unkenntnis der Situation schwankt. Eines ist allen völlig klar: die Kirche kann der feministischen Herausforderung nicht ausweichen, und diese besteht nicht nur darin, die Priesterweihe zu verlangen. Es geht nicht darum, einige Vorteile zu erreichen, nicht einmal denjenigen, der selbst für jene, die nicht darum kämpfen, den Symbolcharakter eines „gordischen Knoten" des institutionellen Widerstandes besitzt. Nicht die Verordnungen sind es, die die Situationen verändern. Es ist etwas ganz und gar anderes, das Männer und Frauen fordern, etwas, das auch und vor allem im gemeinsamen Handeln und in der Interpretation der Wirklichkeit, in Reflexion und Gebet gesucht werden muß, im Bemühen, in all dem zu entdecken, was es heißt, daß „in Christus weder das Männliche noch das Weibliche zählt" (Gal 3,28). Denn die Tatsache, daß man die Gleichheit der Frau vor Gott theoretisch anerkennt, bewirkt noch nicht, daß die Gleichwertigkeit im konkreten Leben der Menschheit anerkannt wird. Dies wird erfordern und erfordert bereits jetzt eine Askese – und nicht nur einen Kampf – über Jahrhunderte. Damit es Veränderungen auf der Ebene der Strukturen und der realen Situation geben kann, werden tiefgreifende Veränderungen auf der Ebene der Bilder und der Denkweisen notwendig sein.

6. Beteiligung an der Pastoral

Das Wesentliche unserer Bemühung als Kirche zielt darauf ab, daß die Frau vom Einfluß zur Verantwortung gelangt.

Auf der Ebene der Gesellschaft im allgemeinen darf man Feminismus nicht weiter mit Scheinbefreiung verwechseln, mit dieser kompensatorischen Reaktion, welche dazu führt, daß die Frau sich mit dem Mann vergleicht und ihm zu gleichen sucht, weil sie ihr Anderssein nicht akzeptiert, so als ob letzteres hieße, die eigene Unterlegenheit zu akzeptieren. Daher nimmt das Thema der Arbeit unter den zu vertiefenden Themen einen wichtigen Platz ein. Eine Arbeit, nicht konzipiert im Rahmen der „auf falsche Weise idealisierten" Frau, die nur imstande ist, Tüchlein zu weben und zu kochen, sondern eine Arbeit, die sowohl im Hinblick auf die Kinder als auch im Hinblick auf die Veränderung der Welt und die persönliche Verwirklichung gedacht werden muß. Und dies ebenso bei der beruflichen Arbeit wie bei der Verteilung der Hausarbeit und der Erziehungsaufgaben mit den sich daraus ergebenden Konsequenzen für die Organisation der Familie und der gesamten Gesellschaft.

Das gleiche gilt für die Ebene der Mission der Kirche. Wir versuchen, dort präsent zu sein, wo das Schicksal der Beziehung Mann-Frau, ihrer Glaubwürdigkeit und ihres Dienstes an der Menschheit in Frage steht. Noch einmal, dies ist keine Frage der Gesetzgebung oder der Verordnungen. Nicht die Entscheidung der Autorität, sondern die geduldige, besonnene und koordinierte Bemühung des ganzen Volkes Gottes, einschließlich der Autorität, wird dies erreichen. Wir fragen uns jedoch alle, wie lange diese Autorität noch allein in der Hand von Männern bleiben soll.

Es gibt eine große Zahl von Frauen, die in der Kirche die frustrierende Erfahrung mit etwas machen, vom ich nicht weiß, ob ich es „unverantwortliche Autorität" oder „Verantwortung ohne Autorität" nennen soll. Früher oder später werden wir zu einer verantwortlichen, kollegial auftretenden, im Dienst der Mission der Kirche stehenden Autorität kommen müssen, mit deren Hilfe Männer und Frauen zusammen den Weg suchen, „die Wahrheit in der Liebe zu tun".

Schon 1974 drängten wir Ordensfrauen, die wir bei einem Treffen in Petropolis (Brasilien) zusammengekommen waren, um die Beteiligung der Ordensfrau am Internationalen Jahr der Frau vorzubereiten, auf die Übernahme von Verantwortung, die den Frauen gebührt, und auf die Erziehung zu dieser Verantwortung; dabei gingen wir von der grundlegenden Voraussetzung aus, daß Bischöfe und Priester uns verstehen würden.

Aber dies Verständnis ist nicht zum Allgemeingut geworden. Es gibt eine recht häufige Art von Dialog, die dies belegt. Dialog zwischen einem Mann, der kirchlicher Würdenträger ist, und einer Frau mit dem Wunsch nach Beteiligung – für beide Teile endet der Dialog normalerweise mit Uneinigkeit. Er fragt: „Aber was möchten Sie denn eigentlich? Spielen Sie denn nicht schon eine aktive Rolle in der Liturgie, sind Sie nicht Mitglieder von Seelsorgeteams, Pfarrvikariaten und sogar Generalvikariaten? Hat man Ihnen nicht Studentengemeinden anvertraut? Bringen Sie Ihre Energien nicht schon in vielfältige soziale Dienste ein, leiten Sie nicht Exerzitienhäuser, sind Sie nicht Missionarinnen in einer Art und Weise, wie sie früher dem Mann vorbehalten war?" Worauf sie ins Feld führt: „Ja, aber... man läßt uns nicht in der Pastoral mitarbeiten, wo strategische Entscheidungen getroffen werden, Optionen, die möglicherweise alles verändern, was getan wird, und die Kirche auf andere, wesentlichere Entscheidungen hinlenken könnten. Man kann eine Ernennung bekommen, ohne sich wirklich verantwortlich zu fühlen."

Im tiefsten Kern dieser Einstellung liegt weder stolze Unabhängigkeit noch eine aus psychischer Frustration erwachsende Anspruchshaltung, sondern der ehrliche Wunsch nach einer Kirche des Zweiten Vatikanums, einer Kirche der Präsenz und des Dienstes, in der das Wesentliche nicht eine Autorität ist, die anordnet, organisiert und sich von Untergeordneten helfen läßt, sondern eine Autorität, die mit Männern und Frauen tätig wird auf der Suche nach einer besseren Menschheit, welche die Erlösung annimmt und gegenwärtig macht.

All dies bringt seine Schwierigkeiten mit sich: Damit die Frauen „einen Anteil an Verantwortung und eine Beteiligung im gesellschaftlichen Leben und in der Kirche bekommen, die denen der Männer gleich sind", ist eine objektive, entideologisierte Information vonnöten. In dieser Hinsicht ist eine konkrete Information einer rein theoretischen, abstrakten Information vorzuziehen. Es ist wichtiger zu zeigen, daß eine Frau in diesem oder jenem Bereich der Kirche wertvolle Arbeit leistet, als sich mit dem Nachweis aufzuhalten, daß sie es tun könnte.

Auf seiten der Frau besteht auch das Problem der Erziehung. Mancherorts sind ihr nicht die gleichen Möglichkeiten gegeben wie dem Mann. Man darf nicht vergessen, daß in den unterentwickelten Ländern sie in größerem Maße als er unter den Folgen der globalen Unterdrückung zu leiden hat. Wenn die Frauen die Chance zu einem angemessenen weiterführenden Studium, besonders dem der Theologie, haben, besteht die Möglichkeit besserer Voraussetzungen für den Dialog mit Bischöfen und Priestern, die jahrelang in Seminaren und Universitäten ausgebildet und von den Schemata der Kultur des Buches geprägt worden sind. In dieser Hinsicht wird die Ordensfrau optimale Voraussetzungen mitbringen. Mir erscheint daher die Feststellung erlaubt, daß schon seit fast zwanzig Jahren die Ordensfrauen in ihrer Gesamtheit sich am meisten fortentwickelt haben im Sinne neuer Formen des Dienstes in der Kirche, neuer Formen der Autorität und Verantwortung und neuer Formen der Spiritualität in Verbindung mit der Armut und den Hoffnungen der Völker auf eine allumfassende Befreiung und soziale Gerechtigkeit.

7. Die Ämter

All dies leitet zur Frage der Ämter über. Im Sinne einer Ekklesiologie, welche die „ganze Kirche als Amtskirche" betrachtet mit einer großen Vielfalt von Diakonien, welche der Geist in ihrer Mitte erweckt, gelten die vom Bischofs- und Priesteramt verschiedenen Ämter nicht mehr als bloße Ergänzung oder subalterne oder sekundäre Mitwirkung in bezug auf ein einziges priesterliches (hierarchisches) Amt, sondern ein jedes Amt ist ein unersetzbarer, vom Geist erweckter Dienst, der seine eigene Würde und Bedeutung besitzt und von der Hierarchie der Kirche im Sinne des Gemeinwohls koordiniert und gebührend geschätzt werden muß.
Die den Frauen anvertrauten Ämter dürfen nach dem Gesagten nicht ohne wirkliche Verantwortung und Entscheidungsbefugnis sein, denn dies würde die Situation der Unterlegenheit, der Unfähigkeit der Frau als bloßes Instrument und bloße Hilfe des Mannes aufrechterhalten. Man beachte, daß ich nicht von „weiblichen Ämtern" spreche, weil dies, so meine ich, leicht in Diskriminierung ausarten oder diese verstärken würde.
Die Rolle der Frau in der Kirche hat ihren Ort innerhalb der Rolle der Laien. Ohne die erreichten Fortschritte zu leugnen, dürfen wir nicht verkennen, daß eine der gesellschaftlichen Sünden der Kirche die „Klerikalisierung" ist. Hierfür muß man wohl einen Nachweis historischer Art erbringen. Die neue Kirche bei uns (ich meine in Lateinamerika) mit der Stoßkraft der kirchlichen Basisgemeinden macht die Beteiligung des Laien, als Mann und Frau, an der Verwirklichung

des Heilsauftrags der Kirche, der ihr Dienst an der Welt ist, effektiv und real. Und dies nicht durch einen bischöflichen Erlaß (obgleich man in vielen unserer Kirchen vom Verständnis der Bischöfe mit echter Seelsorgeerfahrung ausgehen kann, wie sich in Puebla gezeigt hat), sondern auf reale Weise in den Aspekten selbst, unter denen die grundlegenden Optionen erarbeitet werden, welche die Menschheit herausfordern.

Die Tradition der Kirche ist als Beitrag zu all dem unersetzbar, vorausgesetzt allerdings, daß sie wieder eine Kirche wird, die sich nicht mit der Hierarchie identifiziert, sondern sie als solche achtet; eine Kirche, die nicht meint, auf alle Fragen eine Antwort parat zu haben, sondern danach sucht; eine Kirche, die nicht klerikal ist – sondern Volk Gottes.

Eine solche Kirche, die der Geist Gottes im Volk entstehen läßt, bejaht und vertieft die Linien eines entschiedenen Feminismus: Wertschätzung und gegenseitige Anerkennung von Männern und Frauen, die gemeinsam für das Reich arbeiten.

Aus dieser Konzeption der Ämterkirche ergibt sich einer der Gründe, die man auf der Ebene des Subkontinents geltend macht, nicht jetzt direkt für das Priestertum der Frau zu kämpfen: man fürchtet die Verstärkung klerikaler Macht.

Das eben Gesagte hindert uns nicht, die Frage des weiblichen Priestertums als wichtig anzusehen, da sie so bezeichnend ist. In ihr liegt tatsächlich der Prüfstein für die Position in bezug auf die Frauen und die Beziehungen zwischen Mann und Frau. Vielleicht läßt sich vorhersagen, daß man in dem Maße, wie die Einstellung zur Sexualität tiefer und besonnener wird, zu einer völligen Anerkennung der Würde der Frau in Kult und Amt gelangen wird.

Wir Lateinamerikanerinnen haben mit Interesse die Entwicklung verfolgt, mit Besorgnis einige Rückschritte beobachtet, mit Respekt die päpstlichen Entscheidungen angenommen, und es gelingt uns nicht, uns leidenschaftlich für diesen Kampf einzusetzen. Wir sind davon überzeugt, daß die Geschichte nicht sprunghaft fortschreitet und daß das Priestertum nicht das absolute, einzige und endgültige, ja nicht einmal das nächste Ziel darstellt. Bei uns wird die wirkliche Verantwortung vielleicht weiterhin im allgemeinen den Männern zufallen, so wie es in einigen protestantischen Kirchen der Fall ist. Denn im Blick auf das Gesamtproblem ist noch ein weiter theoretischer, psychologischer, kultureller und praktischer Weg zurückzulegen. Wenn es um Realitäten geht, die tief in der Kultur und der

Psychologie verwurzelt sind, dann sind in der Tat die Vorurteile um so schwieriger zu überwinden, je irrationaler sie sind. Außerdem fürchten wir, daß wir Frauen in Nachahmung dessen, was wir gesehen haben, uns in die Bürokratie hineinziehen ließen und uns mitverantwortlich machten für eine pyramidale, den „Klerikalismus" verstärkende kirchliche Organisationsform. Wir meinen, daß in den Außenseiter-Gesellschaften die Vollmachten uns vom Volk entfernen würden gerade in einem Moment, in dem in Lateinamerika das Modell einer Kirche gärt und heranwächst, die durch den Geist Gottes im Volk entsteht. Ähnliches gilt für die Zulassung der Frauen zu den Diözesanräten, für ihre Beteiligung an den nationalen Bischofsversammlungen, für ihren Eintritt in die Römische Kurie. Dem steht kein wirkliches Hindernis entgegen; es gibt Frauen, die für diese Arbeit gerüstet wären, und eine wichtige Aufgabe wäre es auch. Aber oft scheint es nicht das Beste zu sein: es könnte die Unterstützung einer Kirchenorganisation bedeuten, deren Kontinuität in ihrer derzeitigen Form nicht für angemessen gehalten wird, und man würde dazu beitragen, sie so weiterbestehen zu lassen, wie sie ist.
In Lateinamerika ist es offenkundig, daß die Kirche von Medellin und Puebla, die Kirche, welche die Armen bevorzugt und sich für die Gerechtigkeit entscheidet, der Befreiung der Frau kein besonderes Kapitel widmet. Ebensowenig die Theologie der Befreiung. Und dennoch wäre es ungerecht zu behaupten, unsere fortschrittlichen Bischöfe und unsere Theologen hätten keine Kenntnis oder kein Interesse an dieser Frage. Wenn wir die Evangelisierung mit der umfassenden Befreiung verknüpfen, wenn wir als Kirche für eine brüderliche Gesellschaft von Erlösten kämpfen, gewinnt für uns die Befreiung der Frau ihre ganze Bedeutung in diesem Gesamtzusammenhang.

8. Schlußbemerkung

In welchem Stadium wir uns auch in unseren jeweiligen Ortskirchen befinden mögen, eines ist unbestreitbar: das Zeichen der Zeit, das die Befreiung der Frau darstellt, ist eine Herausforderung und eine Verantwortung. Männer wie Frauen, die Hierarchie ebenso wie die Gläubigen, der Klerus in gleichem Maße wie die Laien, alle müssen wir evangelisierende Präsenz sein und damit eine Kirche, in der niemand für die Mission benutzt wird, sondern wir alle an der Mission teilhaben.

Hans Küng

Für die Frau in der Kirche
16 Thesen zur Stellung der Frau in Kirche und Gesellschaft

Theologische Grundgedanken

1. Schon im *Gottesbegriff* muß eine Überbetonung des Männlichen vermieden werden. Die Anwendung des Vaternamens auf Gott darf keine geschlechtliche Differenzierung in Gott selbst bedeuten: Gott kann nicht für das männliche Geschlecht allein beansprucht werden. Gott ist nicht gleich Mann; schon im Alten Testament trägt Gott auch weibliche, mütterliche Züge. Der Vater-Anrede ist ein patriarchales Symbol (Analogon) für die transhumane, transsexuelle Wirklichkeit Gottes, der Ursprung auch alles Weiblich-Mütterlichen ist; sie darf auf keinen Fall zur religiösen Begründung eines gesellschaftlichen Paternalismus benützt werden.

2. Die Animosität, ja Feindseligkeit vieler Kirchenväter und späterer Theologen gegenüber Frauen spiegelt nicht die Haltung *Jesu*, sondern mancher jüdischer (und heidnischer) Zeitgenossen Jesu wider, für welche Frauen gesellschaftlich nicht zählten und öffentliche Männergesellschaft zu meiden hatten. Die Evangelien aber, was immer vom biographischen Detail historisch sein mag, zögern nicht, von Jesu Beziehungen zu Frauen zu sprechen. Danach hatte sich Jesus über die Sitte hinweggesetzt, welche die Frau von der Öffentlichkeit abschließt. Jesus zeigt nicht nur keine Frauenverachtung, sondern eine erstaunliche Unbefangenheit gegenüber Frauen: auch Frauen stehen von Anfang an in der besonderen Nachfolge Jesu. Sie begleiteten und unterstützten ihn und seine Jünger von Galiläa bis Jerusalem; persönliche Zuneigung zu Frauen war Jesus nicht fremd; Frauen sehen seinem Sterben oder seinem Begräbnis zu. Die juristisch und menschlich schwache Stellung der Frau in der damaligen Gesellschaft wird durch sein Verbot der Ehescheidung durch den Mann, der allein einen Scheidebrief ausstellen konnte, erheblich aufgewertet. Keine Christologie darf von daher Jesu Mann-Sein stärker betonen als sein Mensch-Sein (etwa im Zusam-

menhang mit dem Gottessohn-Titel): nicht spezifisch im Mann, sondern im Menschen hat sich Gott geoffenbart („Mensch-Werdung").

3. Die historisch nur sehr umrißhaft erfaßbare Gestalt der Mutter Jesu, *Maria*, wurde in der von zölibatären Männern ausgearbeiteten Mariologie weithin ihrer Geschlechtlichkeit beraubt und so als im Grunde einzig wichtige Frauenfigur des Christentums lange Zeit verabsolutiert und mit dem Christus parallelisiert. Die solchermaßen kultische Marienverehrung blieb für die Wertung der Frau im gesellschaftlichen Bereich weitgehend unwirksam. Außerdem wurde damit die Fülle, die uns die Bibel an Frauengestalten bietet (von der Richterin und Prophetin Deborah und der jungen Frau im Hohelied bis zur Gemeindevorsteherin Phöbe und zur Missionarin Priska) vernachlässigt. Nur diejenige Mariologie, die eine kritische Auseinandersetzung mit dem biblischen Befund nicht scheut, die Maria statt nur exemplarisch als demütige Magd in ihrem vollen Frausein anerkennt und sie im Zusammenhang mit anderen großen Frauengestalten der Bibel und der Kirchengeschichte sieht, kann heutigen Menschen zu einem besseren Verständnis der christlichen Botschaft verhelfen.

Die Frau in der Gesellschaft

4. Die *Unterordnung der Ehefrau* unter ihren Mann gehört nicht zum Wesen einer christlichen Ehe; die neutestamentlichen Aussagen über die Unterordnung der Ehefrau (meist in späteren neutestamentlichen Schriften) müssen aus der jeweiligen sozio-kulturellen Situation heraus verstanden und kritisch in die heutige sozio-kulturelle Situation hinein übersetzt werden. Viele heutige Ehepaare haben entdeckt, daß eine partnerschaftliche Ehe der Würde von Menschen, die als Mann und Frau nach Gottes Bild geschaffen sind, besser entspricht.

5. Aus dem Wesen der christlichen Ehe läßt sich auch nicht eine bestimmte *Arbeitsaufteilung* – etwa Kindererziehung durch die Frau, Berufsarbeit durch den Mann – ableiten. Sowohl Kindererziehung und Hausarbeit als auch Berufsarbeit können von Mann und Frau gemeinsam wahrgenommen werden.

6. Die Töchter einer Familie sollen deshalb in *Erziehung und Berufsausbildung* ebenso gefördert werden wie die Söhne. Die Söhne umge-

kehrt sollen ebenso auf ihre *Elternaufgabe und Haushaltspflichten* vorbereitet werden wie die Töchter. Zwar sind „Berufstätigkeit der Frau" und „Emanzipation der Frau" keineswegs gleichzusetzen. Doch dürfen in der Erziehung und auch in Predigt, Religionsunterricht und Eheberatung die Möglichkeiten der Frau nicht beinahe ausschließlich (womöglich mit Berufung auf einen Plan Gottes) nur in der Alternative verheiratete Hausfrau oder unverheiratete Ordensfrau gesehen und die Fülle der Berufschancen und Berufsbilder für die Frau ignoriert werden.

7. Die verantwortungsbewußt geübte *Geburtenplanung* kann – wenn sie nicht zur sexuellen Ausbeutung der Frau mißbraucht und sexuelle Revolution nicht mit Frauenemanzipation gleichgesetzt wird – zur echten Emanzipation der Frau beitragen: Abschluß der fraulichen Berufsausbildung, Koordination von Berufs- und Familienleben, arbeitsmäßige und finanzielle Entlastung besonders von Frauen aus niederen sozialen Schichten durch geringere Kinderzahl.

8. In der umstrittenen Frage der *Abtreibung* sind nicht nur die Rechte des Foetus zu berücksichtigen, sondern auch die physisch-psychische Gesundheit und soziale Situation der Frau wie ihre Verantwortung gegenüber ihrer Familie und insbesondere gegenüber den bereits zu versorgenden Kindern.

Die Frau in der Kirche

9. Damit die katholische Kirche, deren Amts- und Machtstrukturen völlig von Männern beherrscht werden, zu einer Kirche aller Menschen wird, sollen Frauen *in allen Entscheidungsgremien* vertreten sein: auf Pfarr-, Diözesan-, National- und Weltebene. Eklatantes Beispiel für die Nichtrepräsentanz der Frau ist die römische Kongregation für die Ordensleute, in der keine einzige Frau Mitglied ist; auch das Ökumenische Konzil kann nach der gegenwärtigen Gesetzgebung nur von Männern beschickt und der Papst nur von Männern gewählt werden, was alles keine Frage göttlichen, sondern rein menschlichen Rechtes ist.

10. Die *Sprache des Gottesdienstes* soll zum Ausdruck bringen, daß die Gemeinde sowohl aus Frauen wie aus Männern besteht, die grundsätzlich gleichberechtigt sind, so daß nie nur „Brüder" oder „Söhne Gottes", sondern zugleich auch immer die „Schwestern" und „Töch-

ter Gottes" – beide als gleichberechtigte „Kinder Gottes" – angeredet werden sollen.

11. Das *Studium der katholischen Theologie* durch Frauen, die an vielen Orten nur begrenzt zugelassen oder ganz ausgeschlossen sind, ist zu fördern. Damit Kirche und Theologie (nicht zuletzt die Ethik und hier wieder insbesondere die Sexualethik) durch die Einsichten der Frau überall gewinnen, sollen Frauen zum theologischen Vollstudium zugelassen und nicht weniger als die männlichen Theologiestudenten von den kirchlichen Institutionen (durch kirchliche Stipendien, Druckkostenzuschuß für wissenschaftliche Arbeiten usw.) gefördert werden.

12. Gerade die *Frauenorden*, die oft am wirksamsten die Prinzipien der Erneuerung des Vatikanum II verwirklicht haben, werden von der männlichen Amtskirche nicht selten mehr gehindert als gefördert. Trotz des Priestermangels bleibt den Ordensfrauen der Weg zu gemeindeleitenden Funktionen versperrt und werden ihnen finanzielle Mittel zu einer ausreichenden Ausbildung, wie sie aus kirchlichen Geldern Priesteramtskandidaten reichlich zugewendet werden, weithin versagt. Hier ist, nicht zuletzt im Blick auf den rapide sinkenden Nachwuchs in den Frauenorden, dringend für Abhilfe zu sorgen.

13. Der *Amtszölibat* für Presbyter führt in der Praxis oft zu einem unnatürlich gespannten Verhältnis zwischen Priester und Frauen: diese werden vielfach nur als Geschlechtswesen und sexuelle Versuchung für die Priester betrachtet. So hängen Heiratsverbot für ordinierte Männer und Ordinationsverbot für Frauen zusammen: Ordination der Frau und volle kollegiale Zusammenarbeit in den Entscheidungs- und Leistungsgremien der Kirche werden solange nicht erfolgen, wie der Zölibat des Klerus nicht durch die frei gewählte Ehelosigkeit der wahrhaft (auch zur Ehelosigkeit selbst) Berufenen abgelöst wird.

14. Die Wiedereinführung des in der frühen Kirche bezeugten *Diakonats der Frau*, das zunächst in der westlichen Kirche abgeschafft wurde und dann in der östlichen Kirche verschwand, ist zu wünschen. Doch reicht diese Maßnahme nicht aus: Wird nicht gleichzeitig mit der Zulassung der Frau zum Diakonat auch ihre Zulassung zum Presbyterat ermöglicht, würde dies nicht zur Gleichberechtigung, sondern eher zu einem Hinauszögern der Ordination der Frau führen. Auch die in vielen katholischen Gemeinden schon bestehende und uneingeschränkt zu befürwortende Praxis, Frauen

zu liturgischen Funktionen zuzulassen (Meßdienerin, Lektorin, Kommunionausteilerin, Predigerin), kann ein wichtiger Schritt auf dem Wege zur vollen Integration der Frau in den kirchlichen Leitungsdienst sein. Aber auch sie macht die Forderung nach der vollen Ordination der Frau nicht überflüssig.

15. Gegen einen *Presbyterat der Frau* gibt es keine ernsthaften theologischen Gründe. Die exklusiv männliche Konstitution des Zwölferkollegiums muß aus der damaligen sozio-kulturellen Situation heraus verstanden werden. Die in der Tradition vorfindbaren Gründe für den Ausschluß der Frau (durch das Weib kam die Sünde in die Welt; die Frau wurde als zweite erschaffen; die Frau ist nicht nach dem Bilde Gottes erschaffen; die Frau ist kein volles Mitglied der Kirche; Menstruationstabu) können sich nicht auf Jesus berufen und zeugen von einer grundsätzlichen theologischen Diffamierung der Frau. Angesichts leitender Funktionen von Frauen in der Urkirche (Phöbe, Priska) und angesichts der heute völlig veränderten Stellung der Frau in Wirtschaft, Wissenschaft, Kultur, Staat und Gesellschaft sollte die Zulassung der Frau zum Presbyterat nicht länger hinausgezögert werden. Jesus und die frühe Kirche waren in der Wertung der Frau ihrer Zeit voraus, die heutige katholische Kirche hinkt weit hinter ihrer Zeit und anderen christlichen Kirchen drein.

16. Es wäre ein falsch verstandener *Ökumenismus*, wenn man in der katholischen Kirche die schon längst fälligen Reformen wie etwa die Ordination der Frau hinauszögerte mit der Berufung auf die größere Zurückhaltung konservativerer „Schwesterkirchen"; statt solche Kirchen als Alibi zu benützen, sollten sie vielmehr ihrerseits zu einer Reform aufgefordert werden; hierin können der katholischen Kirche manche protestantischen Kirchen als Vorbild dienen. Lange Zeit hat man die Frau in der katholischen Kirche in Theorie und Praxis diskreditiert und diffamiert und sie doch zugleich ausgenützt. Es ist an der Zeit, ihr auch in der Kirche die ihr zukommende Würde und angemessene juridische und soziale Stellung zu gewährleisten.

Beverly Wildung Harrison

Die Macht des Zorns im Werk der Liebe
Eine christliche Ethik für Frauen und
andere Fremde

Wir brauchen der Unterdrückung der Frauen in verschiedenen Kulturen und Gesellschaften nichts von ihrer Radikalität zu nehmen und auch nicht den Umstand zu verharmlosen, daß die Christenheit an dieser Unterdrückung weiterhin beteiligt ist, aber wir dürfen uns durch diese Feststellung nicht in einer Haltung des Sich-Hinopfern-Lassens bestärken lassen. Laßt uns die Tatsache vermerken und verkündigen, daß das „Erwachen des Selbstbewußtseins der Frau" in unserer Zeit ein *globales* Phänomen ist. Allüberall sind die Frauen in Bewegung. Zum ersten Mal kommt weltweit die unglaubliche *kollektive* Macht der Frau in Sicht, so daß jedermann, der Augen hat, um zu sehen, die Macht und Kraft des vollen Menschseins der Frau erblicken kann. Trotz der verschiedenen Formen der geschichtlichen Knechtung der Frau dürfen wir nicht vergessen, daß wir auch *allzeit* Trägerinnen vieler höchst kostbarer *Künste des menschlichen Überlebens* gewesen sind. Das chinesische revolutionäre Schlagwort: „Die Frauen stützen den halben Himmel" ist *keine* bloße Übertreibung. Trotz einer *literarischen* Geschichtsüberlieferung, die diese Tatsache übersah, haben Frauen stets den halben oder mehr als den halben Himmel gestützt. Es könnte nicht rings um uns zu diesem erstaunlichen transkulturellen Phänomen des Aufstehens des Selbstbewußtseins der Frau gekommen sein, wenn diese tief menschliche Macht der Frau nicht schon eine fundierte Wirklichkeit wäre. Meiner Meinung nach ist selbst der jetzt weit herum erfolgende Rückstoß gegen den Feminismus ein kräftiges Zeugnis für diese Tatsache. Sicherlich bleibt das weltumspannende geschichtliche Projekt, das der Feminismus ins Auge faßt, ein noch ferner Traum: daß nämlich jedem kleinen Mädchen, das auf die Welt kommt, in *jedweder* Gesellschaft und Kultur der volle Horizont der menschlichen Möglichkeiten offensteht, daß ihm die gleichen Lebenschancen offenstehen wie jedem Knäblein. Dies ist und *bleibt* „die längste Revolution". Doch diese Revolution, nach der zu verlangen wir das volle Recht haben, wird schneller anbrechen, wenn wir die Kraft verkünden, die aus dem Leben der Frau strahlt. Diese Kraft und Macht hat im Zentrum der Moraltheologie zu stehen, die der Feminismus hervorbringt.

Ich möchte im Folgenden einige positive Dimensionen der geschichtlichen Erfahrung der Frau herausgreifen, die ich zur Neugestaltung der herkömmlichen christlichen theologischen Ethik für höchst dringlich halte, damit diese Ethik einer Moralnorm näher kommt, welche das ganze Menschsein einbegreift. Welchen Unterschied würde es doch für unser Verständnis des „großen Gebotes" – der Liebe zu Gott und zum Nächsten – ausmachen, wenn diese der Erfahrung der Frau entnommenen grundlegenden Punkte die gebührende Beachtung fänden! Aus diesem Prozeß können wir eine adäquate feministische Moraltheologie zu entwickeln beginnen[1].

Selbstverständlich kann ich hier nicht alle methodologischen Annahmen klären und verteidigen, welche meine Behauptung rechtfertigen, daß eine christliche Moraltheologie dem Rechnung tragen muß, was die Frauen gelernt haben in ihrem Kampf, *die Gabe des Lebens zu erlangen*, sie zu erhalten, sich tief in sie hineinzuleben, sie zu übermitteln. Natürlich stimmt meine theologische Methode mit der anderer Befreiungstheologien überein, welche behaupten, daß alles Echte in der Glaubensgeschichte einzig aus dem Schmelztiegel des menschlichen *Kämpfens* hervorgeht[2]. Dies ist *die* zentrale, wenn auch

---

1 Ich nehme hier an, daß eine feministische Moraltheologie aus der tiefgründigen Erfahrung des Lebenskampfes der Frau und aus dem Bewußtsein hervorgeht, das geweckt wird durch diesen Kampf, zu leben und eine Kultur aufrechtzuerhalten, die unser Leben zum Ausdruck bringt. Diese Erfahrung führt zu einer Kritik der vorherrschenden, von Männern artikulierten christlichen und weltlichen theologischen, philosophischen und moralischen Hypothesen. Ich möchte hervorheben, daß für mich *nicht das biologische Geschlecht* diesen Standpunkt grundlegt, sondern der *geschichtliche* Lebenskampf der Frau.

2 Ich möchte die Ähnlichkeit der hermeneutischen Postulate hervorheben, die von feministischen und anderen Befreiungstheologen gemacht werden, obschon viele von Männern artikulierte Befreiungstheologien oft an misogynistischen und maskulinistischen Hypothesen Geschmack finden (vgl. z.B. Juan Luis Segundo, The Liberation of Theology (Maryknoll, N.Y. 1976) 33–37, Anm. 55. Segundo möchte die Bezeichnung „christlich" dem männlichen Element in der Offenbarung vorbehalten). Vom methodischen Standpunkt der feministischen Theologie aus tut man gut, sich daran zu erinnern, daß die

umstrittene methodologische Voraussetzung sämtlicher aufkommender Befreiungstheologie. Die Tatsache, daß der Ort der göttlichen Offenbarung in den konkreten Kämpfen von Gruppen und Gesellschaften liegt, welche die Gabe des Lebens zu erringen und sich von allem zu befreien suchen, was sich dem Leben in den Weg stellt, hat für die Ethik verblüffende Konsequenzen. Sie sagt uns u.a., daß wir lernen müssen, aus dem Verwickeltsein in den Kampf für Gerechtigkeit Einsichten über die Liebe zu gewinnen. Ich meine, die Frauen sind von jeher in den Kampf verwickelt gewesen, eine wirklich aus Fleisch und Blut bestehende Gemeinschaft der Liebe und der Gerechtigkeit zu schaffen, und ich meine auch, daß wir über das *radikale* Werk der Liebe viel mehr wissen als die dominierende, auf das Jenseits ausgerichtete Spiritualität der Christenheit. Eine feministische Ethik wird tief, ganz tief welthaft, eine Spiritualität der Sinnenhaftigkeit sein[3].

Grundlegende Punkte für eine feministische Moraltheologie

Betätigung als Liebesmodus

Der erste Punkt, worin die Erfahrung der Frau die herrschende Moraltheologie in Frage stellt, ist historisch schwer zu ersehen, da ein erfolgreicher männlicher Gegenangriff gegen die erste Frauenbefreiungsbewegung im 19. Jahrhundert einen Nebelschleier um ihn gelegt hat. Infolge dieses Gegenangriffs haben hochgebildete Frauen der Mittelklasse eine Ideologie über sich selbst in sich aufge-

Frauen keine Minderheit darstellen. Die Befreiungstheologien aller Gesellschaften und Gruppen müssen deshalb durch die Erfahrung der Frauen in diesen Gruppen umgestaltet werden. Falls die Welt überhaupt überlebt, werden sämtliche Theologien zur Berücksichtigung der Frau gezwungen sein, weil die Frauen die Unterklasse in jeder geschichtlichen Gruppe sind. Doch ist, wie hier bemerkt wird, die Frauenbefreiung „die längste Revolution".

3 Der römisch-katholische Theologe Matthew Fox hat diesen Gedanken der Verbindung von Sinnlichkeit und Spiritualität ganz besonders hervorgehoben. Er spricht treffend vom Zusammenhang zwischen der feministischen Theologie und der Wiederentdeckung einer Spiritualität der Sinnlichkeit (M. Fox, On Becoming a Musical Mystical Bear (New York 1972) ix-xxvi). Er führt diesen Gedanken in anderen Büchern weiter, neulich in: A Spirituality Named Compassion (Minneapolis 1979).

nommen, die unserer jetzigen Geschichte widerspricht. Historisch gesehen haben, wie ich glaube, die Frauen stets die Macht der Aktivität gegenüber der Passivität, des Experimentierens über das Routinemäßige, der Kreativität und des Eingehens von Risiken gegenüber dem konventionellen Verhalten bewiesen. Doch seit dem 19. Jahrhundert ist uns die Meinung beigebracht worden, Frauen seien von Natur aus passiver und reaktiver als Männer. *Falls* die Frauen sich in der Menschheitsgeschichte wirklich so schüchtern und konventionell verhalten hätten wie die von der spätbürgerlichen Spiritualität erfundenen „guten Frauen", *falls* Frauen sich mit dem „Kult des wahren Frauseins" wirklich abgefunden hätten und *falls* die gesellschaftliche Ohnmacht der Frauen, die unter den europäischen und amerikanischen begüterten Klassen das „Ideal" darstellt, vorgeherrscht hätte, dann wäre die Gabe des Menschenlebens schon längst ausgestorben.

Die heute sehr moderne Aufforderung an uns Frauen, uns unter den Bildern kraftloser Artigkeit, Passivität und Schwäche zu verstehen, blockiert unsere Fähigkeit, einen realistischen Sinn für die geschichtliche Vergangenheit der Frau zu entwickeln. Während transkulturell in der Erfahrung der Frauen nur wenige Konstanten vorliegen, gab die *biologische* Wirklichkeit des Kindergebärens und -aufziehens (was nie mit der *Kultur*macht der Bildung zu verwechseln ist) für gewöhnlich der Frau einen Vorrang und eine Verantwortung in den Alltagsbetätigungen, die in den meisten Gesellschaften für das Überleben des Menschen sorgen. Beispielsweise waren in vielen vorkapitalistischen Gesellschaften Frauen – nicht Männer – für den Lebensunterhalt und den Handel zuständig. Wenn wir modernen Frauen uns der verlockenden Aufforderung fügen, uns in erster Linie als solche zu verstehen, die zusehen, zuschauen, beiseite stehen, während sich die Männer mit dem ernsten Geschäft befassen, die (öffentliche) Welt in Gang zu halten, sollten wir wenigstens gewahren, was für ein *modernes* „Geschäft" wir selbst verrichten! Eine Theologie, welche statische und passive Eigenschaften als „heilig" überbewertet, Spiritualität mit Unbeteiligtsein und Kontemplation identifiziert, die Betätigung zum Unterhalt des täglichen Lebens als weltlich und religiös unwichtig ansieht, eine solche Theologie *hätte nicht von Frauen formuliert werden können*. Im Gegensatz hierzu sprach Sojourner Truth aus der wirklichen Erfahrung und Lebenswelt der Frauen heraus, als sie das Frausein wie folgt definierte:

„Niemand half mir je in den Wagen oder über schlammige Pfützen oder gab mir den besten Platz. Und bin ich nicht eine Frau? Seht mich an! Seht meine Arme an! Ich pflügte und pflanzte und brachte in Scheunen ein, und kein Mann konnte mich befehligen! Und bin ich nicht eine Frau? Ich kann soviel arbeiten und soviel essen wie jeder Mann, wenn ich zu essen erhalte und die Peitsche ebenfalls schwingen kann. Und bin ich nicht eine Frau? Ich habe dreizehn Kinder geboren und dann erlebt, wie die meisten von ihnen als Sklaven verkauft wurden, und wenn ich in meinem Mutterschmerz aufschrie, hörte niemand auf mich außer Jesus. Und bin ich nicht eine Frau?"[4]

Die Frauen waren es, die alles leisteten, was das Leben erhält, die mit allem fertig wurden und wußten, daß die Entgegennahme des Geschenks des Lebens nicht etwas Untätiges ist, daß der Empfang dieses Geschenks verlangt, daß man es beständig pflegt. Wir haben wohl noch einen weiten Weg zurückzulegen, bevor der Vorrang der Aktivität über die Passivität in unsere Theologie aufgenommen ist, und einen noch weiteren Weg, bis in unserer Ethik die Liebe als ein *Tun* verstanden wird. In „Beyond God the Father"[5] begann Mary Daly die notwendige theologische Richtungsänderung, indem sie betonte, daß ein feministischer Theismus keinen Platz habe für einen Gott, der als etwas Bestehendes und Fixes verstanden werde, sondern daß es nach der Erfahrung der Frauen richtiger sei, sich das Heilige als Vorgang und Bewegung vorzustellen. Ihr Vorschlag, Gott sich als Sein, als Zeitwort und nicht als Dingwort zu denken, rührte bei ihren Leserinnen und auch bei ihren Lesern eine tiefe Saite an. Doch selbst so scheint mir die neue Formulierung bei Daly noch nicht weit genug zu gehen. Susanne Langer hat mit Recht bemerkt, daß Seinsphilosophien – d.h. solche Philosophien, welche die Strukturen der Natur zum Ausgangspunkt nehmen – schon seit langem sich die Auffassung zu eigen gemacht haben, daß *die* Grundstruktur der Realität der Prozeß ist[6]. Die Prozeßtheologen erheben mit Recht

---

4 Der Vortrag von Sojourner Truth wurde veröffentlicht in: History of the Women's Suffrage Movement, Bd. I., Neudruck in Alice Rossi (Hrsg.), The Feminist Papers (New York 1973) 426−429.
5 Mary Daly, Beyond God the Father (Boston 1973) 35ff und passim.
6 Susanne Langer, Mind: An Essay on Human Feeling, Bd. I (Baltimore 1967). Langer zeichnet in genauen Einzelheiten die Entwicklung der organischen Struktur von unveränderlichen Prozessen zu motiviertem Tun als den Hauptübergangspunkt zwischen dem Geist und der übrigen Natur.

den Einspruch, daß Daly der modernen Religionsphilosophie nicht genügend Beachtung oder nicht genügend Vertrauen geschenkt habe, um diese neuen Sichten der Natur sich zu eigen zu machen. Doch nicht viele Prozeßtheologen – auch Daly nicht – halten es für ein weiteres Erfordernis, den vollen Sinn des menschlichen *Ringens* um Leben in unser *Gottes*verhältnis mithineinzunehmen. Es ist notwendig, die naturalistischen Metaphern für Gott zu öffnen für die *Macht* der menschlichen Betätigung, für die *Freiheit* als nicht bloß radikale *Kreativität*, sondern auch radikale moralische *Macht*. Es ist notwendig, die klassische Seinsontologie noch tiefer in Frage zu stellen, als Daly dies getan hat. Wie schon oft gesagt worden ist, werden die katholischen Naturrechtstheologien nicht der Tatsache gerecht, daß die Naturgewalt über das verläuft, was Marx das Gattung-Sein der *menschlichen Natur* genannt hat. Unsere Welt *und unser Glaube* werden wohl oder übel *durch die menschliche Tätigkeit* verändert. Eine feministische Moraltheologie muß ihre Analyse in diesem Bereich der radikalen *moralischen* Kreativität ansetzen. Diese Freiheit wird oft mißbraucht, doch die Macht, eine Welt sittlicher Beziehungen zu erschaffen, ist ein grundlegender Aspekt der Menschennatur selbst. Meines Erachtens ermöglicht es uns die Metapher des Seins nicht, die Radikalität des menschlichen Tuns adäquat zu begreifen. Das *Tun* muß in unseren Theologien als ebenso grundlegend gelten wie das *Sein*. Beides – Tun und Sein – sind natürlich nur Metaphern, um unsere Welt in Begriffe zu fassen. Beides sind bloß „Weisen, die Dinge zu sehen". Wir können jedoch nie den Sinn dessen erfassen, was das Tiefste, Ganzheitlichste, Heiligste im Leben der Frau ist, wenn wir die Frau einzig mit der mehr statischen Metapher des Seins bezeichnen und die *zentrale Bedeutung der Praxis* als Grundlage der Erfahrung der Frau übersehen.

Zwar haben einige von Männern artikulierte „Praxistheologien" feministische Theologinnen in diesem Punkt stutzig gemacht. Männer sehen die Macht der menschlichen Tätigkeit oft in Bildern, die Herrschaft und Gewalt als die entscheidenden menschlichen Tätigkeitsweisen erscheinen lassen, so daß dann politische und militärische Eroberungen die edelsten Äußerungen der menschlichen Betätigungskraft wären. Infolgedessen haben einige Frauen darauf gedrungen, daß feministische Theologien geschichtliche Kategorien meiden und ausschließlich mit naturalistischen Metaphern arbeiten. Meiner Meinung nach hätte eine solche theologische Richtung verhängnisvolle Konsequenzen. Wir dürfen die wirklich geschichtliche Macht von Frauen, die Architektinnen des ganz authentischen Humanum zu sein, nicht verharmlosen. Wir dürfen nicht von der Tatsache absehen, daß wir die Haupterbauerinnen von all dem waren, worin die menschliche Würde und Gemeinschaft zum Ausdruck gekommen sind. Wir haben das Recht, vom *Aufbau* der menschlichen Würde und Gemeinschaft zu sprechen.

Das Tun muß für eine feministische Theologie ein zentraler Gedanke sein, aber Sein und Tun dürfen nie als Polaritäten oder Gegensätze behandelt werden. Die Gemeinschaft als Gabe *entgegennehmen* und das Werk des Aufbaus der Gemeinschaft *vollbringen* sind *zwei Seiten der gleichen Betätigung*. Eine feministische Theologie ist nicht eine Theologie des Entweder-Oder[7]. Eine jede, die in der Menschheitsgeschichte am „Platze der Frau" gelebt hat, hatte mit der Verantwortung, eine *wechselseitige* Urheberin zu sein, zurechtzukommen. Das Leben der Frau ist buchstäblich von der Macht geprägt worden, das Menschenleben nicht nur auf der biologischen Ebene zu gebären, sondern das Leben auch zu hegen und zu pflegen, was eine Gesellschafts- und Kulturmacht ist. Obschon unsere Kultur die Rolle der Frau und damit auch das Hegen des Lebens entwertet hat, ist echte Lebenspflege eine gewaltige Macht[8]. So weit sie in der Menschheitsgeschichte geschah, geschah sie zumeist durch das Tun der Frau. Wir Frauen hatten wohl oder übel zur Kenntnis zu nehmen, daß wir die Macht haben, nicht nur persönliche Verbindungen zwischen den Menschen zu schaffen, sondern – und dies ist noch entscheidender – das *Personsein selbst* aufzubauen und zu vertiefen. Und „die Person" aufbauen heißt auch, die Beziehung *vertiefen*, d.h. Gemeinschaft zustandebringen.

Wir haben noch keine Moraltheologie, die uns die erhabene, ehrfurchtgebietende Wahrheit lehrt, daß wir die Macht besitzen, *durch Taten der Liebe* oder der Lieblosigkeit buchstäblich *einander zu schaffen*. Eine adäquate feministische Moraltheologie muß meines

---

7 Beverly Harrison, Sexism and the Language of Christian Ethics. Dieses Arbeitspapier wurde von der Faith and Order Commission des National Council of Churches veröffentlicht.
8 Die beste greifbare Studie über die Werte und Vorzüge, die einer feministischen Ethik innewohnen, wobei auch dieser Gedanke der Lebenspflege betont wird, ist die von Eleanor Haney, What Is Feminist Ethics: A Proposal For Continuing Discussion, in: Journal of Religious Ethics, Bd. 8, Nr. 1, 1980, 115–124.

Erachtens die Tradition der christlichen Ethik zur Verantwortung dafür ziehen, daß sie die tiefe Macht des menschlichen Tuns im Werk oder in der Verweigerung der Liebe verharmlost hat. Weil wir die Liebe nicht als die Macht verstehen, einander Wohlbefinden zu schenken, verstehen wir auch nicht, wie tief unsere Macht ist, uns dem Leben in den Weg zu stellen und einander zu verkrüppeln. Wir sind vor die schicksalsschwere Entscheidung gestellt, entweder die Macht der Liebe Gottes in der Welt freizusetzen *oder* einander der eigentlichen Grundlage des Personseins und der Gemeinschaft zu berauben. Diese für das Drama, das sich zwischen Gott und dem Menschen abspielt, so entscheidende Macht der menschlichen Betätigung besteht *nicht* in der Macht, die Welt zu erobern und Weltreiche aufzubauen, und auch nicht in der Herrschaft der einen Person über die andere. Wir sind in unserer menschlichen Macht *nicht* dann am meisten Gott gleich, wenn wir die Sicht der Leute an der Spitze, der Herrschaftsträger, der Weltreiche oder die Sicht von Patriarchen übernehmen.

Ich glaube, daß unsere Welt deshalb am Rand der Selbstzerstörung und des Todes ist, weil die Gesellschaft als ganze das vernachläßigt hat, was *das Humanste* und Gültigste und Grundlegendste aller Werke der Liebe ist – das Werk der menschlichen Kommunikation, des Einander-Gutseins, des Füreinander-Sorgens, des Verstärkens der persönlichen Gemeinschaftsbande. Diese Betätigung wurde als Werk der Frau aufgefaßt und als allzu welthaft, als undramatisch, als Ablenkung vom ernsten Geschäft des Weltregierens abgewertet. Diejenigen, denen beigebracht worden ist, sich als Welterbauer vorzukommen, sind allzusehr mit Unternehmungsplanung beschäftigt gewesen, als daß sie gesehen hätten, daß das Werk der Liebe die Vertiefung und Erweiterung der menschlichen Beziehungen ist. Dieses dringliche Werk der Liebe ist fast unmerklich, doch mächtig. Durch Taten der Liebe – was Nelle Marton als „Einander-beim-Gespräch-Zuhören" bezeichnet hat[9] – bauen wir tatsächlich die Macht des Personseins in einander auf. Es liegt in der Macht der menschlichen Liebe, in einander Würde und Selbstachtung aufzubauen oder einander hinunterzureißen. Wir sind besser beraten, wenn wir das erstere tun. Dadurch, daß sich Taten der Liebe auf uns

---

9 Nelle Marton, The Rising of Women's Consciousness in a Male Language Structure, in: Andover Newton Quarterly, Bd. 132, Nr. 4 (März 1972) 177–190.

richten, werden wir zu Menschen, die sich selbst achten und andere hochschätzen, und das eine geht nicht ohne das andere. Wenn wir keine Selbstachtung haben, werden wir zu Leuten, die einander weder sehen noch aufeinander hören.

Wir möchten vielleicht – wie Kinder – wünschen, daß wir keine so schreckliche Macht zum Guten und zum Bösen hätten. Aber dies ist nun einmal der Fall. Die Macht, Liebe zu empfangen und zu spenden oder sie vorzuenthalten – und damit die Gabe des Lebens vorzuenthalten –, ist weniger dramatisch, aber jedenfalls gleich fürchterlich wie unsere technologische Macht. Sie ist eine zarte Macht. Und, was Frauen wahrscheinlich nie vergessen werden, die Ausübung dieser Macht beginnt und wurzelt *in unserem Leib, in uns selbst*[10].

Unser Leib, unser Selbst als Wirkkräfte der Liebe

Ein zweiter grundlegender Punkt für eine feministische Moraltheologie ergibt sich daraus, daß man das „Leibsein" verkündigt[11]. Eine Moraltheologie muß nicht nur in einer welthaften Spiritualität wurzeln, sondern sich auch bestreben, in unserem intellektuellen und gesellschaftlichen Leben die Spaltung zwischen Leib und Geist auf jeder Ebene zu überwinden. Die feministische Geschichtstheologin Rosemary Ruether und neuerdings einige männliche Theologen haben die vielen Zusammenhänge zwischen diesem Leib/Geist-Dualismus und unseren negativen Einstellungen zur Frau ausfindig zu machen begonnen[12]. Ironischerweise ist keine Dimension unseres westlichen Geisteserbes durch den Leib/Geist-Dualismus sosehr verzerrt worden wie unsere Moraltheologie und Moralphilosophie, was auch der Grund ist, weshalb eine feministische Moraltheologie dermaßen nötig ist. Einige männliche Moraltheologen – unter

---

10 Diese Formulierung stammt von The Boston Women's Health Collective's, Our Bodies, Ourselves (New York 1973). Diese Werk übte auf die Veränderung des Selbstverständnisses der Frau während des letzten Jahrzehnts die stärksten Einflüsse aus.
11 Ein wichtiges Werk, das dieses Thema behandelt, ist das von James B. Nelson, Embodiment: An Approach to Sexuality and Christian Theology (Minneapolis 1979).
12 Vgl. insbesondere Rosemary Ruether, New Woman: New Earth (New York 1975).

ihnen namentlich mein Kollege Tom Driver[13] – haben begonnen, wieder eine christliche Theologie ins Auge zu fassen, welche die Spaltung zwischen Geist und Leib verwirft. Doch haben nur wenige Männer auf dem Feld der christlichen Ethik den Zusammenhang zwischen dem Geist/Leib-Dualismus und der Annahme vieler Moraltheologen erfaßt, daß wir dann am meisten moralisch sind, wenn wir uns am meisten vom Lebenskampf gelöst und uns von ihm zurückgezogen haben[14]. Allzuviele christliche Ethiker nehmen immer noch an, „Desinteresse" und „Loslösung" seien grundlegende Vorbedingungen zu verantwortlichem sittlichem Handeln. In der dominierenden ethischen Tradition ist moralische Rationalität gleichbedeutend mit *entleiblichter* Rationalität.

Wenn wir, wie Feministinnen dies müssen, mit „unserem Leib, unserem Selbst" beginnen, so gewahren wir, daß alle unsere Erkenntnis, mit Einschluß der moraltheologischen Erkenntnis, leibvermittelte Erkenntnis ist. Alle Erkenntnis wurzelt in unserer sinnlichen Wahrnehmung. Wir kennen und werten die Welt, wenn wir sie durch unsere Fähigkeit, zu berühren, zu hören, zu sehen kennen und werten. *Perzeption* ist die Grundlage zur *Konzeption*. Die Gedanken hängen von unserer sinnlichen Wahrnehmung ab. Das Sinnesempfinden ist das leibliche Grundelement, das unsere Verbundenheit mit der Welt vermittelt. Wenn wir nicht sinnlich wahrnehmen können, verlieren wir unsere Verbindung mit der Welt. Jede Fähigkeit, einschließlich der Denkfähigkeit, wurzelt im Sinnesempfinden. Wenn das Sinnesempfinden Schaden gelitten hat oder nicht mehr vorhanden ist, ist auch unser Vermögen, uns die Welt vorzustellen und auf sie zu wirken, zerstört und unsere Rationalität beeinträchtigt. Doch ist dann nicht nur das Vermögen, sich die Welt *vorzustellen*, dahin, sondern auch das Vermögen, die Welt zu werten. Wenn wir unsere Empfindungen nicht klar wahrnehmen, wenn wir

---

13 Vgl. speziell Tom F. Driver, Patterns of Grace: Human Experience As Word of God (New York 1977). Dieses Problem wird auch beachtet in den Werken von Theologen wie Charles Davies und Harvey Cox und, wie oben bemerkt, von Matthew Fox.

14 Zum Glück heben einige neuere Werke männlicher Kollegen über christliche Ethik die Bedeutung des Leibes und des Empfindens in der Moralepistemologie hervor und zwar auf eine Weise, die meiner These entspricht. Vgl. James Nelson, a.a.O., und Daniel Maquire, The Moral Choice (New York 1978).

nicht wissen, was wir empfinden, können wir nicht wirkkräftige Träger moralischen Handelns sein. Dies ist denn auch der Grund, weshalb die Psychotherapie als eine Grundform sittlicher Bildung zu bewerten ist. Wenn wir nicht tief in „unserem Leib, in uns selbst" leben, wird die Möglichkeit *sittlicher Beziehungen* zwischen uns zerstört.

Heute ist viel vom „Verlust der sittlichen Werte" in unserer Gesellschaft die Rede. Eine feministische Moraltheologie befähigt uns zur Erkenntnis, daß ein Hauptgrund des Verlustes des sittlichen Empfindens darin liegt, daß wir mit unserem Leib nicht mehr in Fühlung sind. Viele Menschen leben sosehr in ihrem Kopf, daß sie ihr Verbundensein mit anderen Lebewesen nicht mehr verspüren. Es ist tragisch, daß religiöse Menschen, wenn sie die moralischen Maßstäbe zu verlieren befürchten, gegenüber der Geschlechtlichkeit und Sinnlichkeit repressiver werden. Die Folge ist, daß sie das sittliche Empfinden verlieren und gerade das tun, wovor sie sich fürchten – sie diskreditieren sittliche Beziehungen durch *Moralismus*. Deshalb ist die sogenannte „moralische" Mehrheit so gefährlich.
Im Gegensatz hierzu legt eine feministische Moraltheologie, die in der Verbundenheit mit dem Leib wurzelt, soviel Wert auf das „Sich-Klarwerden", auf das „Einmitten", auf das Ausfindigmachen von Wegen, die uns befähigen, mit allen Menschen und mit unserer natürlichen Umgebung in Verbindung zu sein[15]. Wir verlieren diese Verbindung, wenn wir nicht unsere Empfindungen als Mittel zu dieser Weltvermittlung bewerten und respektieren. Das Empfinden respektieren heißt nicht, wie einige uns weismachen wollten, *subjektivistisch* werden. Subjektivismus kommt nicht von daher, daß wir auf den Leib und/oder das Empfinden zu viel Wert legen würden. Subjektivismus und Moralismus rühren im Gegenteil von daher, daß wir *dem Empfinden ausweichen*, das Empfinden nicht auf leiblicher Ebene tief integrieren. Dies will jedoch nicht besagen, daß Empfindungen Selbstzweck seien. Wir sollten Empfindungen nie suchen, zu allerletzt Liebesempfindungen. Zudem ist es *jetzt und* war es *schon immer* so, daß das Geheiß, zu lieben, nicht auch schon ein Befehl ist, auf *eine bestimmte Weise zu fühlen*. Und die Aufforderung, zu lieben, schafft auch nicht schon die Kraft, Liebe zu empfinden,

---

15 Vgl. E. Haney, a.a.O. Ebenso Anne Kent Rush, Getting Clear: Body Work For Women (New York 1972).

und dies wurde auch nie so verstanden. Das Handeln tut dies. Gefühle verdienen unsern Respekt um dessentwillen, was sie sind. Es gibt keine „richtigen" und „falschen" Empfindungen. *Die moralische Qualität* ist eine Eigenschaft von Taten, nicht von Gefühlen, und unsere Gefühle regen sich beim Handeln. Die moralische Frage lautet nicht: „Was empfinde ich?", sondern: „Was tue ich mit dem, was ich empfinde?". Weil man dies nicht einsieht, ist die heutige Christenheit so eingekeilt zwischen einer subjektivistischen sentimentalen Frömmigkeit, die aus der Furcht vor starkem Empfinden, zumal vor stark negativem Empfinden kommt, und einer objektivistischen, hölzernen Frömmigkeit, die das Empfinden in hochtrabender abstrakter Loslösung unterdrückt. Eine feministische Moraltheologie heißt das Empfinden um dessentwillen willkommen, was es ist – das Grundingrediens *in unseren Beziehungen mit der Welt*.

Wie wichtig all dies ist, erhellt, wenn wir uns Zeit nehmen, die Beziehung unserer Liebesakte zu unserem Zorn zu besehen. Ich vertrete die These, daß wir Christen *die Liebe* deshalb beinahe *getötet* haben, weil wir den Zorn als Hauptsünde ansahen. Zorn ist nicht das Gegenteil von Liebe. Er ist eher ein Gefühlssignal dafür, daß es mit unserer Beziehung zu anderen Personen oder Gruppen oder zu unserer Umwelt *nicht am besten* steht. Zorn ist eine Weise des *Verknüpftseins* mit anderen und ist stets eine *lebhafte Form des Sich-Kümmerns*. Anders gesagt: Zorn ist – und zwar *stets* – ein Zeichen eines gewissen Widerstandes in uns gegen die moralische Qualität der gesellschaftlichen Beziehungen, in die wir verwickelt sind. Äußerst intensiver Zorn signalisiert eine tiefe Reaktion auf das, was man uns oder anderen, mit denen wir verbunden sind, antut.

Diesen Sachverhalt zu erfassen – daß Zorn ein Indiz dafür ist, daß in der Beziehung etwas nicht stimmt – ist ein entscheidender erster Schritt, um die Macht des Zürnens im Werk der Liebe zu erfassen. Wo sich Zorn erhebt, da ist Kraft zum Handeln vorhanden. Im Zorn ist man mit Leib und Seele dabei, und es erfolgt das Signal, daß in der Beziehung etwas nicht stimmt. Natürlich führt Zorn – so wenig wie eine andere Gefühlskette – nicht von selbst zu freiem, humanem Handeln. (Es ist Sache des tieferen ethischen Bemühens, uns *durch alle unsere Gefühle hindurch* zu angemessenen Strategien des sittlichen Handelns zu verhelfen.) Wir dürfen nie die Tatsache aus dem Auge verlieren, daß jede ernsthafte sittliche Betätigung des Menschen, namentlich der tätige Einsatz für die Gesellschaftsveränderung, seine Richtpunkte der sich erhebenden Macht des menschlichen Zürnens entnimmt. Dieser Zorn ist ein Signal, daß es einer Änderung bedarf, daß *in der Beziehung eine Änderung* eintreten muß.

Kann jemand daran zweifeln, daß das Unterdrücken des Zorns in der christlichen Volksfrömmigkeit, das durch eine lange Tradition der Furcht vor tiefen Gefühlen in unserer den Leib verneinenden christlichen Tradition verstärkt wurde, ein Hauptgrund dafür ist, daß die Kirche eine so konservative, schwerfällige Institution darstellt? Viele von uns hegen wenig Hoffnung, daß sich die christliche Kirche in unserer Zeit moralisch erneuern werde, und doch sträuben wir uns dagegen, die Ursache des moralischen Eskapismus in der Kirche ins Auge zu fassen – nämlich die Furcht vor Gefühlen und, spezifischer, die Furcht vor der *Macht des Zorns*. Wir müssen einsehen, daß der Zorn nicht einfach weggeht oder verschwindet, wo das Ausweichen vor Gefühlen weit verbreitet ist. Sondern er verkleidet sich im interpersonalen Leben in Langeweile, Unbehagen, Energiemangel, oder er äußert sich in passiv-aggressiver Betätigung oder in moralistischer Selbstgerechtigkeit und Tadelei. *Verdrängter Zorn zerstört die Gemeinschaft*. Zorn direkt zu äußern ist eine Weise, den anderen ernst zu nehmen, sich um ihn zu kümmern. Wo man Gefühlen ausweicht, Zorn verdrängt oder unbeachtet läßt, wo sich Zorn verkleidet, da *verarmt und stirbt* die Kraft zu handeln, die Beziehung zu vertiefen. Martin Buber sagt mit Recht, direkter Haß (und Haß ist verhärteter, fixierter, abgestumpfter Zorn) sei der Liebe näher als Gefühllosigkeit[16]. Die Gruppe oder Person, die uns im Zorn angreift, verlangt von uns Anerkennung, ersucht darum, ihre Gegenwart, ihren Wert wahrzunehmen. Es stehen uns in dieser Situation zwei Reihen von Verhaltensweisen zu Gebote. Wir können ignorieren, ausweichen, verurteilen oder tadeln. Oder wir können *handeln, um die Beziehung zu ändern und zu einer gegenseitigen zu machen*, indem wir einen Prozeß des Aufeinander-*Hörens* und Miteinander-*Redens* beginnen. Eine feministische Moraltheologie verkündigt, daß *im Werk der Liebe auch Zorn seinen Platz* hat, und anerkennt dessen zentrale Stellung im göttlichen und menschlichen Leben.

Die zentrale Bedeutung der Beziehung

Da eine feministische Moraltheologie die Macht unserer menschlichen Praxis als einen inneren Aspekt des Werks von *Gottes* Liebe

---

16 Martin Buber, Ich und Du (Leipzig 1923) 80f.

verkündet, da sie verkündet, daß unsere sittlichen Ichs leibliche Ichs sind, die im Leben einander berühren und sehen und hören und so einander ins Leben rufen; da sie die Sinneskräfte als für das Werk und die Macht der Liebe grundlegend ansieht, betont eine feministische Moraltheologie vor allem, daß die Relationalität der Herzpunkt von allem ist.

Ich bin mir vollkommen bewußt, daß unsere beständige Beschäftigung mit „menschlichen Beziehungen", mit „Beziehungsfähigkeiten" einige erklären ließen, daß unser modernes Interesse für Beziehung bloß ein „Modetrend" und eine Schrulle sei. Es stimmt, daß die „Beziehung" – *wie alles andere* im Spätkapitalismus – zu einer Ware wird, die man verpacken und zu einem bestimmten Preis erstehen kann. Vom Primat der Beziehung in feministischer Erfahrung sprechen und von einer Theologie der Beziehung reden heißt jedoch *nicht*, auf das letzte kapitalistische Steckenpferd zu setzen, sondern heißt vor allem, die *tiefe, totale Gesellschaftlichkeit* aller Dinge zu betonen. *Alles hängt miteinander zusammen.* Nichts Lebendiges ist in sich abgeschlossen; gäbe es so etwas wie ein unbezogenes Einzelding, würde niemand von uns um es wissen. Die Ökologen haben uns in letzter Zeit an etwas erinnert, was Erzieherinnen von jeher gewußt haben: daß wir Teil eines verschlungenen *Lebensgewebes* sind, das verknüpfter ist, als daß wir es begreifen könnten[17]. Unser Leben ist Bestandteil eines kosmischen Gewebes, und keine Moraltheologie, welche die Wirklichkeit nicht in dieser Sicht betrachtet, wird imstande sein, unser Leben und Tun von heute zu verstehen.

In einem bedeutenden, bahnbrechenden neueren Werk, das den Grund zu einer feministischen Theologie der Beziehung legt[18], hat Carter Heyward deutlich gemacht, wie weit dem herkömmlichen christlichen Theismus das zentrale Interesse für die Relationalität, das den Glauben der israelitischen Gemeinde charakterisierte und für das Wirken Jesu ein so zentrales Anliegen war, abhanden gekommen ist. Sie hebt hervor, wie die Grundvorstellungen von Gott, die in der patristischen Christenheit aufkamen, *beziehungsleer* waren. Indem sie betont, daß Gott „das Sein selbst" oder der „ganz Andere" sei, besagt die christliche Tradition, daß die *Kraft* Gottes aus

---

17 Vgl. z.B. Barry Commoner, The Closing Circle (New York 1971).
18 Isabel Carter Heyward, The Redemption of God: A Theology of Mutual Relation (unveröffentlichte Dissertation am Union Theological Seminary, 1979).

einer Beziehungslosigkeit hervorgehe. Und aus dieser Vorstellung der Beziehungslosigkeit Gottes nähren sich Bilder des menschlichen Ich, die uns Isolation und monadische Autonomie hochbewerten lassen. Denken wir in unseren vorherrschenden Theologien und intellektuellen Traditionen nicht, wir seien dann die wirkkräftigsten, mächtigsten moralischen Kräfte, wenn wir am meisten selbständig seien und uns auf uns selbst verließen, wenn wir am wenigsten der Hilfe und Unterstützung eines anderen bedürften?

In seinem neueren glänzenden Aufsatz „About Possession: The Self as Private Property"[19] spricht der Philosoph John Wikse über den Zusammenhang zwischen den von uns verwendeten Metaphern für das Ich mit den Metaphern für Besitz, die in der sozio-ökonomischen Ordnung vorherrschen. Eine freie Person sein, in dieser Gesellschaft ein Ich sein, bedeutet jetzt „sich selbst besitzen". Wir denken uns tatsächlich wirkliche Freiheit als „Selbstbesitz". Sich auf sich selbst zu verlassen und *nicht von andern irgendwie abhängig* zu sein, gilt jetzt alles. Wikse legt sehr einleuchtend dar, daß es jetzt schwer zu sagen ist, was für ein Unterschied besteht zwischen der Weise, auf welche die „ideale Person" dieser Kultur sich erwartungsgemäß verhalten soll, und der Weise, die man für gewöhnlich als das Verhalten von Idioten, von Geisteskranken ansah. Der Geistesgestörte ist, so nehmen wir immer an, jemand, der beziehungslos ist, jemand, der die Gemeinsamkeit im Denken nicht teilt. Jetzt hingegen sehen wir die gleiche Beziehungslosigkeit als *Reife* an; *Selbst*bezogenheit ist jetzt sosehr zum höchsten Wert geworden, daß wir so reden, als ob das „Einigsein mit sich selbst" eine Vorbedingung für die Beziehung zu anderen wäre und nicht deren Konsequenz. Die Hoffnung, *unsere Identität von innen her im Griff* zu haben, erfüllt den Traum, daß wir leben können, ohne von anderen in Mitleidenschaft gezogen werden zu können[20].

Kein Wunder, daß Wikse einen inneren Zusammenhang zwischen diesen Idealen und der Art und Weise erblickt, wie jemand in dieser Gesellschaft als Mann aufwächst. Die Rolle der sogenannten „Authentizität als Selbstbesitz" lernen heißt ein *richtiger* Mann werden. Wikse stellt dar, wie er es lernte, „etwas als Mann zu nehmen", wie er herausbekam, „Halt in sich selbst zu haben":

---

19 John R. Wikse, About Possession: The Self As Private Property (University Park, Pa. 1977).
20 Ebd. 44 und 45.

„Man brachte mir bei, ein richtiger Mann sei ein maskierter Mann, der ‚einsame Ranger'. Falls die anderen hinter die Maske des Selbstbesitzes sehen könnten, falls sie dich in deinen wirklichen Bedürfnissen sehen könnten, würden sie dich wohl zurückweisen: ein wirklicher Mann sollte keine Bedürfnisse haben. Als ein heldenhafter Fremder erfüllt der Mann eine Heilssendung; die Probleme sind Probleme anderer, Anliegen sind Anliegen der anderen, nicht die seinen... Man brachte mir (in der höheren Schule) bei, um Erfolg zu haben, müsse ich allen Menschen eine Fassade der Unverwundbarkeit vorzeigen, mein Werk als ein vollendetes, perfektes Erzeugnis leisten, es vollbringen ohne auf Kritik zu achten und ohne Zusammenhang mit den Menschen, mit denen ich arbeite."[21]

Ich vermute, eine theologische Tradition, die sich die Gottheit als autonom und unbezogen vorstellte, mußte mit der Zeit einen Humanismus hervorbringen wie den, den wir erzeugten, mit seiner Vision des „prometheischen Menschen", des Individuums, das nur dann, wenn es sich frei dazu *entschließt*, in Beziehung tritt. Wo Transzendenz uns als *Beziehungslosigkeit*, als Freiheit von Austausch und Wechselseitigkeit geschildert wird, wird die Erfahrung Gottes als einer lebendigen Präsenz kalt und unwirklich. Doch obschon dieser Gott schon seit langem tot ist, lebt in unserer Vorstellung der Träger der Menschheitsgeschichte als ein Mensch weiter, der sich zu Beziehungen *entschließen* kann oder auch nicht.

Solche Auffassungen von Liebe, die in einer Welt wie dieser weiterleben – ob sie nun Bilder der göttlichen oder der prometheischen menschlichen Liebe sind –, sind Bilder heldenhafter, großartiger Gebärden von sich selbst eingenommener Menschen. Es sind Bilder einer patronisierenden Liebe, der Liebe des Starken zum Schwachen oder umgekehrt die erbärmliche Dankbarkeit des Schwachen gegenüber dem Stärkeren, der „Gunsterweise" schenkt.

Niemand von uns möchte es mit dieser Art von Liebe zu tun haben oder hat dies je gewünscht oder gebraucht. Wir alle wissen – sofern unser Selbstgefühl durch Sadismus und Brutalität nicht schon sosehr verkrümmt worden ist, daß wir dies kaum mehr wahrnehmen –, daß die Liebe, die wir nötig haben und nach der wir verlangen, tief gegenseitige Liebe ist, Liebe, die zugleich empfangene und geschenkte Gabe ist. Der Rhythmus wirklicher, heilender, kräftigender Liebe besteht in *Nehmen und Geben, Geben und Nehmen*, frei von der

---

21 Ebd. 12 und 13.

anekelnden Ungleichheit, daß der eine Partner aktiv und der andere passiv ist.

Ich kann nur mit Schaudern daran denken, wie oft ich während der Jahre meines Theologiestudiums von jemand, der viel über christliche Ethik schrieb, die Warnung erhielt, die wirkliche *christliche* Liebe nicht mit „bloßer Gegenseitigkeit" zu verwechseln[22]. Man fühlt, daß Menschen, die so denken können, die Macht der Liebe, die Freude, gegenseitig in Mitleidenschaft gezogen zu werden, das Erlebnis, daß jemand uns wirklich gern hat und wir jemanden *aktiv* gern haben, erst noch erfahren müssen. *Gegenseitige* Liebe ist, meine ich, Liebe in ihrer tiefsten Radikalität. Sie ist so radikal, daß manche von uns noch nicht gelernt haben, sie zu hegen. Um sie zu erleben, müssen wir offen sein, müssen wir imstande sein, zu geben und zu empfangen. *Es ist tragisch, daß ein versachlichtes maskulines Christentum uns nicht lehren kann, solche Liebhaber zu sein.*

Diese versachlichte maskulinistische Idolatrie untergraben heißt meiner Ansicht nach auf die Entdeckung eines neutestamentlichen Glaubensethos ausgehen. Läßt sich die aktive Verkörperung von Liebe durch Jesus anhand dieses Bildes der Wechselseitigkeit veranschaulichen?[23] Ich glaube ja. Rechtgläubigen christologischen Auffassungen zufolge findet sich gewissermaßen der ganze Sinn des Lebens und Wirkens Jesu in seinem ungestümen Zueilen auf Kalvaria, auf das Kreuz hin – so als ob er das Leiden als Selbstzweck angesehen hätte, um die Lösung des gott-menschlichen Dramas ein für allemal herbeizuführen[24]. Ich denke, daß diese Sicht des Werks Christi dieses – und ihn – seiner moralischen Radikalität beraubt.

---

[22] Zur Verdunkelung des Gegenseitigkeitsgedankens in der protestantischen christlichen Ethik trug besonders Anders Nygren bei mit seinem Werk: Agape and Eros (Philadelphia 1953). Zu denen, die Nygren folgten, gehörte Reinhold Niebuhr. Vgl. Gene Outka, Agape: An Ethical Analysis (New Haven 1972) 7–92. Eine nie richtig übernommene frühe Kritik der Position Nygrens war die von Daniel Day Williams, The Spirit and Forms of Love (New York 1968). Römisch-katholische Theologen sahen die Rolle der Gegenseitigkeit in der Ethik für gewöhnlich positiver als die protestantischen, aber die hier vorgelegte Kritik am Opfergedanken bezieht sich auf römisch-katholische Autoren.
[23] Unter Zeitdruck wurde in diesem abschließenden Teil manches ausgelassen.
[24] Eine ausgezeichnete Kritik der rechtgläubigen Christologien findet sich bei I.C. Heyward, a.a.O., und bei Dorothee Sölle, Stellvertretung (Stuttgart-Berlin 1970) und: Sympathie. Theologisch-politische Traktate (Stuttgart 1978).

Jesus war radikal nicht in seinem Verlangen nach Opfer, *sondern in seiner Macht zur Wechselseitigkeit.* Der Tod Jesu am Kreuz, sein Opfer war nie eine abstrakte Tugendübung. Sein Tod war der Preis, den er zu entrichten hatte, weil er sich weigerte, die *radikale Aktivität* der Liebe aufzugeben: die Solidarität und gegenseitige Verbundenheit mit den in seiner Gesellschaft Ausgeschlossenen. Meines Erachtens ist das Opfer nicht ein zentrales Ziel, nicht eine zentrale Tugend im christlichen Leben. Radikale *Liebestaten* – welche die menschliche Solidarität zum Ausdruck und die gegenseitige *Verbundenheit* zum Leben bringen – sind die zentralen Tugenden des christlichen sittlichen Lebens. Daß wir das Opfer zu einer sittlichen Tugend gemacht haben, hat die christliche Moraltradition tief verwirrt.

Wie Jesus sind wir zu einer radikalen Betätigung der Liebe berufen, zu einer Daseinsweise in der Welt, welche die Verbundenheit vertieft, die Gemeinschaft verkörpert und ausdehnt, die Gabe des Lebens übermittelt. Wie Jesus müssen wir diesem Ruf nachleben an einem Ort und zu einer Zeit, wo die Mißgestalten liebloser Macht mit der Macht der Liebe in Konflikt stehen. Wir sind berufen, wie Jesus all dem die Stirne zu bieten, was die Macht des menschlichen Person- und Gemeinschaftswerdens durchkreuzt, was die gegenseitige Verbundenheit durcheinanderbringt und so vielen in unserer Welt Wohlfahrt, Gemeinschaft und menschliche Solidarität verweigert. Diesen Dingen die Stirne zu bieten, sich ihnen zu widersetzen, die „Lügen, Geheimnisse und Verschweigungen"[25] zu durchbrechen, welche die herrschenden Verzerrungen und Manipulationen in den menschlichen Beziehungen und die Macht der Beziehungen maskieren, ist die Berufung derer, die Jesus nachfolgen wollen.

Dem Auftrag zu Austausch und Wechselseitigkeit als dem Weg, Gott in die Welt zu bringen, nachzuleben und hellsichtig und realistisch zu sein, was die möglichen Folgen dieser radikalen Liebe betrifft, ist das eine. Etwas ganz anderes ist es, das zu tun, was viele Christen getan haben – nämlich die Kreuzigung Jesu aus dem Kontext seiner lebendigen Welt in seinem ganzheitlichen Leben und geschichtlichen Vorhaben herauszureißen und das Opfer zu einer abstrakten Norm für das christliche Leben zu machen. Sicherlich war Jesus treu bis in den Tod. Er stand für seine Sache ein und starb für sie. *Er nahm das Opfer auf sich.* Aber sein Opfer geschah für die Sache radikaler

---

25 Adrienne Rich, Lies, Secrets and Silences (New York 1979).

Liebe, um die gegenseitige Verbundenheit zwischen den Menschen herzustellen und zu stützen, und vor allem, um falsche Beziehungen zu *berichtigen*. Das nennen wir „Gerechtigkeit üben".
Wir brauchen nicht zu sagen, daß es selbst zur besten Zeit und unter den günstigsten Umständen riskant ist, so zu leben, *als ob das Reich des lebendigen Gottes schon da wäre* – d.h. in radikaler gegenseitiger Verbundenheit zu leben. *Radikale Liebe* schafft gefährliche Präzedenzfälle und übertriebene Erwartungen unter den Menschen. Diejenigen, die an der Macht sind, halten eine solche Liebe für unrealistisch, weil die, die von der Macht dieser Liebe gepackt sind, ein Widerstreben entwickeln, etwas zu akzeptieren, was der Wechselseitigkeit und Selbstachtung, was der Menschenwürde, was der echten Bezogenheit nicht voll entspricht. Deshalb werden solche Menschen zu mächtigen Bedrohungen des *status quo*. Wie die Frauen schon immer gewußt haben, wie auch Martin Luther King wußte, wie Erzbischof Oscar Romero wußte und jeder wissen muß, der es wagt, tief und stark aus der *Macht der Liebe* zu leben, ist radikale Liebe ein gefährliches und ernstes Unterfangen. Ohne ein starkes Beharrungsvermögen, ohne die Bereitschaft, Risiken, ja den Tod auf sich zu nehmen, könnte die Macht radikaler Liebe in unserer Welt nicht überleben. Bei der Macht, die das Böse in der Welt hat, läßt sich um Kreuzigungen nicht herumkommen. Doch wie die poetische Theologin der homophilen Befreiungsbewegung, Sandra Browders, uns in Erinnerung gerufen hat, hat es die Liebe nicht darauf abgesehen, Kreuzigungen ewig weiterdauern zu lassen, sondern in einer Welt, in der sie beständig weiter erfolgen, *ihnen ein Ende zu bereiten.* Wir tun dies durch Taten der Verbundenheit und Solidarität miteinander, nicht durch Anstreben einer Opferethik.
Merken wir uns gut: Wir sind nicht berufen, die Tugend des Opfers zu praktizieren. Wir sind berufen, die Gabe des Lebens auszudrücken, zu verkörpern, zu teilen, zu verkünden und weiterzugeben. Wir sind berufen, Verbundenheit auszubreiten und zu vertiefen, falsche Beziehungen zu berichtigen – nämlich solche, welche die Menschenwürde leugnen, verzerren oder am Aufgehen hindern –, indem wir einander in die Macht des Personseins zurückrufen. Wir sind berufen, diesen Weg zu gehen, in und mit dieser radikalen Macht der Liebe zu sein. Wenn du dies für mich tust, bin ich von deiner Großmut oft überwältigt, und *ich* spreche vielleicht vom Opfer, das *du* für mich bringst. Aber wir beide müssen uns darüber ganz klar sein, daß du dabei nicht die Tugend des Opferbringens für

mich praktizierst. Du gibst bloß die Macht der Liebe weiter, indem du mich beschenkst, so wie andere dich beschenkt haben, in der Macht, radikale Liebe zu *tun*.

Schluß

Es gäbe noch vieles zu sagen über die Vision des Tuns radikaler Liebe in einer feministischen Moraltheologie, welche ihre Signale dem entnimmt, was im geschichtlichen Kampf der Frau das Tiefste und Beste ist. Gewiß wäre auch noch viel mehr zu sagen über die Tiefe der Sünde und des Bösen in der Welt. Es ist wichtig, daran zu erinnern, daß eine feministische Moraltheologie, wie jede gute Theologie, utopisch ist darin, daß sie eine Gesellschaft, eine Welt, einen Kosmos *ins Auge faßt*, worin, wie Giulio Girardi gesagt hat, „niemand ausgeschlossen" ist[26]. Doch eine feministische Theologie ist auch ganz stark realistisch in dem Sinn, daß sie die radikale Freiheit, die die Menschen zum Tun des Guten oder *Bösen* haben, ganz ernst nimmt. Da wir uns bewußt sind, daß wir buchstäblich die Macht haben, einander in die Liebe, d.h. in die Verbundenheit hineinzubringen und so zur Person zu machen, können wir uns auch unserer Macht bewußt sein, Würde, Respekt, Sorge und Bemühung um das Menschsein aus unserer Welt *zu verbannen*. All dies *liegt* in unserer Hand.

Viel mehr als wir uns dessen bewußt zu sein suchen, lebt das Böse, das wir verüben, nach uns weiter. Die Radikalität unserer Sicht der Liebe erhält ihre Dringlichkeit aus dieser Erkenntnis. Die Propheten Israels betonten mit Recht schon vor langem, daß die Sünden der Väter (und der Mütter) in uns weiterleben und die Macht der Verbundenheit angreifen und zerstören. Das Böse, das sie getan haben, muß, wie das Übel, das wir tun, *rückgängig gemacht* werden. Darum scheint uns unsere menschliche sittliche Aufgabe manchmal über unsere Kraft zu gehen. Wir leben in einer Zeit, in der die angehäufte massive Ungerechtigkeit, die im Verlauf der Geschichte verübt worden ist, ihre Antwort erhält im sich erhebenden Zorn derer, deren Würde und Leben von kollektiven Privilegien bedroht werden, die aufzuheben sind. In einer Welt wie dieser wird das aktive Anstreben

26 Giulio Girardi, Amore Christiano Y Lucha De Classes (Ed. Sigueme 1975).

von Werken der Liebe oft erfordern, alles zu tun, was in unserer Macht steht, um den Kreuzigungen ein Ende zu bereiten, dem Bösen nach Kräften zu widerstehen, das Leiden derer zu mildern, welche die Opfer unserer zerrütteten Beziehungen sind. Inmitten einer solchen Welt liegt es immer noch in der Macht der Liebe, welche die Frohbotschaft Gottes ist, in uns das Bewußtsein zu erhalten, daß niemand von uns bloß zum Sterben geboren ist, sondern daß wir berufen sind, das Geschenk des Lebens zu haben und die Macht der Verbundenheit zu kennen und zu übermitteln.

Ein Haupterweis der Gnade Gottes – die immer in, mit und durch andere zu uns kommt – ist diese Kraft, zu kämpfen und *Empörung zu erleben*. Wir sollten unsere Macht, gegen das Sterben des Lichtes zu wüten, nicht geringschätzen. Aus ihr geht die Macht der Liebe hervor. Es darf von keiner von uns feministischen Theologinnen je heißen, wir seien bloß damenhaft dabeigestanden, wenn nach dieser *Macht* der Liebe gerufen worden sei, oder wir hätten uns in ein Jenseits zu flüchten gesucht, wenn man uns hier und jetzt auf dem Weg dahin gebraucht hätte.

Jacquelyn Grant

Die schwarze Theologie und die schwarze Frau

Die Befreiungstheologien sind im Zusammenhang mit den Befreiungskämpfen von schwarzen Amerikanern, Lateinamerikanern, amerikanischen Frauen, schwarzen Südafrikanern und Asiaten entstanden. Diese Theologien stellen ein Abrücken von der herkömmlichen christlichen Theologie dar. Als eine kollektive Kritik werfen die Befreiungstheologien ernste Fragen über die normative Verwendung der Bibel, der Tradition und der Erfahrung in der christlichen Theologie auf. Die Befreiungstheologen behaupten, die herrschenden Theologien des Westens seien dazu verwendet worden, die bestehende Ordnung zu legitimieren. Diejenigen, denen die Kirche die Aufgabe anvertraut habe, den Sinn des Wirkens Gottes in der Welt zu deuten, seien überaus zufrieden gewesen, die herrschenden Klassen zu repräsentieren. Aus diesem Grunde hat die Theologie, wie die Befreiungstheologen sagen, im allgemeinen nicht zu denen gesprochen, die vom politischen Establishment unterdrückt werden.

Die Kritik der Befreiungstheologie gegenüber der klassischen Theologie hat sich ironischerweise gegen die Befreiungstheologie selbst gewandt. So wie die meisten europäischen und amerikanischen Theologen sich mit der vom Westen geübten Unterdrückung abfanden, wofür sie von Befreiungstheologen zur Rede gestellt wurden, so fanden sich einige Befreiungstheologen mit einem oder mehreren oppressiven Aspekten des Befreiungskampfes selbst ab. Wo der Rassismus zurückgewiesen wurde, machte man sich den Sexismus zu eigen. Wo das Klassendenken in Frage gestellt wurde, tolerierte man den Rassismus und den Sexismus. Und wo der Sexismus verabscheut wurde, übersah man oft den Rassismus und das Klassendenken.

Obwohl das Argument, daß jede Analyse – ob sie nun Rasse, Klasse oder Geschlecht betreffe – nicht genügend universal sei, um die Anliegen sämtlicher Unterdrückter zu umfassen, eine gewisse Gültigkeit besitzt, sind doch alle diese partikulären Analysen vorgelegt worden und haben für eine umfassende, echte Befreiungstheologie eine entscheidende Bedeutung. Damit die Befreiungstheologie sich selbst treu ist, muß sie auf die Kritik hören, die aus der Sicht der schwarzen Frau – vielleicht des unterdrücktesten aller unterdrückten Menschen – an sie gerichtet wird.

In diesem Aufsatz möchte ich zeigen, wie die Erfahrung der schwarzen Frau gewisse Postulate in der Befreiungstheologie im allgemeinen und in der schwarzen Theologie im besonderen in Frage stellt. Im lateinamerikanischen Kontext ist dies von Frauen wie Beatriz Melano Couch und Consuelo Urquiza bereits getan worden. Ein paar lateinamerikanische Theologen haben zu antworten begonnen. Beatriz Couch z.B. nimmt den Denkansatz der lateinamerikanischen Theologen an, macht ihnen aber eine exklusive Haltung zu Rasse und Geschlecht zum Vorwuf. Sie sagt: „. . . In Lateinamerika betonen wir die Bedeutung der Praxis als Ausgangspunkt und der Verwendung der Gesellschaftswissenschaft, um unsere historische, politische Situation zu analysieren. Darin stimme ich mit meinen männlichen Kollegen überein. . ., mit Ausnahme eines qualitativen Unterschieds. Ich betone die Notwendigkeit, den verschiedenen Kulturformen, in denen sich Unterdrückung äußert, Beachtung zu schenken, der Ideologie, welche die Menschen nicht nur der Klasse, sondern auch der Rasse und dem Geschlechte nach teilt. Rassismus und Sexismus sind Unterdrückungsideologien, welche in der Befreiungstheologie eine besondere Behandlung erfordern."[1]

Neulich rief Consuelo Urquiza die hispano-amerikanischen Frauen auf, sich im Kampf gegen ihre Unterdrückung in Kirche und Gesellschaft zu vereinen. Sie kam auf den Widerspruch in den Paulusbriefen zu sprechen, der die Unterdrückung der hispano-amerikanischen Frau bestärke, und sagte: „Heute werden alle Christen mit dem einverstanden sein, was Paulus im ersten Teil von Gal 3,28 über Freiheit und Sklaverei sagt: daß es keine Sklaven geben solle . . . Doch der zweite Teil dieses Verses . . . ist ignoriert und die Gleichheit zwischen Mann und Frau nicht akzeptiert worden. Man möchte diese Zeile lieber überspringen und zum ersten Timotheusbrief (2,9 – 15)

---

1 Beatriz Melano Couch, Remarks on the feminist panel of Theology in the Americas Conference in Detroit in August 1975, in: Sergio Torres u. John Eagleson (Hrsg.), Theology in the Americas (Maryknoll, N.Y. 1976) 375.

übergehen."² Theologinnen aus lateinischem Kontext beginnen Theologie zu treiben und andere Frauen für die Notwendigkeit zu sensibilisieren, an Entscheidungen, welche ihr Leben und das ihrer Gemeinschaften betreffen, beteiligt zu sein. Die lateinamerikanische Theologie wird aus diesen Beiträgen, welche Frauen zum theologischen Prozeß beisteuern, Gewinn ziehen. Frauen der Dritten Welt und schwarze Frauen³ in den Vereinigten Staaten werden bald bei einem Angriff auf einen weiteren Aspekt der Befreiungstheologie zusammenarbeiten: beim Angriff auf die feministische Theologie. Schwarze Frauen und solche der Dritten Welt haben das Unterscheidende und das Verbindende gegenüber der Feministinnenbewegung zu artikulieren begonnen, in der weiße Amerikanerinnen maßgebend sind, die bis jetzt die Hauptautorinnen der feministischen Theologie waren. Meines Erachtens sollten sich diese Unterschiede und Ähnlichkeiten in bezug auf die feministische Theologie in den theologischen Perspektiven schwarzer Frauen und solcher der Dritten Welt niederschlagen. Ich indes habe vor, die schwarze Theologie als eine schwarze Frau kritisch zu besehen, um zu beurteilen, wie adäquat ihr Freiheitsverständnis für die gesamte schwarze Gesellschaft ist.

Ich möchte mit der Frage beginnen: „Wo sind in der schwarzen Theologie die schwarzen Frauen?" Sie sind in der schwarzen Theologie nicht zu erblicken, und wir sollten wissen, weshalb. Weil die schwarze Kirchenerfahrung und die schwarze Erfahrung ganz allgemein wichtige Voraussetzungen sind, um schwarze Theologie zu treiben, müssen wir die schwarze Frau in ihrer Beziehung zu beiden sehen, um zu verstehen, wie die schwarze Theologie ihre Freiheitsauffassung angewandt hat. Schließlich ist im Blick auf den Status der schwarzen Frau gegenüber der schwarzen Theologie, der schwarzen

2 Consuelo Urquiza, A Message from a Hispanic-American Woman, in: The Fifth Commission: A Monitor for Third World Concerns IV (Juni-Juli 1978). Die Fifth Commission ist eine Kommission des Nationalen Kirchenrates in den USA (NCC), 475 Riverside Drive, New York, N.Y.
3 Mit der Fifth Commission bin ich der Auffassung, daß „die Dritte Welt nicht eine geographische Einheit darstellt, sondern die Welt unterdrückter Völker in ihrem Befreiungskampf". Zur Dritten Welt in diesem Sinn gehören auch die schwarzen Frauen. Um jedoch die besondere Identität, die besonderen Probleme und Anliegen der schwarzen Frauen in der Ersten und der Dritten Welt hervorzuheben, entschloß ich mich, zwischen den schwarzen Frauen und den Frauen der Dritten Welt zu unterscheiden.

Kirche und der schwarzen Erfahrung an die schwarze Theologie eine Forderung zu stellen. Auf diese Weise also gedenke ich diese wichtige Frage zu erörtern.

Das Nichtvorhandensein der schwarzen Frauen in der schwarzen Theologie

Bei der Prüfung der schwarzen Theologie müssen wir annehmen, daß entweder schwarze Frauen in diesem Unternehmen nicht am Platze sind oder daß die schwarzen Männer imstande sind, für uns zu sprechen. Beide Annahmen sind falsch und auszuschließen. Sie erwachsen aus einer von Männern beherrschten Kultur, welche die Frau auf gewisse Gesellschaftsbereiche beschränkt. In einer solchen Kultur wird Männern die Befugnis erteilt, in allen bedeutsamen Angelegenheiten für die Frauen zu sprechen. Es ist kein Zufall, daß alle anerkannten schwarzen Theologen Männer sind. Dies ist denn auch beim Status und der Macht, die der Disziplin der Theologie zuerkannt werden, zu erwarten. Berufstheologie wird von solchen geleistet, die sehr gut ausgebildet sind. Dies erfordert zudem meisterliches Handhaben derjenigen Macht, die meistens in die Definition des Mannseins hineingenommen wird: der Macht oder Fähigkeit, „logisch zu denken". Vermutlich gilt diese als Eintrittskarte, die zur Beteiligung an logischen, philosophischen Debatten und Diskussionen berechtigt, welche für das meiste, was außerhalb der „Sphäre der Frau" liegt, eine gründliche Verstandesschulung voraussetzen. Man nimmt an, die Natur des Mannes werde von der Vernunft und vom Intellekt bestimmt, die Natur der Frau aber von der Intuition und der Gefühlswelt. Frauen sollten sich deshalb auf die häuslichen Angelegenheiten beschränken, während Männer das Wichtigere, das, was Verstandesfähigkeiten erfordert, zu leisten hätten[4]. In der Sklavengesellschaft bestanden diese Unterschiede nicht so klar[5].

---

4 Zu einer Erörterung der Geschlechterdualismen in unserer Gesellschaft vgl. Rosemary Ruether, New Woman/New Earth (New York 1975) Kap. 1; dies., Liberation Theology (New York 1972) 16ff. Und zu einer Erörterung der Geschlechter-(Gesellschafts-)dualismen in bezug auf die Gehirnhemisphären vgl. Sheila Collins, A Different Heaven and Earth (Valley Forge 1974) 169–170.
5 Angela Davis, Reflections on the Black Woman's Role in the Community of Slaves, in: The Black Scholar Bd. 4, Nr. 3 (Dez. 1971) 3–15.

Man hielt Emotionalität und Irrationalität für gemeinsame Wesenszüge der Sklaven und der Frauen. Je weiter wir uns von der Sklavenkultur entfernten, desto mehr kam es zu einem Dualismus zwischen schwarzen Männern und Frauen. Die Macht und die Beteiligung der schwarzen Männer an der von Männern beherrschten Gesellschaft haben immer stärker zugenommen, während die schwarzen Frauen weiterhin die Klischees und Unterdrückungen einer früheren Periode auszuhalten hatten.

Wenn der Geschlechterdualismus unter den Schwarzen an sein Ende gekommen ist (was meiner Meinung nach der Fall ist), dann wird man leicht sehen können, warum schwarze Frauen in der schwarzen Theologie nicht zu erblicken sind. So wie weiße Frauen früher in der weißen Theologie keinen Platz hatten – außer um die theologischen Auffassungen weißer Männer entgegenzunehmen –, so haben schwarze Frauen in der Entwicklung einer schwarzen Theologie nichts zu suchen. Die Männer haben sich das Recht herausgenommen oder dieses wurde ihnen von einer von Männern beherrschten Gesellschaft ohne weiteres zugestanden, für die ganze schwarze Gesellschaft, Männer und Frauen, zu sprechen.

In gewissem Sinn ist es logisch und eigentlich zu erwarten, daß die Männer das patriarchalische Modell akzeptieren. Die männlichen Sklaven konnten nicht in den Genuß des Patriarchates kommen. Vor der Sklavenbefreiung hatten sie keine Gelegenheit, Beschützer und Betreuer schwarzer Frauen und Kinder zu sein, so wie weiße Männer für ihre Frauen und Kinder dies tun durften. Manches, was als „Männlichkeit" betrachtet wurde, bestand darin, daß man diese Funktionen gut ausüben konnte. Es erscheint nur natürlich, daß die schwarzen Männer nach ihrer Emanzipation es für dringlich hielten, Anspruch auf ihr Eigentum, auf ihre Frauen und Kinder, zu erheben. Zudem war es natürlich, daß die schwarzen Männer ihr „naturgegebenes" Recht auf „die Welt des Mannes" beanspruchten. Doch ist dies nur dann logisch und natürlich, wenn man die Ansichten und die Geltung des Patriarchates – die Oberherrschaft des Mannes – fraglos annimmt.

Die schwarzen Männer müssen sich eine heikle Frage stellen. Kann

> Ich distanziere mich jedoch von der Ansicht von Davis. Die schwarze Gesellschaft mag „Gleichheit in Ungleichheit" erfahren haben, doch dies war ihr von der versklavenden herrschenden Gesellschaft aufgezwungen. Sie befaßte sich nicht mit der Ungleichheit innerhalb der Gemeinschaft selbst.

denn eine weiße Gesellschaft, die durch die Versklavung der Schwarzen, den Kolonialismus und Imperialismus gekennzeichnet ist, für eine schwarze Gesellschaft die maßgebende Auffassung über die Frau abgeben? Kann denn die Sphäre der Frau, wie sie von weißen Männern verstanden wird, von den Mißständen und der Unterdrückung frei sein, die in der weißen Gesellschaft zu finden sind? Der springende Punkt ist der, daß die schwarzen Männer in Angelegenheiten, welche die Beziehungen zwischen den Geschlechtern betreffen, die patriarchalische Struktur der weißen Gesellschaft fraglos als für die schwarze Gesellschaft maßgebend übernommen haben. Wie kann ein schwarzer Pfarrer so predigen, daß er sich auf das Dictum des hl. Paulus über die Frau beruft, während er von dessen Dictum bezüglich der Sklaven nichts wissen will oder es zurückweist? Viele schwarze Frauen werden wütend, wenn sie „befreite" schwarze Männer über den „Platz der Frau" in Worten und Sätzen sprechen hören, die den von ihnen verurteilten Sprüchen der weißen Unterdrücker gleichen.

Man hat in der Theologie keine schwarzen Frauen erblickt, weil man annahm, die Beschäftigung mit Theologie gehöre nicht zur Sphäre der Frau. Die erste der beiden oben genannten Annahmen ergibt sich also aus der geschichtlich bestimmten Ausrichtung der herrschenden Kultur. Die zweite folgt aus der ersten. Wenn die Frau in der Theologie keinen Platz hat, wird es zum natürlichen Vorrecht der Männer, theologische Probleme, sogar solche, welche spezifisch Frauen betreffen, sich vorzubehalten. So weit die schwarzen Männer die Geschlechterdualismen der herrschenden Kultur akzeptiert haben, nehmen sie sich heraus, auch für die schwarzen Frauen zu sprechen.

Bevor wir schließlich die beiden Annahmen verabschieden, ist eine einschlägige Frage zu stellen. Kann nicht trotz des Umstands, daß in den Kreisen, welche die schwarze Theologie produzieren, nicht auch schwarze Frauen vorhanden sind, die daraus resultierende Theologie doch im besten Interesse der schwarzen Frauen liegen? Die Antwort liegt auf der Hand. Während der paar letzten Jahre haben feministische Theologinnen aufgezeigt, wie sehr die Theologie von Männern in von Männern beherrschten Kulturen dazu gedient hat, die patriarchalischen Gesellschaftsstrukturen zu festigen[6]. Aus welchem

---

6 Vgl. Sheila Collins, a.a.O.; Rosemary Ruether, a.a.O.; Letty Russel, Human Liberation in the Feminist Perspective (Philadelphia 1974); Mary Daly, Beyond God the Father (Boston 1973).

Grund sollte man, da doch die schwarzen Männer diese Strukturen akzeptiert haben, annehmen, daß die von schwarzen Männern verfaßte Theologie für schwarze Frauen irgendwie befreiender sei, als es die weiße Theologie für weiße Frauen war? Und doch möchte man meinen, daß infolge der Unterdrückung, die die schwarzen Menschen erfahren haben, die schwarzen Männer auf die Unterdrückung anderer besonders empfindlich reagieren würden[7].

James Cone hat es als die Aufgabe der schwarzen Theologie bezeichnet, „das Wesen des Evangeliums Jesu Christi von den unterdrückten Schwarzen her zu analysieren, so daß diese das Evangelium als etwas ansehen, das sie in ihrer erniedrigten Lage unbedingt angeht, und das ihnen die notwendige Kraft verleiht, die Ketten der Unterdrückung zu sprengen. Sie ist somit eine Theologie der schwarzen Gemeinschaft und für sie, und sucht die religiösen Dimensionen der Befreiungskräfte in dieser Gemeinschaft zu interpretieren."[8] Welches sind die Befreiungskräfte in der schwarzen Gesellschaft und der schwarzen Kirche? Müssen sie ausschließlich vom Kampf gegen den Rassismus bestimmt sein? Meine Antwort auf diese Frage lautet nein. Es gibt in der schwarzen Gesellschaft oppressive Realitäten, die auf den Rassismus bezogen werden, aber von ihm unabhängig sind. Der Sexismus ist eine dieser Realitäten. Die schwarzen Männer suchen sich von Rassenklischees und der Unterdrückung zu befreien, schenken aber dabei den Klischees und Unterdrückungen, welche die Frauen betreffen und denen parallel laufen, die einst die Schwarzen zu erleiden hatten, nicht die gebührende Beachtung. Die Schwarzen führen einen Befreiungskampf gegen die Klischeevorstellung, daß alle Schwarzen schmutzig und häßlich oder daß die Schwarzen mit Übel und Dunkel gleichbedeutend seien[9]. Das Schlagwort „Schwarz ist schön" war ein Gegenangriff gegen diese Klischees. Die Parallele, welche die Frauen betrifft, ist die Auffassung, daß sie – vor allem während der Menstruation und nach der Geburt eines Kindes – „unrein" seien. Weil das Schönheitsideal in

---

7 Natürlich fehlt der Faktor Rasse, doch wäre in einer vertieften Analyse die mögliche Auswirkung auf den Status der schwarzen Frauen zu bestimmen.
8 James Cone, A Black Theology of Liberation (Philadelphia 1970) 23.
9 Eulalio Baltazar spricht von der Farbensymbolik (weiß ist gut; schwarz ist böse) als einem Niederschlag des Rassismus in der weißen Theologie, der diesen weiterdauern läßt. The Dark Center. A Process Theology of Blackness (New York 1973).

der von Männern beherrschten weißen Gesellschaft die „langhaarige Blondine" ist mit all dem, was dieser Mystik entspricht, haben die schwarzen Frauen ein zusätzliches Problem mit der westlichen Idee von „Häßlichkeit", zumal dann, wenn sie schwarzen Männern begegnen, die dieses weiße Schönheitsmodell übernommen haben. Ähnlicherweise hat die christliche Lehre, daß die Frau für den Fall der Menschheit verantwortlich und somit die Quelle allen Übels sei, in der Erfahrung schwarzer Frauen eine verheerende Wirkung gezeitigt.

Wie das aller unterdrückten Menschen hat das Bild, das die Schwarzen sich von sich selbst machen, Schaden gelitten. Zudem waren sie nicht Herren ihres Schicksals. Der schwarze Befreiungskampf hat zum Ziel, die gesellschaftlich-wirtschaftlichen und politischen Verhältnisse der Schwarzen von Grund auf zu ändern, indem er Liebe zu sich selbst, Herrschaft über sich selbst, Vertrauen zu sich selbst einschärft. Die Begriffe Selbstliebe, Selbstherrschaft, Selbstvertrauen und politische Beteiligung haben für die schwarzen Frauen sicherlich große Bedeutung, obwohl man ihnen beibrachte, daß sie wegen ihres Geschlechts vollständig vom Mann abhängig zu sein hätten. Doch während ihre geschichtliche Situation diese Abhängigkeit irgendwie erforderte, machte es die Machtlosigkeit der schwarzen Männer für sie notwendig, selber nach diesen Werten zu suchen.

So wie alle Formen der Unterdrückung hängen Rassismus und Sexismus miteinander zusammen. Der Sexismus hat jedoch eine eigene Realität und Bedeutung, weil er die spezielle Form der Unterdrückung darstellt, welche schwarze Frauen durch schwarze Männer erleiden. Es ist wichtig, diese Realität des Sexismus, wie er in der schwarzen Gesellschaft und in der schwarzen Kirche ausgeübt wird, zu prüfen. Wir werden zunächst die schwarze Kirche besehen und zweitens die schwarze Gesellschaft, um zu bestimmen, wie weit die schwarze Theologie ihrer definierten Aufgabe in bezug auf die Befreiung der schwarzen Frauen nachgekommen ist[10].

---

10 Die schwarze Theologie scheint sich bloß um den Rassismus, nicht um den Sexismus zu kümmern. Wie ich in diesem Aufsatz darlege, kann eine solche Theologie, wenn überhaupt, bloß die halbe Wahrheit sagen.

Die schwarze Kirche und die schwarze Frau

Ich bin mit Karl Barth einig, wenn er die besondere Funktion der Theologie als „Selbstprüfung der Kirche" bezeichnet. „Sie (die Kirche) stellt die Wahrheitsfrage, d.h. sie mißt ihr Handeln, ihr Reden von Gott an ihrem Sein als Kirche."[11]
Einerseits muß die schwarze Theologie weiterhin die klassische Theologie und die weiße Kirche kritisieren. Aber andererseits muß die schwarze Theologie die schwarze Kirche einer „Selbstprüfung" unterziehen. Die Kirche hat James Cone zufolge eine dreifache Aufgabe: 1) „Sie proklamiert die Wirklichkeit der gottgewirkten Befreiung... Man darf die Frohbotschaft der Freiheit nicht entgegennehmen und dann für sich behalten; sie muß der ganzen Welt mitgeteilt werden...;" 2) „Sie nimmt aktiv teil am Befreiungskampf;" 3) „Sie ist eine sichtbare Bekundung, daß das Evangelium eine Realität ist... Wenn sie (die Kirche) der alten Ordnung entsprechend lebt (wie sie dies für gewöhnlich getan hat), wird niemand ihrer Botschaft Glauben schenken."[12] Die schwarze Theologie muß die Frage stellen, ob die schwarze Kirche dieser Aufgabe nachkommt. Zudem muß das, was die schwarze Kirche über Gott sagt, mit ihrem Handeln übereinstimmen[13]. Diese Forderungen in bezug auf die Glaubwürdigkeit der Kirche im Befreiungskampf sind, was die Frauenfrage betrifft, nicht erfüllt worden.
Falls die Befreiung der Frau nicht verkündet wird, kann die Kirche auch nicht die Befreiung durch Gott verkünden. Falls die Kirche sich am Befreiungskampf der schwarzen Frauen nicht beteiligt, ist ihr Befreiungskampf nicht redlich. Falls Frauen unterdrückt werden, kann die Kirche nicht „eine sichtbare Bekundung" sein, „daß das Evangelium eine Realität ist" – denn in diesem Kontext kann das Evangelium nicht real sein. Man kann die Widersprüche zwischen dem Sprechen der Kirche, d.h. ihrer Verkündigung der Befreiung, und ihrem Handeln ersehen, wenn man den Status betrachtet, den

---

11 Karl Barth, Kirchliche Dogmatik, Bd. I, 1 (München 1935) 2.
12 J. Cone, a.a.O. 230–232.
13 James Cone und Albert Cleage machen über die jetzige schwarze Kirche und ihr Verhalten gegenüber den Kämpfen gegen den Rassismus diese Bemerkung. Vgl. A. Cleage, The Black Messiah (New York 1969) passim, und J. Cone, a.a.O. passim.

die schwarzen Frauen als Laien in der Kirche haben, und ihren Platz im ordinierten Dienstamt der Kirche.

Man sagt oft, Frauen seien das „Rückgrat" der Kirche. Oberflächlich gesehen mag das als Kompliment erscheinen, zumal wenn man an die Funktion des Rückgrats in der menschlichen Anatomie denkt. Theressa Hoover verwendet zur Bezeichnung der Funktion, welche die Frauen in der schwarzen Kirche haben, lieber den Ausdruck „Leim". Auf jeden Fall liegt beim Wort „Rückgrat" der Nachdruck auf „Rück-". Wie ich sah, beziehen die meisten Geistlichen, die diesen Ausdruck verwenden, ihn mehr auf die örtliche Lage als auf die Funktion. In Wirklichkeit meinen sie dies, daß die Frauen im „Hintergrund" sind und dort gehalten werden sollten. Sie sind bloße Hilfskräfte. Dies wird durch meine Feststellung bestätigt, daß in vielen Kirchen Frauen beständig Aufgaben in der Küche zugewiesen werden, während in die wichtigen Ausschüsse und leitenden Stellungen Männer gewählt oder ernannt werden. Über Beschlüsse und Maßnahmen wird in der Küche vielleicht diskutiert, aber sie werden nicht dort getroffen. Kürzlich führte ich in einer Konferenz der Afrikanischen Methodistischen Episkopalkirche (AMEK) eine wissenschaftliche Untersuchung durch, aus der hervorging, daß Frauen eher in kleineren als in größeren Kirchen Einsitz in Entscheidungsgremien gewährt wird[14]. Dieses politische Manöver ist behilflich, Frauen in der betreffenden Kirche wie in den Ortsgemeinden „in Schranken zu halten". Die Verschwörung, die Frauen in den Hintergrund zu verbannen, wird auch durch die beständige psychologische und politische Strategie unterstützt, welche die Frauen davon abhält, ihre potentielle Macht in der Kirche zur Geltung zu bringen. Nicht nur werden sie für ihre Leistung in „Rückgrats"-Funktionen und Hilfspositionen belohnt, sondern sie werden auch bestraft, falls sie von der Rückgratsposition zur Position des Hauptes – in die Kirchenleitung – aufzusteigen versuchen. Indem wir den

---

14 Eine Untersuchung, die ich in der Konferenz von Philadelphia der AMEK im Mai 1976 durchführte. Darin wurden auch die Verhältnisse in anderen Konferenzen des First Episcopal District berücksichtigt. Beispielsweise hatte eine Kirche mit 1.660 Mitgliedern (500 Männern und 1.160 Frauen) ein Kuratorium von 8 Männern und einer Frau und einen Leitungsausschuß von 13 Männern und 6 Frauen. Eine Kirche mit 100 Mitgliedern (35 Männern und 65 Frauen) hatte ein Kuratorium von 5 Männern und 4 Frauen und einen Leitungsausschuß von 5 Männern und 4 Frauen.

Unterschied zwischen vorgeschriebenen Hilfspositionen und den beschlußfassenden Leitungsfunktionen besehen, tritt die Unterdrückung der schwarzen Frau in der schwarzen Kirche klarer zutage.

Zumeist haben Männer den kirchlichen Dienst als Beruf sich selbst vorbehalten. Der kirchliche Dienst von Frauen als vollordinierten Klerikerinnen war stets umstritten. Die schwarzen Kirchenväter waren nicht imstande, die mit ihrer Praxis verbundenen Ungerechtigkeiten einzusehen, selbst wenn sie zu den Ungerechtigkeiten in der weißen Kirche, gegen die sie rebellierten, eine Parallele bildeten.

Im frühen 19. Jahrhundert empfand Bischof Richard Allen es als eine Ungerechtigkeit, daß Schwarze – Freie und Sklaven – sich nur auf die Empore begeben und nur zu einer bestimmten Zeit am Gottesdienst teilnehmen und an der Kommunionbank knien durften; dafür ist er zu belobigen. Doch da er das patriarchalische System annahm, war Allen nicht imstande, es als Ungerechtigkeit zu empfinden, daß man Frauen bloß im Kirchenschif Platz nehmen ließ und ihnen die Ordination verweigerte, wie er dies im Fall von Frau Jarena Lee tat[15]. Frau Lee erinnerte sich an die Antwort, die Allen ihr gab, als sie ihm sagte, sie fühle sich berufen, „hinzugehen und das Evangelium zu verkünden":

„Er stellte darauf die Frage, in welchem Bereich ich wirken möchte. Ich sagte, unter den Methodisten. Er entgegenete, eine Frau Cook, eine Methodistin, habe vor einiger Zeit um das gleiche Privileg nachgesucht; sie scheine viel Gutes getan zu haben auf dem Weg des Zuspruchs und durch Abhalten von Gebetszusammenkünften; es sei ihr dazu die mündliche Erlaubnis des Predigers gegeben worden, der damals im Amt gewesen sei. Was aber das Predigen von Frauen betreffe, so wolle unsere Disziplin nichts davon wissen – sie sehe keine weiblichen Prediger vor."[16]

---

15 Jarena Lee, The Life and Religious Experience of Jarena Lee: A Colored Lady Giving an Account of Her Call to Preach the Gospel (Philadelphia 1836), in: Dorothy Porter (Hrsg.), Early Negro Writing 1760–1837 (Boston 1971) 494–514.
16 Ebd. 503. Carol George, Segregated Sabbaths (New York 1973) legt ein sehr positives Bild der Beziehung zwischen Jarena Lee und Bischof Richard Allen vor. Sie ist der Ansicht, daß zu der Zeit, da Lee mit Allen in Verbindung trat, dieser „seine Ansichten über die Rechte der Frau geändert hatte" (S. 129). Sie behauptet, daß Allen, seit er von der

Wegen dieser Antwort wurde der Predigtdienst von Frau Jarena Lee um acht Jahre hinausgezögert. Sie gewahrte die sexistische Ungerechtigkeit in der Antwort von Allen:
„Wie sehr sollten wir achtgeben, daß wir nicht durch unsere Satzungen der Kirchenleitung und -zucht sogar das Wort des Lebens in Verruf bringen. Denn mag es heute noch so ungeziemend erscheinen, daß eine Frau predigt, so sollte man sich doch daran erinnern, daß mit Hilfe Gottes nichts unmöglich ist. Und wieso sollte man es für ungewöhnlich, heterodox oder unpassend ansehen, daß eine Frau predigt, da doch der Heiland für die Frauen ebenso gestorben ist wie für die Männer?"[17]

Eine weitere „farbige Evangeliumsverkünderin", Elizabeth, war über ihre Berufung, zu predigen, sehr verwirrt, genauer gesagt über das, was Männer zu dieser ihrer Berufung bemerkten. Sie schrieb:
„Ich hatte oft das Gefühl, ich sei nicht imstande, mich mit der Gemeinde zu vereinigen, mit der ich zusammengekommen war ... Ich fühlte, daß ich wegen dieser gnadenhaften Berufung verachtet und von den Pfarrern, bei denen ich in die Lehre gehen wollte, als ein seltsamer Kauz angesehen wurde ... Einige von ihnen hätten am liebsten ausgerufen: ‚Sie sind eine Schwärmerin', und andere sagten: ‚Die Kirchenzucht gestattet eine solche Arbeitsteilung nicht'."[18]

Als sie ein wenig später nach ihrer Vollmacht, gegen die Sklaverei zu predigen, und nach ihrer Ordination gefragt wurde, gab sie zur

Methodistischen Kirche frei war, seine Einstellung zu den Frauen unter den Auspizien der AMEK selbst bestimmen konnte. Es ist zu bemerken, daß Bischof Allen Jarena Lee wohl als Predigerin, nicht aber als ordinierte Predigerin mit vollen Rechten und Pflichten akzeptiert hat. Selbst Carol George gibt zu, daß J. Lee mit Bischof Allen „bloß als ein nicht-offizielles Mitglied der Delegation zu Konferenzsitzungen in New York und Baltimore" gereist ist und diesen „beiwohnte", nicht aber aktiv an ihnen beteiligt war. Dies stellt einen Fortschritt in der Haltung des Bischofs Allen dar im Vergleich zu seinem Verhalten, als J. Lee ihm zum ersten Mal begegnete; bei der zweiten Begegnung war er wenigstens ermutigend. Danach begann er „ihre Interessen zu fördern" (S. 129). Aber er ordinierte sie nicht.

17 Ebd.
18 Elizabeth: A Colored Minister of the Gospel, in: Bert James Loewenberg und Ruth Bogin (Hrsg.), Black Women in Nineteenth-Century American Life (University Park, Pa. 1976) 132. Die Konfession Elizabeths ist mir nicht bekannt. Ihre Eltern waren Methodisten, doch sie war vom Alter von elf Jahren an von den Eltern getrennt. Der Herr, der sie freiließ, war ein Presbyterianer. Ihre Autobiographie wurde von den Quäkern von Philadelphia veröffentlicht.

Antwort, sie predige „nicht kraft der Beauftragung durch Menschen; falls der Herr mich ordiniert hat, habe ich nichts Besseres mehr nötig"[19]. Damit, daß sie sich mehr auf Gott verließ als auf eine von Männern beherrschte Kirchenstruktur, führte sie einen fruchtbaren kirchlichen Dienst aus.

Wie Frau Jarena Lee hatte auch Frau Amanda Berry Smith ihren kirchlichen Dienst außerhalb der Struktur der Afrikanischen Methodistischen Episkopalkirche (AMEK) zu leisten. Sie sagte von sich selbst, sie sei eine „einfache christliche Frau ohne Geld und ohne Bedeutung"[20]. Doch sie war von der Idee fasziniert, an der Generalkonferenz von 1872 in Nashville, Tennessee, teilzunehmen. Als sie fragte, wieviel es koste, nach Nashville zu gehen, machte ein Bruder der AMEK die Bemerkung:

„Ich sage Ihnen, Schwester, es wird eine Stange Geld kosten, dorthin zu gehen, und wenn sie nicht einen Haufen Geld haben, hat es keinen Wert, zu gehen." Ein anderer sagte:

„Warum will sie denn hingehen?"

„Sie ist Predigerin; sie möchte ordiniert werden", war die Antwort.

„Ich bin gegen das", sagte der andere.

„Ja, ich auch", fügte ein weiterer hinzu[21].

Die Ausschließung der Frauen vom kirchlichen Dienst nahm viele Formen an. Nicht nur wurde ihnen die Ordination verweigert, sondern auch die Echtheit der „Berufung" von Frauen wurde oft in Frage gestellt. Jarena Lee, Elizabeth und A.B. Smith sprachen von den vielen Seelen, die sie durch ihr Lehren und Singen in schwarzen Ortsgemeinden sowie in weißen und gemischten Gemeinden zu Christus geführt hätten. Erst als Bischof Richard Allen sich eine Predigt von Jarena Lee angehört hatte, war er überzeugt, daß sie vom Geist erfüllt war. Und doch weigerte er sich immer noch, sie zu ordinieren. Die Brüder, einschließlich einiger Bischöfe, an der Generalkonferenz der AMEK von 1872 waren davon überzeugt, daß Amanda Berry Smith mit dem Geist Gottes begnadet sei, nachdem sie an einer Sitzung in der Fisk University sie singen gehört hatten. Wie Frau Smith uns berichtet, war es, „als ob der Geist des Herrn sich auf alle niederließe. Die Prediger waren glücklich..." Dieses Erlebnis trug ihr

---

19 Ebd. 133.
20 Amanda Berry Smith, An Autobiography: The Story of the Lord's Dealings with Mrs. Amanda Berry Smith, the Colored Evangelist (Chicago 1893), in Loewenberg und Bogin a.a.O. 157.
21 Ebd.   22 Ebd. 159.

Einladungen ein, in verschiedenen Kirchen zu predigen, brachte es aber nicht mit sich, daß sie zum Pfarrer einer Ortsgemeinde ernannt oder ordiniert wurde. Sie gab diese Erfahrung so wieder: „... Danach glaubten viele meiner Brüder an mich, zumal die Frage der Ordination von Frauen in der Konferenz nie aufgeworfen wurde"[22].

Mehrere schwarze Kirchen haben seither begonnen, auch Frauen zu ordinieren[23]. Doch die Tatsache, daß Predigerinnen ihre Berufung deutlicher nachweisen müssen als man dies von Männern verlangt, besteht in der schwarzen Kirche von heute weiter. Eine Untersuchung, an der ich am Union Theological Seminary in New York teilnahm, weist dies nach. Aus Interviews mit schwarzen Geistlichen verschiedener Kirchen ging hervor, daß ihre Vorurteile gegenüber Frauen, zumal gegenüber Frauen im kirchlichen Dienst, zu Überforderungen und zu ungerechter Behandlung von Pfarrerinnen führten, mit denen sie zu tun hatten[24].

23 Die AMEK begann 1948, Frauen zu ordinieren; die erste ordinierte Frau war Martha J. Keys (nach Aussage von Pfarrer William P. Foley von der Bridgestreet A.M.E. Church in Brooklyn, New York).
Die African Methodist Episcopal Zion (AMEZ) Church ordinierte schon 1884 Frauen. Damals wurde Julia A. Foote während der Jährlichen Konferenz von New York zur Diakonin ordiniert. 1894 wurde Mary J. Small zur Diakonin und 1898 zur Ältesten ordiniert. Vgl. David Henry Bradley, Sr., A History of the A.M.E. Zion Church Bd. (Teil) II, 1872—1968 (Nashville 1970) 384, 393.
Die Christliche Methodistische Episkopalkirche beschloß an der Generalkonferenz von 1970, Frauen zu ordinieren. Seitdem sind ungefähr 75 Frauen ordiniert worden (nach Aussage von Pfarrer N. Charles Thomas, Generalsekretär der C.M.E. Church und Direktor der Abteilung für kirchlichen Dienst, Memphis, Tennessee).
Viele Baptistenkirchen ordinieren immer noch keine Frauen. Einige Pfingstkirchen tun dies ebenfalls nicht. In anderen Pfingstkirchen sind Frauen Gründer, Pfarrer, Älteste und Bischöfe.
Im Fall der AMEZ-Kirche, wo Frauen schon 1884 ordiniert wurden, stellt sich die wichtige Frage, was mit den Frauen, die ordiniert wurden, passierte. Zudem sollten alle diese Kirchen (mit Ausnahme derer, die Frauen leitende Stellungen geben) folgende Fragen beantworten: Sind Frauen zu Pfarrern von Kirchen der „Klasse A" ernannt worden? Sind Frauen zu vorsitzenden Ältesten ernannt worden? (Für gewöhnlich hat die AMEK unter den präsidierenden Ältesten eine Frau.) Sind Frauen zu Bischöfen einer dieser Kirchen gewählt worden? Durften Frauen schon Konferenzen präsidieren?
24 Yolanda Herron, Jacquelyn Grant, Gwendolyn Johnson und Samuel Roberts, Black Women and the Field Education Experience at Union Theological Seminary: Problems and Prospects (Union Theol. Seminary, New York, Mai 1978).

Diese Überforderungen von Frauen und die krasse Diskriminierung sind es, welche die Frauen veranlassen, in den Kirchenbänken zu bleiben und die Kanzel nicht zu betreten. Diese Fernhaltung der Frauen hat zu lächerlichen Extremen geführt. An der Jahresversammlung von 1971 der Nationalkonferenz der schwarzen Kirchenmänner[25], die in der baptistischen Liberty Church in Chicago abgehalten wurde, war ich etwas amüsiert, denn als ich mich der Kanzel näherte, um, wie einige Brüder dies bereits getan hatten, mein Tonbandgerät in die Nähe des Sprechers, Walter Fauntroy, zu legen, wurde ich von einem Mann angehalten, der mich darauf aufmerksam machte, daß ich den Kanzelraum nicht betreten dürfe. Als ich nach den Gründen fragte, führte er mich zum Pfarrer, der mir sagte, Frauen sei das Betreten der Kanzel nicht gestattet, aber ein Mann könne mein Tonbandgerät dorthin legen. Ich konnte zwar nicht so recht glauben, daß diese Erklärung ernstzunehmen sei, war jedoch damit einverstanden, daß ein Mann das Gerät auf die Kanzel lege, und kehrte zu meinem Platz im Heiligtum zurück, um an der Versammlung weiterhin teilzunehmen. Wie ernst jedoch diese Bemerkung des Pfarrers gemeint war, wurde mir an dieser Versammlung später klar, als es Mary Jane Patterson, einem leitenden Mitglied der presbyterianischen Kirche, verwehrt wurde, von der Kanzel aus zu sprechen[26]. Dies war ein offensichtlicher Fall von sexistischer Diskriminierung in einer schwarzen Kirche: Der Platz der Frau ist im Kirchenschiff, nicht auf der Kanzel.

Was die Frauenfrage betrifft, steht es in der schwarzen Kirche, wie C. Eric Lincoln sie beschreibt, nicht viel besser als in der Negerkirche von E. Franklin Frazier[27]. Daß die schwarze Kirche und die schwarze Theologie es unterlassen, ausdrücklich die Befreiung der schwarzen Frauen zu fordern, beweist, daß sie nicht den Anspruch erheben dürfen, Träger der Befreiung durch Gott zu sein. Wenn die Theologie und die Kirche nicht ein Wort für die schwarzen Frauen einlegen, ist ihre Freiheitsauffassung unredlich.

---

25 Trotz des Protests der weiblichen Mitglieder bezeichnet sich diese Organisation weiterhin als National Conference of Black Churchmen (NCBC).
26 Die NCBC hat dann den Beschluß gefaßt, die Verfahrensweise ihrer Trägerinstitutionen (Kirchen) zu prüfen, um solche Vorkommnisse in Zukunft zu vermeiden.
27 E. Franklin Frazier, The Negro Church in America; C. Eric Lincoln, The Black Churches Since Frazier (New York 1974) passim.

Die schwarze Erfahrung und die schwarze Frau

Zum größten Teil haben sich die schwarzen Kirchen mit der Unterdrückung der schwarzen Frauen in der schwarzen Kirche und der schwarzen Gesellschaft nicht befaßt. Frederick Douglass war im 19. Jahrhundert eine rühmliche Ausnahme. Sein tätiges Eintreten für die Frauenrechte war eine Demonstration gegen den Widerspruch, „Gerechtigkeit für alle" zu predigen und dabei mit der Praxis der Unterdrückung der Frauen weiterzufahren. Er wagte es deshalb, „nicht (für sich selbst) ein Recht zu beanspruchen, ohne es auch den Frauen zu gewähren"[28]. Diese Worte geben die Überzeugung eines Mannes wieder, der sich sowohl in der Kirche wie in der weiteren schwarzen Gesellschaft betätigte. Das ist bedeutungsvoll, denn für gewöhnlich besteht ein direkter Zusammenhang zwischen dem, was in der schwarzen Kirche, und dem, was in der weltlichen schwarzen Gesellschaft vor sich geht.

Der Status der schwarzen Frau in der Gesellschaft entspricht dem der schwarzen Frau in der Kirche. Die schwarze Theologie betrachtet die schwarze Erfahrung als den Kontext, aus dem heraus sie ihre Fragen nach Gott und dem menschlichen Dasein formuliert. Sie gilt als der Umraum, worin die Offenbarung Gottes empfangen und gedeutet wird. Nur aus der Sicht des Armen und Unterdrückten läßt sich richtig Theologie treiben. Aus der Black-Power-Bewegung der sechziger Jahre herausgewachsen, gibt die schwarze Theologie vor, die Erfahrung des Freiheitskampfes der Gesellschaft ernstzunehmen. Doch falls dies wirklich der Fall ist, muß die schwarze Theologie in der weltlichen Gesellschaft die gleiche Funktion erfüllen wie in der kirchlichen Gemeinschaft. Sie muß als eine „Selbstprüfung" dienen, ob die rhetorische Proklamation des Befreiungskampfes der schwarzen Gesellschaft mit ihren Praktiken übereinstimmt. Wie wirkt das „Selbstprüfungs"-Prinzip unter den Armen und Unterdrückten? Gewiß hat die schwarze Theologie von einigen der Oppressionsformen gesprochen, die in der Gesellschaft der Unterdrückten bestehen. Manche Ungerechtigkeiten, die sie angreift, sind die gleichen, welche die Propheten des Alten Testaments aufstehen ließen. Doch die Tatsache, daß die schwarze Theologie den Sexismus nicht spezifisch zu diesen Ungerechtigkeiten rechnet, ist allzu offensichtlich.

---

28 In: Philip S. Foner (Hrsg.), Frederick Douglass on Women's Rights (Westport, Conn.) 51.

Sie ist ein Indiz dafür, daß die Theologen den Sexismus nicht als eine der oppressiven Realitäten der schwarzen Gesellschaft auffassen. Nur zu diesem besonderen Problem zu schweigen, kann einzig Einverständnis mit dem Status quo bedeuten. Der prominenteste schwarze Theologe, James Cone, hat kürzlich dieses Schweigen gebrochen. Er sagte:
„Wie alle anderen Kirchen ist auch die schwarze Kirche eine von Männern beherrschte Kirche. Die Schwierigkeit, die männliche schwarze Kirchendiener haben, für die Gleichberechtigung der Frauen in Kirche und Gesellschaft einzutreten, kommt zum Teil daher, daß nicht ein klares Befreiungskriterium vorhanden ist, das im Evangelium und in den jetzigen Kämpfen der Unterdrückten wurzelt ... Es ist wirklich verwunderlich, daß viele junge und alte schwarze Pfarrer die Befreiungsbotschaft im Evangelium hören können, wenn sie den Rassismus betrifft, aber dieser Botschaft gegenüber taub bleiben, wenn sie auf den Sexismus bezogen wird..."[29]
Es ist schwer zu verstehen, daß die schwarzen Männer es fertigbringen, die Befreiung der schwarzen Frauen aus ihrer Deutung des befreienden Evangeliums auszuschließen. Jede korrekte Analyse der Armen und Unterdrückten brächte einige aufschlußreiche, unabweisbare Tatsachen über die Situation der Frau in unterdrückten Gruppen an den Tag. Ohne mich auf die lange, fruchtlose Debatte über die Frage einzulassen: „Wer ist am meisten unterdrückt von allen?", möchte ich doch den männlichen schwarzen Theologen einige pointierte Anregungen geben.
Es wäre nicht schwierig, Gründe dafür anzuführen, daß die Erfahrung der schwarzen Frauen als der Ärmsten der Armen, der Unterdrücktesten der Unterdrückten einen höchst ergiebigen Kontext bietet, um schwarze Theologie zu treiben. Die Forschungsarbeit von Jacquelyne Jackson bezeugt die äußerste Enterbung der schwarzen Frauen. Jackson untermauert ihre Behauptung mit statistischen Angaben, wonach „im Vergleich zu den schwarzen Männern und den weißen Männern und Frauen die schwarzen Frauen die am mei-

---

29 J. Cone, Black Ecumenism and the Liberation Struggle, Vortrag an der Yale University, 16.–17. Febr. 1978, und in der Quinn Chapel der AMEK, 22. Mai 1978. In zwei neueren Aufsätzen hat er Interesse an Frauenfragen geäußert und diese auf die weitere Frage der Befreiung bezogen. Diese beiden Aufsätze sind: „New Roles in the Ministry; a Theological Appraisal" und „Black Theology and the Black Church: Where Do We Go from Here?".

sten benachteiligte Gruppe in den Vereinigten Staaten darstellen, wie das durch ihre zumeist nicht beneidenswerten Bildungs-, Berufs-, Beschäftigungs- und Einkommensverhältnisse und Verehelichungschancen bewiesen wird"[30]. Ungeachtet des „ganz unbedeutenden" Bildungsvorteils, den schwarze Frauen gegenüber schwarzen Männern aufweisen, haben sie „zumeist nur Zugang zu den schlimmsten, am schlechtesten bezahlten Stellen"[31]. Dieser Sachverhalt ist zu betonen, damit die Lage der schwarzen Frauen nicht nur in der Welt als ganzer, sondern in der schwarzen Gesellschaft und in der schwarzen Kirche auf die richtige Stufe der Besorgnis gehoben wird. Ich behaupte: Wenn die schwarze Theologie von der schwarzen Gesellschaft spricht und dabei so tut, als ob es keine besonderen Probleme der schwarzen Frau gebe, unterscheidet sie sich nicht von der weißen Theologie, die sie, wie sie behauptet, eben deswegen ablehnt, weil sie sich als unfähig erweise, in ihren theologischen Formulierungen die Existenz schwarzer Menschen zur Kenntnis zu nehmen.

Es ist aufschlußreich, daß die Erfahrung schwarzer Frauen, die in der Black-Power-Bewegung arbeiten, das Problem der Frauenunterdrückung in der schwarzen Gesellschaft noch verschärft hat. Da sie, wie die Frauen in der Kirche, nicht an leitenden Stellen zu erblicken sind, bilden sie bloß das „Unterstützungs"-Segment der Bewegung. Sie füllen die Straßen, wenn man für Demonstrationen möglichst viele Menschen braucht. Sie stopfen in den Büros Briefumschläge voll und leisten noch weitere Lakaiendienste. In einem Interview im „Black Scholar" förderte Kathleen Cleaver einige Probleme in der Bewegung zutage, die sie veranlaßten, sich für Fragen der Frauenbewegung zu interessieren. Obwohl sie die entscheidende Rolle, welche Frauen als Black-Power-Aktivistinnen spielen, hervorhebt, gibt Kathleen Cleaver doch zu, daß eine sexistische Diskriminierung vorhanden ist:
„Ich sah, wie ich bei allem, was getan wurde, mithalf... Die Unterstützung, die Frauen in politischen Bewegungen Männern leisten, ist ebenso wichtig wie die Leitung, die Männer diesen Bewegungen geben. Und dies ist etwas, was nie wahrgenommen wird und womit man sich nie befaßt. *Frauen werden stets auf Hilfsdienste verwiesen,* und

30 Jacquelyne Jackson, But Where Are the Men?, in: The Black Scholar, a.a.O. 30.
31 Ebd. 32.

dies ist der Grund, weshalb ich an der Frauenbefreiung Interesse bekam. Konflikte, beständige Konflikte kamen auf, Konflikte, die sich daraus ergaben, daß ich mit einem Mitglied des Zentralkomitees verheiratet und auch selbst ein Vorstandsmitglied in der Partei war. Dinge, die ich selber gern angeregt hätte, wurden ausgeführt. Wenn ich selbst aber ihnen die Anregung gemacht hätte, wäre die Anregung vielleicht abgewiesen worden. Wenn die Anregung von einem Mann kam, wurde sie jedoch ausgeführt.

Es schien durchgängig die Geschichte meiner Mitarbeit in der Partei auszumachen, daß ich stets damit zu kämpfen hatte. Die Anregung selbst wurde nie objektiv gesehen. *Der Umstand, daß die Anregung von einer Frau kam, minderte ihren Wert herab.* Und wie es schien, hatte dies etwas mit dem Ego der betreffenden Männer zu tun. Ich weiß, daß ich bei der ersten Demonstration, die wir in der Kreishauptstadt für Huey Newton abhielten, bei der Organisation sehr behilflich war; als wir das erste Mal mit den Lautsprecherwagen ausfuhren, war ich auf den Lautsprecherwagen; das erste Flugblatt, das wir herausgaben, war von mir verfaßt; an der ersten Demonstration richtete ich die Spruchbänder her. Und die Teilnehmer an der Demonstration waren zumeist Frauen. Ich habe während meiner ganzen Mitarbeit in der Bewegung der Schwarzen in den Vereinigten Staaten bemerkt, daß *die eifrigsten, emsigsten Aktivisten, die das Problem am raschesten erfassen und darauf am raschesten reagieren, Frauen sind.*"[32]

Wie Frau Cleaver ausführte, lauerte selbst dann, wenn Frauen eine leitende Stellung gegeben wurde, der Sexismus hinter den Kulissen. Als geschäftsführende Sekretärin des Student Nonviolent Coordinating Comittee (SNCC) galt Ruby Doris Robinson als „der Herzschlag des SNCC". Doch gab es „beständig Konflikte, beständig Kämpfe, die sie durchzumachen hatte, weil sie Frau war"[33].

Trotz allem, was für das Gegenteil spricht, möchten vielleicht manche einwenden, das Hauptproblem der schwarzen Frauen sei mit ihrer Rasse und nicht mit ihrem Geschlecht gegeben. Dieses Argument nimmt dann an, das Problem lasse sich nicht für sich, unabhängig vom Kampf der Schwarzen lösen. Ich behaupte: Solange der Kampf der Schwarzen sich weigert, seinen Sexismus wahrzunehmen und sich mit ihm zu befassen, wird die Idee, daß die Frauen nur durch

---

32 Kathleen Cleaver wurde von Schwester Julia Herve interviewt. Ebd. 55—56.
33 Ebd. 55.

diesen Kampf Gerechtigkeit erfahren werden, sich nie durchsetzen. Sie wird sich nicht durchsetzen, weil die schwarzen Frauen es nicht mehr zulassen werden, daß die schwarzen Männer sich um die besonderen Probleme und Bedürfnisse der Frauen nicht kümmern, weil ihnen das Zerrbild der „Befreiung der Gemeinschaft als ganzer" vor Augen steht. Ich möchte denen, welche dieses Argument vorbringen, die Worte des Präsidenten Sekou Touré über die Rolle der afrikanischen Frauen in der Revolution zu bedenken geben: „Falls die afrikanischen Frauen ihren Kampf vielleicht nicht in Isolierung vom Kampf führen können, den unser Volk für die Befreiung Afrikas führt, so ist umgekehrt die Freiheit Afrikas solange nicht vorhanden, als sie nicht auch die Befreiung der afrikanischen Frauen herbeiführt."[34] Schwarze Männer, die in die patriarchalische Struktur des weißen Amerikas hineingenommen sind und christliche Theologie zu treiben gedenken, haben sich bewußt zu werden, daß, wenn Jesus der Befreier der Unterdrückten ist, alle Unterdrückten befreit werden müssen. Vielleicht sollten diejenigen, die das Argument vorbringen, daß die Sache der schwarzen Frau einer größeren Sache zugeordnet werden müsse, auf die südafrikanischen Theologen Sabelo Ntwasa und Basil Moore schauen. Diese sagen: „Da die schwarze Theologie sich darum bemüht, eine Befreiungstheologie zu formulieren, die für ganz Südafrika bedeutungsvoll ist, darf sie es sich nicht leisten, irgendeine Herrschaftsform, selbst die der Männerherrschaft, fortbestehen zu lassen. Wenn ihre Befreiung nicht human genug ist, um auch die Befreiung der Frauen miteinzubeziehen, wird sie keine Befreiung sein."[35]

Eine Forderung an die schwarze Theologie

Meine Hauptthese lautet: Die schwarze Theologie darf die schwarzen Frauen nicht weiterhin so behandeln, als ob diese unsichtbare Geschöpfe wären, die von außen in die schwarze Erfahrung, die schwarze Kirche und die schwarze theologische Arbeit hinein-

---

34 Sekou Touré, The Role of Women in the Revolution, in: The Black Scholar, Bd. 6, Nr. 8 (März 1975) 32.
35 Sabelo Ntwasa und Basil Moore, The Concept of God in the Black Theology, in: Basil Moore (Hrsg.), The Challenge of Black Theology in South Africa (Atlanta, Ga. 1974) 25–26.

schauen würden. Sie wird sich in allen Aspekten mit der Gemeinschaft der Glaubenden als integralen Teilen der ganzen Gemeinschaft befassen müssen. Die schwarze Theologie muß deshalb mit den Bischöfen reden, die sich hinter die Behauptung verschanzen: „Die Frauen haben kein Verlangen nach weiblichen Pfarrern." Sie muß mit den Pfarrern reden, die sagen: „Meine Kirche ist noch nicht bereit, weibliche Prediger zu akzeptieren." Sie muß die Seminaristen unterweisen, die das Gefühl haben: „Frauen sind in einem Seminar nicht am richtigen Platz." Sie muß sich an die Frauen in Kirche und Gesellschaft richten, die sich mit ihrer Unterdrückung abfinden und sich darin noch gefallen. Sie muß die Erzieher herausfordern, die die Menschen in allen Stücken umerziehen möchten, nur nicht in dem, was die Würde und Gleichberechtigung der Frau betrifft.

Die schwarzen Frauen machen mehr als die Hälfte der schwarzen Gesellschaft und mehr als 70% der schwarzen Kirche aus. Wie kann also eine echte Befreiungstheologie aus diesen Gemeinschaften erwachsen, ohne die Befreiung der Frauen in beiden Gemeinschaften anzustreben? Sind gewisse Fragen weniger Anliegen von Schwarzen, weil sie von schwarzen Frauen aufgeworfen werden? Wenn doch, wie ich behaupte, die Befreiung der schwarzen Männer und die der Frauen sich nicht voneinander trennen läßt, dann läßt sich zwischen Rassismus und Sexismus nicht ein radikaler Trennungsstrich ziehen. Die schwarzen Frauen sind durch den Rassismus *und* den Sexismus unterdrückt. Deshalb müssen sich die schwarzen Männer und Frauen in die Bekämpfung beider Übel tätig engagieren.

Einzig dann, wenn die schwarzen Frauen in großer Zahl sich aus dem Hinterland an die Front begeben, wird die wahre Stärke der schwarzen Gemeinschaft voll zur Geltung kommen. Starke schwarze Männer und Frauen haben uns schon ein Erbe hinterlassen, auf das eine stärkere Nation aufgebaut werden kann. Es besteht eine Überlieferung, wonach in der Erfahrung der schwarzen Frauen Gott am Werk ist. Im Zusammenhang mit der gesamten schwarzen Erfahrung kann diese Überlieferung Gegebenheiten zur Entwicklung einer ganzheitlichen schwarzen Theologie bieten. Diese Theologie wird nichts mehr wissen wollen vom Gott der klassischen Theologie, der als ein absoluter Patriarch, als ein desertierender Vater dargestellt wird, der die schwarzen Menschen schuf und dann vor der Verantwortung floh. Diese Theologie wird auf den Sinn des Christusereignisses als ganzen sehen; sie wird beachten, wie Gott durch Jesus Christus sich nicht nur mit den unterdrückten Männern, sondern auch mit den unterdrückten Frauen verbunden hat. Diese Theologie wird es Gott „gestatten", kraft des Heiligen Geistes durch Personen gleich welcher Rasse, gleich welchen Geschlechts, gleich welcher Klasse zu wirken. Diese Theologie wird ihre prophetische Funktion erfüllen und in einer Kirche, welche durch die Sünde des Rassismus, des Sexismus und weiterer Formen der Unterdrückung gekennzeichnet ist, als „Selbstprüfung" dienen. So lange schwarze Theologinnen an der theologischen Arbeit nicht voll mitbeteiligt sind, ist es wichtig, die schwarzen Theologen und Kirchenleiter an ihr Versäumnis zu erinnern. Sie müssen darauf aufmerksam gemacht werden, daß schwarze Frauen nicht nur als christliche Erzieherinnen benötigt werden, sondern auch als Theologinnen und Leiterinnen der Kirche. Erst dann, wenn schwarze Männer und Frauen an der Führung in der Theologie und in der Kirche und Gesellschaft gemeinsam beteiligt sind, wird die schwarze Nation stark und befreit werden. Erst dann wird die Möglichkeit bestehen, daß die schwarze Theologie eine Theologie der gottgewirkten Befreiung werden kann.

Ein abschließendes Wort an diejenigen, welche behaupten, die Probleme des Rassismus und des Sexismus seien zu verwickelt und sollten nicht miteinander vermengt werden. Ich gebe zu, daß die Probleme nicht vermengt werden sollten, doch die Ausmerzung des Rassismus *und* des Sexismus sind für die Befreiung der Schwarzen so entscheidend wichtig, daß wir nicht darum herumkommen, beide zusammen ins Auge zu fassen. Sojourner Truth sagt uns, weshalb sich dies so verhält. 1867 sprach sie sich über das Wahlproblem aus, und was sie darüber sagte, ist für uns, die wir uns heute mit der Befreiung der schwarzen Frau befassen, immer noch bedeutsam:

„Es herrscht eine große Erregung, weil die farbigen Männer ihre Rechte erhalten sollen; über die farbigen Frauen aber wird kein Wort gesagt. Und wenn die farbigen Männer ihre Rechte erhalten, die farbigen Frauen aber nicht die ihren, dann wird man sehen, daß die farbigen Männer über die Frauen die Herrschaft haben werden, und die Lage wird so schlimm sein wie zuvor. Deswegen bin ich dafür, daß man die Dinge in die Hand nimmt, solange sie in Bewegung sind, denn wenn wir warten, bis Ruhe eingetreten ist, wird es lange dauern, bis sie wieder in Gang kommen."[36]

---

36 Sojourner Truth, Keeping the Things Going While Things Are Stirring, in: Miriam Schneir (Hrsg.), Feminism: The Essential Historical Writings (New York 1972) 129—130.

Die schwarzen Frauen haben das Sexismusproblem in der schwarzen Gesellschaft, in der schwarzen Kirche und in der schwarzen Theologie „in Gang zu halten", bis es erledigt ist. Deshalb bin ich mit Sojourner Truth dafür, „daß man die Dinge in die Hand nimmt, solange sie in Bewegung sind . . ."

Naomi R. Goldenberg

Träume und Phantasien als Offenbarungsquellen: eine feministische Aneignung von C.G. Jung

Nachdem ich an Jungs Denkmodell von *anima* und *animus* und vom Femininen bereits Kritik geübt habe wegen seines Sexismus und seiner Tendenz, Klischeevorstellungen über Männer und Frauen zu verstärken[1], möchte ich nun an die konstruktivere Aufgabe herangehen, Aspekte der Jungschen Theorie zu artikulieren, die sich für die feministische Arbeit an der Religion als anregend erweisen könnten. Jung kann zur Antwort auf eine Frage beitragen, die viele Feministinnen stellen: Was kann eine Frau tun, wenn sie zum Schluß kommt, daß die patriarchalischen Religionen der westlichen Kultur ihr keine Lebenshilfe mehr sind, sondern vielleicht ihr Wohlbefinden sogar beeinträchtigen? Es scheint, daß es für sie dann zwei Möglichkeiten gibt: Erstens einmal die, für Religiöses keine Energie mehr aufzuwenden, sondern ihre Aufmerksamkeit auf andere Dinge zu richten. Zweitens die, einen Großteil ihrer Energie darauf zu verlegen, religiöse Begriffe zu entwickeln, die es ihr ermöglichen, die von den herkömmlichen Religionen vorgeschriebenen Formen aufzugeben, aber dennoch eine religiöse Lebensanschauung aufrechtzuerhalten.

Jungs Ansichten über religiöse Innovation kommen in der Reihe seiner gesammelten Werke und in den veröffentlichten Briefen zum Ausdruck. In seiner Autobiographie „Erinnerungen, Träume, Gedanken" schildert Jung, wie er dazu bewogen wurde, sich von

---

1 Vgl. N.R. Goldenberg, A Feminist Critique of Jung, in: Signs 1976 2 (2) 443—449; Jung After Feminism, in: Rita M. Gross (Hrsg.), Beyond Androcentrism: New Essays on Women and Religion (The American Academy of Religion and the Scholars' Press, Missoula Mont. 1977) 53—66; Feminism and Jungian Theory, in: Anima 1977, 3 (2) 14—17. Meine Erwiderungen auf Antworten der Jung-Schule sind: Naomi Goldenberg Replies, in: Anima 1977, 4 (1) 63—64; Reply, in: Signs 1978 3 (3) 724—726.

biblischen „Glaubenslehren" zu befreien, und wie er einen religiösen Ausblick öffnete, indem er sich Visionen, Phantasien und Träume zunutze machte. Wie Jung sagt, begann er im Alter von zwölf Jahren einzusehen, wie wichtig es sei, persönliche religiöse Ausdrucksformen zu pflegen. Er berichtet uns, wie diese Einsicht durch seine vielberedete Vision, worin er auf ein Münster Exkremente fallen sah, ausgelöst wurde². Jung bemerkt, daß er tagelang gegen diese Vision ankämpfte, obschon der Vorgang ganz unschuldig begonnen hatte:

„Hier kam ein Loch und ein erstickendes Gefühl. Ich war wie gelähmt und wußte nur: Jetzt nicht weiterdenken! Es kommt etwas Furchtbares, das ich nicht denken will, in dessen Nähe ich überhaupt nicht kommen darf. Warum nicht? Weil du die größte Sünde begehen würdest."³

Nachdem er tagelang versucht hatte, den Gedanken zurückzudrängen, gab Jung auf:

„Ich faßte allen Mut zusammen, wie wenn ich in das Höllenfeuer zu springen hätte, und ließ den Gedanken kommen: Vor meinen Augen stand das Münster, darüber der blaue Himmel, Gott sitzt auf goldenem Thron, hoch über der Welt, und unter dem Thron fällt ein ungeheures Exkrement auf das neue bunte Kirchendach, zerschmettert es und bricht die Kirchenwände auseinander."⁴

Jungs Bemerkungen über die Gefühle, die er unmittelbar nach dieser Vision empfand, sind bedeutungsvoll für die Schlüsse, die er über die Einstellung „Gottes" zur Tradition, zur Bibel und zur Kirche zog.

„Ich verspürte eine ungeheure Erleichterung und eine unbeschreibliche Erlösung. An Stelle der erwarteten Verdammnis war Gnade über mich gekommen und damit eine unaussprechliche Seligkeit, wie ich sie nie gekannt hatte. Ich weinte vor Glück und Dankbarkeit, daß sich mir Weisheit und Güte Gottes enthüllt hatten, nachdem ich Seiner unerbittlichen Strenge erlegen war. Das gab mir das Gefühl, eine Erleuchtung erlebt zu haben. Vieles wurde mir klar, was ich zuvor nicht verstehen konnte. Ich hatte erfahren, was mein Vater nicht begriffen hatte – den Willen Gottes, dem er sich aus den besten Gründen und dem tiefsten Glauben widersetzte. Darum hatte er

---

2 A. Jaffé (Hrsg.), Erinnerungen, Träume, Gedanken von C.G. Jung (Zürich u. Stuttgart 1962) 45.
3 Ebd. 42.
4 Ebd. 45.

auch nie das Wunder der Gnade erlebt, die alles heilt und verständlich macht. Er hatte sich die Gebote der Bibel zur Richtschnur genommen, er glaubte an Gott, so wie es in der Bibel steht und wie seine Väter Ihn gelehrt haben. Aber er kannte nicht den lebendigen unmittelbaren Gott, der allmächtig und frei über Bibel und Kirche steht, den Menschen zu seiner Freiheit aufruft und ihn zwingen kann, auf seine eigenen Ansichten und Überzeugungen zu verzichten, um Seine Forderung unbedingt zu erfüllen. Gott läßt sich in Seiner Erprobung des menschlichen Mutes nicht beeinflussen durch Traditionen und wären sie noch so heilig. Er wird in Seiner Allmacht schon dafür sorgen, daß bei solchen Mutproben nicht etwas wirklich Böses herauskommt. Wenn man den Willen Gottes erfüllt, kann man sicher sein, den richtigen Weg zu gehen."[5]

Diese Stelle ist ein kräftiger Hinweis darauf, daß Jung schon im Alter von zwölf Jahren sich dazu entschieden hatte, das institutionelle religiöse Dogma und die Bibel als zweitrangig anzusehen gegenüber dem „lebendigen unmittelbaren Gott", der in Visionen, Träumen und Phantasien erscheint. Daraus, daß dieser Entscheid aufgrund einer Phantasievision getroffen wurde, läßt sich ersehen, welche Bedeutung Jung diesen Tätigkeiten beimaß. Seine Abneigung gegen religiöse Glaubenslehren, welche im Menschen die Phantasie ersticken, wird im Licht der wichtigen Information, welche die Betätigung der Einbildungskraft ihm schon in früher Jugend verschafft hatte, klarer.

Das Wort „Offenbarung" ist kein zu starker Ausdruck, um die religiöse Einsicht zu beschreiben, zu der nach Jungs Meinung Traum und Phantasie verhelfen. Später ermutigte er seine Patienten, das gleiche zu tun, was er getan hatte, und sich ihre religiöse Ausrichtung durch innere Bilder geben zu lassen[6]. Die Offenbarung, die Jung in seinen Patienten hervorlockte, verschaffte ihnen Zugang zu den geistigen Vorgängen, die in ihrer Psyche unabhängig von den religiösen Prozessen, welche die heutige Religion gutheißt, am Werk waren.

Die Hauptmethode Jungs, um die Patienten mit dieser Art von Offenbarung in Verbindung zu bringen, bestand darin, daß er sie bewog, das Träumen sehr ernst zu nehmen. Er verfaßte Anwei-

---

5 Ebd. 45—46.
6 Jung hat vom Arbeiten mit Patienten und von „individueller Offenbarung" gesprochen in seinem Briefwechsel mit W.E. Hocking. Vgl. C.G. Jung, Briefe, Bd. I (1906—1950) (Olten 1972) 339—340.

sungen, um auf dem Weg „aktiver Imagination" Träume weiterzuspinnen. Dieser Vorgang ließ sich bei jedem Produkt unbewußter innerer Tätigkeit verwenden. Das angestrebte Ziel war, zu sehen, wohin der Traum, die Phantasie führt:

„Man nehme das Unbewußte in einer seiner nächstliegenden Formen, wie z.B. eine spontane Phantasie, einen Traum, eine irrationale Stimmung, einen Affekt oder etwas dergleichen und operiere damit, d.h. man schenke diesem Stoff besondere Aufmerksamkeit, konzentriere sich auf ihn und beobachte objektiv dessen Veränderungen. Man lasse es sich nicht verdrießen, diesem Geschäft fleißig obzuliegen und die weiteren Wandlungen der spontanen Phantasie aufmerksam und sorgfältig zu verfolgen. Dabei hüte man sich vor allem, irgend etwas von außen, das nicht dazu gehört, hereingelangen zu lassen, denn das Phantasiebild hat ‚alles in sich, dessen es bedarf'."[7]

Daß Jung sosehr darauf bestand, mit unbewußten Erzeugnissen, wie Träume es sind, zu arbeiten, hängt mit seiner Theorie über ihre geistige und damit therapeutische Bedeutung zusammen. Ein erster Schritt Jungs, dem Traum eine religiöse Funktion zuzuschreiben, läßt sich auf 1914 ansetzen; er tat ihn in seinem Aufsatz „Über das psychologische Verständnis pathologischer Vorgänge"[8]. In diesem Aufsatz unterscheidet er zwei Weisen psychologischen Verstehens. Die eine beruht auf dem Kausalstandpunkt und sucht ein Symptom auf seine ursprüngliche Ursache zurückzuführen. Die andere, die er höher schätzt, gründet auf dem konstruktiven Standpunkt und sucht das Ziel zu bestimmen, zu dem das Symptom führt:

„So wie die kausale Betrachtungsweise durch die Analyse und Reduktion der individuellen Erlebnisse schließlich auf die universalen Prinzipien der Psyche gelangt, so gelangt der konstruktive Standpunkt durch die Synthese individueller Tendenzen zu universalen Zielen. Die Seele ist Durchgangspunkt, daher notwendigerweise nach zwei Seiten bestimmt. Sie gibt einerseits ein Bild vom Niederschlag alles Vergangenen, und in diesem andererseits ein Bild der keimenden Erkenntnis alles Kommenden, insofern die Seele selbst die Zukunft schafft."[9]

---

7 C.G. Jung, Gesammelte Werke Bd. 14/2 (Olten 1968) 304.
8 C.G. Jung, Gesammelte Werke Bd. 3 (Olten 1971) 199−215, Abschn. 388−424.
9 Ebd. 205, Abschn. 404.

Jung gibt somit der Traumanalyse eine teleologische Funktion. Das Studium eines Traumes vom „konstruktiven Standpunkt" aus bietet Jung zufolge einen Hinweis darauf, auf was die Psyche künftig hinaus will.

1914 verband Jung diesen konstruktiven Ansatz noch nicht mit irgendeiner geistigen oder religiösen Haltung zum Traum. Erst 1933, im Vortrag über „Die Bedeutung der Psychologie für die Gegenwart"[10], sprach Jung direkt von der Verwendung des Traums, um eine geistige Einsicht zu verschaffen. In diesem Aufsatz legt uns Jung das geistige Problem dar, das er in der Neuzeit heraufkommen sah: Die heutigen Religionen vermögen vielen Menschen nicht mehr einen religiösen Ausblick zu bieten, der ihnen ein Gefühl der Sinnhaftigkeit gibt. Jung äußert den Gedanken, daß Träume eine Lösung für dieses Problem bieten können. Er war darauf gefaßt, daß diese Antwort nicht allen gefalle. Er sagte: „Ich gebe gerne zu, daß ich die Enttäuschung meines Patienten oder meines Publikums ob des paradoxen Hinweises auf den Traum als eine Informationsquelle in der Konfusion der modernen Geisteslage ohne weiteres begreife."[11] Er erwähnt im Vortrag den Traum als etwas Religiöses in mehr gedämpften, apologetischen Tönen. Er spielt an noch weitere Dinge an, über die er wohl sprechen, aber nicht diskutieren könne: „Wenn ich vorhin hauptsächlich vom Traum sprach, so wollte ich damit bloß einen der nächsten und bekanntesten Ausgangspunkte innerer Erfahrung erwähnen. Über den Traum hinaus gibt es aber noch Manches, was ich hier nicht erwähnen kann. Die Erforschung der Tiefen der Seele fördert eben vieles zutage, von dem man sich an der Oberfläche höchstens träumen läßt. Kein Wunder daher, daß bisweilen auch die stärkste und ursprünglichste aller geistigen Tätigkeiten, nämlich die religiöse, entdeckt wird!"[12]

„Die Bedeutung der Psychologie für die Gegenwart" enthält wahrscheinlich die entschiedensten Aussagen Jungs über den Zusammenhang der Träume mit der religiösen Betätigung. Jung war sich stets bewußt, wie empfindlich Theologen auf diese Anregung reagieren würden. Drei Monate vor seinem Tod, im Juni 1961, schrieb Jung einen freundlichen Brief an den Geistlichen John A. Sanford, um

---

10 C.G. Jung, Gesammelte Werde Bd. 10 (Olten 1974) 157–180, Abschn. 276–332.
11 Ebd. 171, Abschn. 313.
12 Ebd. 179, Abschn. 330.

sich für die Übersendung des Textes einer Predigt zu bedanken, die dieser in Los Angeles über die Bedeutung der Träume gehalten hatte.

„Vielen Dank für die freundliche Zusendung Ihrer Predigt. Ich las sie mit Interesse und Freude. Sie ist ein historisches Ereignis, denn Sie sind – soviel ich weiß – der erste, der die christliche Gemeinde darauf aufmerksam machte, daß Gottes Stimme immer noch vernommen werden kann, wenn man nur bescheiden genug ist...
Die Kirche sollte die Traumlehre ernst nehmen, da die cura animarum zu ihren Pflichten gehört. Von den Protestanten wurde sie arg vernachlässigt. Die Beichte ist eine recht unzulängliche Form der cura, aber im Gegensatz zum Protestantismus kennt die katholische Kirche wenigstens die wichtige Funktion des ‚directeur de conscience'.
Ich bewundere Ihren Mut und hoffe aufrichtig, daß Sie sich nicht allzu unbeliebt machen, wenn Sie ein Thema behandeln, das die Theologen aus vollem Herzen ablehnen und verachten. Wenigstens ist das hier der Fall. Der Weg des Pilgers ist überall mit Dornen gespickt, auch wenn er ein guter Christ ist, oder dann erst recht."[13]
Dieser Brief an J.A. Sanford zeigt, wie sehr Jung ahnte, daß er durch die Anregung, Träume sollten von den bestehenden Religionen ernst genommen werden, Theologen vor den Kopf stoßen könnte. Dennoch sah er Träume als „Stimme Gottes" an. Jung betrachtete Träume als ein Mittel, Patienten auf ihre religiösen Vorgänge ansprechen zu lassen. Seiner Ansicht nach sollten diese Vorgänge nicht von religiösen Institutionen kodifiziert werden. Jung wünschte, daß die Religion für alles, was in Träumen und Phantasien geoffenbart werde, stets offen bleibe.
Jung wurde seinem Ideal, für die Phantasietätigkeit die Möglichkeit individueller Variation offen zu halten, nicht ganz gerecht. Dies läßt sich besonders gut aus der Auffassung Jungs über das „Feminine" ersehen. Sowohl in seiner Idee, die feminine Bilderwelt zu der religiösen Symbolik hinzuzufügen, als auch in seiner Theorie über das Wirken der *anima* und des *animus* in der Psyche kodifizierte er Bilder und ließ sie zu Klischees erstarren. Obwohl dies in der Absicht geschah, den Frauen in den patriarchalischen Systemen der Religion und der Psychologie einen besseren Platz zu geben, war dies für Frauen einengend. Jung verdient für seinen Versuch, weibliche

---

13 C.G. Jung, Briefe, Bd. III (1956–1961) (Olten 1973) 381.

Symbole in die Religion und die Psychologie hineinzubringen, Anerkennung. Dennoch sollten seine guten Absichten nicht die Fehler übersehen lassen, die sich in seinen Werken finden.
Ich bin der Ansicht, daß die Auffassung Jungs über die religiöse Natur von Phantasie und Traum für den Feminismus wichtiger ist als seine Ideen über das „Feminine". Als Feministin bin ich davon fasziniert, daß Jung Phantasien und Träume als Ströme von Bildern verwendet, welche die religiöse Reflexion inspirieren können. Die Jungsche Methode weist möglicherweise auf eine Quelle religiöser Ikonographie hin, die für jedermann zugänglich ist und besonders diejenigen von uns anspricht, die sich bei den orthodoxen Glaubenslehren nicht ganz wohl fühlen können.

„Der australische Pionier" – ein Ausflug in Träume und Phantasien

In den letzten paar Monaten habe ich in einer Feministinnengruppe mit der Jungschen Traumtheorie experimentiert. Die Gruppe verwendet eine Technik der Traumforschung, an der zwei Personen beteiligt sind: diejenige, die den Traum gehabt hat, und diejenige, die darüber befragt. Diejenige, die den Traum gehabt hat, schildert den Traum, so weit sie sich an ihn zu erinnern vermag. Dann schließt sie ihre Augen, und die Befragerin fragt sie dann über den Traum aus, um sie aufzumuntern, weiterzuforschen. Die Person, die den Traum gehabt hat, wird z.B. aufgefordert, die Traumlandschaft zu betrachten, zu umschreiten, Traumtore zu öffnen oder aus Traumfenstern hinauszuschauen. Manchmal wird die träumende Person gebeten, im Traum jemand anderer zu werden als die, die sich als „Ich" bezeichnet hat. Sämtliche Fragen werden in der Absicht gestellt, der träumenden Person behilflich zu sein, durch die Traumbilder mehr über sich selbst zu erfahren. Niemand wird gezwungen, sich Dinge vor Augen zu stellen, die man lieber unerforscht ließe. Die Gruppe ist sich auch bewußt, daß Traumbilder eine gewisse Autonomie besitzen, und obwohl jemand ein Bild scharf ansehen und sogar dramatisch ändern mag, arbeitet die Einbildungskraft nach Regeln und läßt sich nicht in eine bestimmte Richtung drängen. Der Umstand, daß eine Person (oder mehrere) sie befragt, befreit die träumende Person davon, zwischen Forschungspfaden auswählen zu müssen, und ermöglicht es ihr, sich ganz auf das Traumbild selbst zu konzentrieren.

Ich habe viel gelernt, als die Gruppe mich durch einen Traum über Australien führte, den ich vor zwei Jahren erlebt habe. Es hatte immer noch etwas Mysteriöses, Aufregendes und Beängstigendes für mich, wenn ich über ihn nachdachte. Ich gab den Traum in der Gruppe wie folgt wieder:
„Ich komme in Australien an, einem Lande, das ich schon seit einiger Zeit zu besuchen wünschte. Man sagt mir, ich müsse volle fünf Tage lang in Mittelaustralien, in Sydney bleiben, bevor ich in irgendeinen anderen Teil des Kontinents reisen dürfe. Dieser Bescheid erfüllt mich mit Bangen. Der Gedanke, ganze fünf Tage lang von soviel Raum umrundet zu sein, hat etwas Unbehagliches an sich. Ich fühle, daß dies etwas vom Schwierigsten sein wird, das ich je zu tun hatte. Ein Aufenthalt an der Küste wäre für mich leichter, während der Gedanke, im ‚Inneren‘ zu sein, mich erzittern läßt. Ich versuche, ruhig zu sein und den Befehl, mich in Sydney aufzuhalten, zu akzeptieren.
Das Erste, was ich tue, ist dies, daß ich eine Fahrt zu einem Kolonialwarenladen unternehme, um Vorräte einzukaufen. Der Kutscher ist ein freundlicher Mann, der um meine Gesellschaft froh ist, denn der Laden ist über hundert Meilen weit entfernt. Wir fahren auf der Landstraße dahin, und ich betrachte die vorüberziehende Landschaft. Ich fühle mich nun ruhiger, da ich mich mit dem ‚Inneren‘ messe, aber ich bin immer noch sehr aufgeregt und nervös, während der Wagen dahinfährt."
Ich erinnerte mich, gleich beim Erwachen aus dem Traum ein gemischtes Gefühl der Aufregung und Angst verspürt zu haben. Als ich einen Jungschen Analytiker bat, mir zum Verständnis der Bilder zu verhelfen, sagte er zu mir: „Der Traum zeigt, daß Sie sich vor Ihren Tiefen fürchten." Diese Deutung dünkte mich wahr genug. Und doch, obwohl mir vor dem australischen Traumraum bangte, war ich von ihm auch fasziniert. Ich hatte immer Freude, wenn ich an den Traum dachte, besorgte mir immer wieder Bücher über die Geographie Australiens und ging sogar so weit, daß ich mich nach dem Preis für einen Flug nach Australien erkundigte. Alle meine Gedanken und Verhaltensweisen, die mit dem Traum zusammenhingen, waren von erregender Erwartung neuer Möglichkeiten gekennzeichnet, vermischt mit der Furcht vor der Leere im Innern.
Als ich den Traum meiner Gruppe vorlegte, versuchte die Fragestellerin, mich zu bewegen, die Landschaft um Sydney herum zu erforschen. Sie bat mich, aus dem Wagen auszusteigen – aber meine

Imagination bewegte sich nicht in dieser Richtung. Sie bat mich dann, das, was ich vom Wagenfenster aus sah, eingehend zu beschreiben. Ich konnte ihr über die Bodenbeschaffenheit und das Pflanzenleben Auskunft geben. Schließlich konnte ich eine weit entfernte Gestalt beschreiben, die etwa eine Meile vom Wagen entfernt dahinmarschierte. Ich hatte diese Person im Traum ursprünglich nicht gesehen. Die Gestalt war ein Mann – sehr groß und sonnengebräunt mit einem zerfurchten, interessanten Gesicht. Ich konnte ihn ohne weiteres im einzelnen beschreiben, obwohl ich ihn im Traum nur aus weiter Entfernung sah.

Die Befragerin bat mich, diese Gestalt zu werden. Dies fiel mir leicht. Als ich mich selbst als diesen Mann fühlte, konnte ich den Wagen in meinem Traum selbst lenken, und der freundliche Kutscher verschwand. Ich hatte ein wunderbares Gefühl des Friedens, als ich zu diesem Mann wurde. Er war ein mutiger Mensch mit klarem Blick und war in Australien ganz allein als Pionier tätig. Ich fühlte die Stärke und Unabhängigkeit seines Charakters. Meine Furcht vor dem „Inneren" verschwand, und damit waren auch alle anderen Ängste dahin, die ich damals verspürt hatte. Ich fühlte mich ruhig und im Frieden mit mir selbst und mit meiner Umgebung. Die Befragerin in meiner Traumgruppe hatte mir zu etwas verholfen, was ich als ein „Gnaden"-Erlebnis bezeichnen möchte.

„Der australische Pionier" ist eine psychische Gestalt, zu der ich jedesmal Zugang habe, wenn mir bange wird wegen der Richtungen, die mein Forschen, mein Schreiben oder irgendein anderes Element meines Lebens einschlägt. Wenn ich mir die Welt durch die Augen des Pioniers vorstelle, sehe ich jeweils mit scharfer Klarheit und fühle meine Umgebung mit mystischer Bedeutung beladen.

Die weitere Arbeit mit Träumen in meiner Feministinnengruppe hat mich befähigt, den australischen Pionier als Frau zu sehen. Als ich sie mir vorzustellen begann, erschien sie zuerst als eine weit entfernte Blondine mit einem Gesicht, das dem des Mannes glich. Sie kam dann auf den Wagen zu, den ich mir als angehalten vorstellen konnte. Sie kam viel näher als dies der Mann getan hatte. Als sie in der Nähe stand, konnte ich mir vorzustellen beginnen, wie ich aus dem Wagen stieg und selbst als Pionierin tätig war. Während ich mich so mit weiblichem Antlitz betätigte, verspürte ich, wie ich größere Stücke des Unabhängigkeits- und Friedensgefühls in mein Verstandes- und Gemütsleben einverleibte. Das männliche Bild ermöglichte es mir nicht, mich der Geistesruhe und einsichtsvollen Kraft des Pioniers so nahe zu fühlen. Ich erfahre dieses Arbeiten mit Bildern als eine „religiöse" Tätigkeit, die für mich sinnvoller ist, als es je eine religiöse Formulierung für mich war.

Mit Jungs Theorie über das „Weiterträumen des Traums" in einer Freundesgruppe zu arbeiten, ist ganz besonders beglückend. Solche Traumgruppen bilden in der Tat eine psycho-spirituelle Gemeinschaft, worin man sich miteinander am Prozeß der Symbolbildung beteiligt. Für mich ist der Erfolg meiner Experimente ein Hinweis darauf, daß man wahrscheinlich nicht einem jeden Beteiligten eine standardisierte Reihe „religiöser" Bilder aufzudrängen hat, damit er das Gefühl einer Gemeinschaft verspürt. Statt dessen kann sich um die Tätigkeit des Bilderschaffens selbst eine Gemeinschaftsgrundlage bilden. Auf diesem Weg läßt sich innerhalb einer stützenden Gesellschaftsgruppe die psychische Kreativität von einzelnen Menschen fördern. Es ist noch viel mehr „Pionierarbeit" zu leisten, und ich bin darauf gespannt, was Exkursionen in das Innere der Psyche zutage fördern werden.

Judith Plaskow

Das Kommen Liliths:
Schritte zu einer feministischen Theologie

Daß in unserer Zeit Frauen, die in allen möglichen Beziehungen zum religiösen Leben stehen, die Sprache, die Voraussetzungen, Methoden und Systeme der Theologie in Frage stellen, hat bedenkliche und konstruktive Seiten. Die Frauen artikulieren die Probleme, die sie mit der herkömmlichen Theologie haben, und ringen nach Wegen, um ihr neues Verhältnis zu ihren Traditionen und zu sich selbst zum Ausdruck zu bringen. Falls die feministische Theologie[1], die aus diesem Ringen hervorzugehen beginnt, eine unterscheidende Eigenart hat, so ist es wohl die, daß sie den Erfahrungen, die sie erzeugten, treu bleibt; Inhalt und Werdegang lassen sich nicht voneinander trennen. Da die bewußtseinsweckende Erfahrung das Bedürfnis nach einer solchen Theologie verspüren läßt, hat diese Theologie sich beständig an dieser Erfahrung zu messen und den Reichtum an Empfindungen und Einsichten, der durch die Bewußtseinsbildung gewonnen wird, einzufangen, indem sie schließlich zu deren Fortsetzung wird. Die feministische Theologie wird somit zumeist eine gemeinschaftliche Theologie sein, denn indem man sich an der theologischen Aufgabe gemeinsam beteiligt, haben Inhalt und Werdegang die Chance, sehr real zusammenzukommen. In diesem Aufsatz möchte ich die – wenn auch bruchstückhaften – Ergebnisse des Versuchs einer Gruppe, Theologie[2] gemeinsam zu betreiben, mitteilen in der Hoffnung, daß unsere Fragen auch von anderen Frauen aufgegriffen und unser Vorgehen weitergeführt werden wird.

Es ist nicht selbstverständlich, daß die Theologie in enger Nähe zu den Erfahrungen bleiben muß, aus denen sie hervorgeht. Die Erfahrung kann Anlaß zu allgemeiner, abstrakter Reflexion oder Erörte-

---

1 Zum Begriff „feministische Theologie" vgl. Frage 2 am Schluß dieses Aufsatzes.
2 An der Conference of Women Exploring Theology in Grailville, Loveland, Ohio, 18.–25. Juni 1972.

rung bieten. Im Fall der feministischen Theologie sprechen manche Gründe dafür, daß Inhalt und Werdegang in enger Verbindung bleiben müssen. Es überrascht nicht, daß diese Gründe mit der Natur der Bewußtseinsbildung selbst zu tun haben. Durch Bewußtseinsbildung gelange ich dazu, den Wert meiner Erfahrung als Frau zu bejahen, den Wert meiner ganzen, nicht bloß meiner intellektuellen Person. Ich bejahe meine Erfahrung zusammen mit anderen Frauen und durch sie in einem Vorgang, der seinem Wesen nach gemeinschaftlich ist. Ich kann also keine Theologie schreiben, die von meiner Erfahrung absieht und einen Teil meiner selbst ignoriert oder die von der Gemeinschaft absieht, der ich angehöre.

Diese Überlegungen bilden den Rahmen, worin unsere Gruppenarbeit zu sehen ist. Unser Gruppenprozeß reflektierte sie, und unsere Diskussionen entwickelten sie weiter. Die Frage, von der wir ausgingen, war die, ob wir in der Frauenbewegung einen Vorgang, ein Ereignis, eine Erfahrung ausfindig machen könnten, worin irgendwie das Wesen der Bewegung zum Ausdruck käme und was somit als ein zentrales, integrierendes Symbol für eine Befreiungstheologie dienen könnte. Im Bewußtsein, daß ein solches Symbol nur dann von Wert ist, wenn es dem Leben der Bewegung entspringt und ihm nahe bleibt, gingen wir daran, diese Frage zu ergründen, indem wir die Erfahrungen, die wir als Frau in der Frauenbewegung machten, einander mitteilten und über sie nachdachten. Wir fragten uns dann, worin diese Erfahrungen religiösen Erfahrungen ähnlich oder selber religiöse Erfahrungen seien, und schließlich suchten wir über das, was wir getan hatten, theologisch zu reflektieren[3].

Die Frauenbewegung

Sich in die Frauenbewegung hineinziehen lassen heißt, sich als Frau aus der Isolation in die Gemeinschaft begeben. Damit, daß ich meine Geschichte erzähle, komme ich auf andere Frauen zu. Indem sie zuhören, wodurch meine Geschichte zugleich bejaht und ermöglicht wird, kommen sie auf mich zu. Ich bin imstande, nach und nach von Abwehr zu Offenheit zu gelangen und von der Angst, die Voraussetzungen, von denen aus ich mein Leben gelebt habe, anzuzweifeln, dazu überzugehen, sie tief, ja von Grund auf in Frage zu

---

3 Zu diesem Prozeß vgl. Frage 1 am Schluß dieses Aufsatzes.

stellen. Ich fühle mich erleichtert; man hat mein Bangen vernommen, und ich bin nicht allein. Aber ich bin auch erschrocken; ich untergrabe ja meine eigenen Grundlagen. Die Mauern sind am Einstürzen[4]. *Angst, Furcht, Wut, Freude, Jubel, Beglückung, Hochgefühl, Schweben, Hervorbrechen, Strotzen von Neuheitsgefühl, Strotzen von Können, Hören, Ganzheit* − dies waren die Wörter, mit denen wir unsere bewußtseinsweckenden Erfahrungen zu schildern begannen. Wir wünschten nun, von diesen Wörtern und Erfahrungen aus uns zu einem zentralen Wortsymbol oder zu einer zentralen Erfahrung hinzubewegen, das sie alle einfangen würde. Von Beginn unserer Diskussion an dachten wir an die Formulierung von Mary Daly „sisterhood of man" („Schwesterschaft des (der) Menschen")[5], doch war dies nicht ganz das, wonach wir suchten. Wir hatten das Gefühl, es komme unter Frauen zu Schwesterschaft, weil etwas anderes ihnen zustoße − ein individueller Prozeß des Zur-Ganzheit-Kommens innerhalb der Gemeinschaft −, und wir wollten versuchen, an dieses andere heranzugelangen.

Das „Ja, ja"-Erlebnis

Wir fanden uns mit unserer Erfahrung zum Teil sehr spontan zurecht. Eine von uns sagte etwas, und die anderen antworteten aufgeregt: „ja, ja". Dies löste irgendwie eine doppelte Einsicht aus. Wir sahen uns selbst in der Erfahrung, auf die wir antworteten, und wir gewahrten auch, wie wir als Frauen zusammenkamen, indem wir innewurden, daß wir dieselben Erfahrungen machen wie andere Frauen. Wir verbrachten die nächste Stunde damit, daß wir das „Ja, ja"-Erlebnis zu definieren suchten.

Das „Ja, ja"-Erlebnis ist zu allererst *der Vorgang, durch den wir zu Schwestern werden*. Es ist wohl das Erlebnis, das mich in die Bewegung hineinbringt. Ich lese einen Aufsatz einer anderen Frau, wehre mich gegen ihn, und ganz plötzlich liegt auf der betreffenden Seite

---

[4] Zu weiterer Reflexion über die Auswirkungen der Bewußtseinsweckung bei Frauen vgl. Nelle Morton, The Rising Woman Consciousness in a Male Language Structure, in: Andover Newton Quarterly 12 (1972/4) 179.

[5] Mary Daly, The Spiritual Revolution: Women's Liberation as Theological Re-Education, in: Andover Newton Quarterly 12 (1972/4) 163−176.

unleugbar ein Stück meines Lebens vor mir („Ja,ja"). Ich nehme an einem Zusammentreffen, an einem Vortrag teil, „einfach um zu sehen, was los ist", und ich werde „bekehrt", „umgekehrt", die Stücke meines Lebens fügen sich auf eine neue Weise zusammen („Ja,ja"). Das „Ja,ja"-Erlebnis besteht aus all den vielen einzelnen Momenten der Einsicht und Erleuchtung, durch die ich zu einer neuen Sicht meiner Situation und meiner selbst gelange[6]. Ich spreche mit anderen Frauen, und eine bezeichnet etwas, wovon ich meinte, es betreffe nur mich, als ihr Problem, und jede andere nickt ebenfalls zustimmend. Ich lese, höre, spreche über die Unterdrückung der Frauen, und plötzlich ist dies *unser* Unterdrücktsein.

So besagt der bejahende „Yeah, yeah"-Song der frühen Beatles nicht, das „Ja,ja"-Erlebnis sei immer etwas Freudiges. Natürlich kann sich darin tiefe Beglückung äußern – Freude am Teilhaben, Freude an der Selbstwahrnehmung, Freude darüber, daß ich meine Freiheit im Vergleich zu früher anwachsen lasse. Aber ich kann auch „ja,ja" sagen, wenn ich an einen versteckten Herd von Bitterkeit rühre, wenn ich meine Ängste ausgesprochen höre oder wenn ich meine Wut über die Vergangenheit meiner Schwestern und meiner selbst auslasse. Auf alle Fälle äußere ich jedoch meine Überzeugung und Offenheit. Ich bewege mich vorwärts; ich spreche auf eine Zukunft an, wo alles passieren kann.

Obwohl meine Antwort manchmal eine Bestätigung einer bloß begrenzten Zone der Zustimmung ist, ist sie eine Antwort der ganzen Person. Wenn ich „ja,ja" sage, werde ich bewegt und bewege ich. Ich bewege mich körperlich auf die zu, die spricht, und ich bewege mich sinnbildlich in den Bewußtseinsbildungsprozeß. Ich bejahe meine Schwester und ermutige sie zum Weitergehen, wenn ich in das Gespräch mit ihr eintrete.

Das „Ja,ja"-Erlebnis ist somit eine ganz andere Denkweise als unser gewöhnliches „Ja,aber", das innerlich undialogisch ist und mit seiner Basis in der Erfahrung nicht in Kontakt steht. Das „Ja,aber"-Denken gründet in der Logik des Sprechenden oder des vorgebrachten Arguments, so daß man dabei nicht innewird, daß sich der Sprechende oder das Argument an einen richtet. Wenn ich hingegen „ja,ja" sage, vergesse ich zwar die Logik nicht und auch nicht die Tatsache,

---

6 Das „Einklinken" ist Teil dieser Erfahrung. Vgl. Jane O'Reilly, The Housewife's Moment of Truth, in: Ms. (Frühling 1972) 54–55. 57–59.

daß das Nichteinverstandensein ebenfalls zum Dialog, auf den ich mich eingelassen habe, gehören kann und soll. Aber ich biete meine ganze Person auf, um zu sprechen und wirklich zuzuhören. Dieses echte Sprechen und Zuhören ist eine Möglichkeit für alle Menschen. Dieses „Ja,ja"-Erlebnis ist potentiell universal.

Schwesterschaft

Mein Mitsein mit anderen und Dasein für andere, das sich über das „Ja,ja"-Erlebnis entwickelt, findet seinen Ausdruck in der Schwesterschaft. Aber Schwesterschaft ist nicht nur das, was sich durch das „Ja,ja"-Erlebnis entwickelt, sondern ist irgendwie auch dessen Voraussetzung. Schwesterschaft erwächst aus meinem Sprechen und Hören, wäre sie aber nicht schon zum Teil vorhanden, könnte ich nicht zu sprechen und zuzuhören beginnen.

Die Erfahrung der Schwesterschaft weist viele Seiten auf. Sie hat erstens eine zugleich allgemeine und spezifische Dimension. Indem ich mein eigenes Frausein – oder mein Personsein als Frau – bejahe, bejahe ich es in allen Frauen. Aber ich bejahe auch und ganz besonders die Frauen, mit denen zusammen ich bejahe. (Die andere Seite – die Schwesterschaft als Voraussetzung – besteht darin, daß ich in der Bejahung aller Frauen mich selbst als Frau bejahe.) Dies besagt nicht, daß ich in der Gemeinschaft in mir die Wesenszüge der „ewigen Frau" gewahre oder mich mit der mir zugewiesenen Rolle friedlich abfinde. Im Gegenteil proklamiere ich damit gerade, daß ich als Frau frei über diesen engen Klischees stehe.

Diese Erfahrung ist somit zweitens zugleich tief persönlich und intensiv politisch. Ich bejahe mich als Frau, aber nur, indem ich in eine neue, bis dahin schweigende Gemeinschaft eintrete. Indem ich zu mir selbst ja sage, wo ich und meine Gesellschaft nur nein gesagt hätten, eröffne ich mir die Möglichkeit, andere Frauen als Personen und Freundinnen anzusehen; ich entdecke eine Quelle von Energie zu persönlicher und gesellschaftlicher Erstarkung und Veränderung. Ich erwerbe mir einen Freiheitssinn, der in meinem neuen Bewußtsein persönlicher Integrität und Ganzheit wurzelt. Ich bringe ihn zum Ausdruck, wenn ich mich im Verein mit anderen Frauen an der Aufgabe beteilige, unsere Zukunft zu schaffen. Ich bin dazu befreit, mich selbst von neuem zu besitzen und mich von Stücken meiner Vergangenheit zu befreien, aber ich kann dies nur dann tun, wenn ich mich tätig für einen interpersonalen und institutionellen Wandel in der Gegenwart einsetze.

Die Schwesterschaft ist nicht bloß Erfahrung von Gemeinschaft, sondern Gemeinschaft selbst. Sie ist eine Stätte, wo Frauen zu sich und zueinander kommen und beginnen können, ihre gemeinsame Unterdrückung einzusehen und somit zu überwinden. Sie ist eine Stätte, wo Frauen beginnen können, ihr neues Ganzheitsgefühl in die Tat umzusetzen, indem sie über ihr Leben selber entscheiden. Die nichthierarchisch strukturierte Frauenbewegung weigert sich also, an die Stelle einer Autoritätsreihe eine andere zu setzen. Frauen, die den Mythos ihrer Machtlosigkeit von sich gestoßen haben, schaffen in der Gemeinschaft Alternativen zu einer verkümmerten Vergangenheit.

Die Frauenbewegung als eine religiöse Erfahrung

Während unserer ganzen Diskussion über die Frauenbewegung stellten wir fest, daß wir unsere Erfahrungen in der Bewegung wiederholt als religiöse Erfahrungen sahen und daß wir uns immer wieder fragten, was für einen Wert dies habe (vgl. Frage 5 am Schluß des Aufsatzes). Als in unseren Gesprächen immer wieder die Wörter „Gnade", „Erleuchtung", „Sendung" und „Umkehr" auftauchten, gewahrten wir, daß Frauen, die nicht in religiösen Kategorien denken, ja solche zurückweisen würden, die Erfahrungen, die wir in dieser Sprache zum Ausdruck brachten, teilten. Wir wollten nicht imperialistisch betonen, daß auch ihre Erfahrungen in Wirklichkeit religiös seien, obschon sie dies nicht zugeben wollten. Wenn wir uns fragten, was wir zu den „Wurzelerfahrungen" hinzufügen, wenn wir sie als *religiös* bezeichnen, konnten wir zudem nichts Spezifisches herausfinden. Andererseits hatten wir das Empfinden, daß dies eine gültige Sicht unserer Erfahrungen in der Frauenbewegung sei, eine Sicht, die unser Verständnis dieser Erfahrungen und der religiösen Erfahrung selbst bereichern könnte.

Wir begannen unsere Diskussion über die Frauenbewegung eher mit dem „Ja,ja"-Erlebnis als mit dem der Schwesterschaft, denn wir wollten die Erfahrung des Zur-Ganzheit-Kommens, welche die Schwesterschaft voraussetzt, genauer erfassen. Wenn unsere Diskussion des „Ja,ja"-Erlebnisses einen Teil dieses Prozesses erklärte, so befaßte unsere Diskussion der religiösen Erfahrung sich mit ihm von einem anderen Standpunkt aus. Wir sahen die Stadien der Bewußtseinsbildung in Analogie zu den Stadien in einer religiösen Vorwärtsbewegung in der Erfahrung des vollen, bezogenen Sich-selbst-Seins gipfeln.

Immer wieder griffen wir zum Wort *graceful* (wörtlich „gnadenhaft"), um gewisse unserer Erfahrungen mit anderen Frauen zu beschreiben. Es gibt Momente, wo ich weder planen noch programmieren kann, wo ich mir selbst in einer Weise gegeben bin, die ich nicht durch die Erforschung des organischen Verlaufs meiner Vergangenheit zu erklären vermag. Wenn ich zuhöre, wie eine andere Frau ihre Geschichte erzählt, *konzentriere* ich mich auf das Gesprochene und Erfahrene, als ob unser Leben davon abhinge, und dies ist denn auch tatsächlich der Fall. Und doch könnte ich nicht sagen, was mich dazu befähigt, wirklich dazusein und so zuzuhören, daß ich das Gefühl habe, daß ich vorher nie wirklich zugehört habe – oder nie so angehört worden bin, wie es jetzt der Fall ist[7]. Und ich könnte auch nicht sagen, warum ich gerade in diesem Moment meiner selbst als einer ganzen Person innewerde, warum ich mich selbst als ein Ganzes, als integriert, frei, Vollmensch empfinde. Etwas von diesem Gefühl hofften wir durch das „Ja,ja"-Erlebnis zu vermitteln. „Ja,ja" ist meine Antwort auf eine Erleuchtung, die den Verstand miteinbegreift, aber mehr als bloß verstandesmäßig ist. In dem Moment, wo ich ihn transzendiere, fühle ich scharf die Grenzen der für feststehend gehaltenen Definition meiner Selbst und meiner Fähigkeiten.

Aus diesem Grund kann die Erfahrung von Gnade auch zu einem Bekehrungserlebnis werden. Da ich mich selbst auf neue Weise sehe, ergeht an mich der Ruf, mich zu ändern. Ich muß die Möglichkeiten verwirklichen, die ich vor mir sehe, aber noch nicht verwirklicht habe. Der Anruf verlangt eine Entscheidung, eine Antwort.

Hier treten zwei Faktoren ins Spiel. Das Ganzheitsgefühl, das auch eine Aufforderung zur Selbstveränderung ist, schließt sich nicht kontinuierlich an meine frühere Entwicklung an. Das will jedoch nicht heißen, daß ich ein „Stadium" in meinem Leben übersprungen hätte. Ich muß mich immer noch entscheiden, ob und wie ich mich ändern will, und nachdem ich mich dazu entschieden habe, muß ich mich langsam durch die Schwierigkeiten und Mühen durcharbeiten, die mein Entschluß mit sich bringt. Meine klare Wahrnehmung der Grenzen meiner Erziehung, der verspielten Möglichkeiten und

---

7 N. Morton, a.a.O. 180.

einengenden Entscheidungen meiner Vergangenheit enthebt mich nicht der Mühe, die Voraussetzungen, die ich zurückweise, aber über die ich nicht ganz hinwegkommen kann, mein ganzes Leben lang immer wieder von neuem in Frage zu stellen. Andererseits bin ich, sobald ich einmal einen Entscheid getroffen habe, in gewissem Sinn bereits auf der anderen Seite. Zumindest habe ich die Furcht überwunden, die sich nur in Abwehrhaltung äußern kann. Ich habe meine Ziele bestimmt und die Kraftquelle, um sie zu erreichen, erschlossen.

Ein weiteres Mal tritt die Bedeutung der Schwesterschaft als einer Gemeinschaft ins Spiel. Ich treffe meinen Entscheid zur Selbstveränderung innerhalb einer Gemeinschaft, die mich fortwährend unterstützt. Der beständige Prozeß des Fragens, Wachsens und Sich-Änderns bleibt kollektiv. So wird mein Entscheid stets von neuem bekräftigt und meine Energien, um eine Änderung herbeizuführen, werden mit den Energien der Gruppe vereint. Dies kommt in einem gemeinsamen Sendungsbewußtsein zum Ausdruck. Nach einer Zeit der Bewußtseinsbildung verspürt eine Gruppe im allgemeinen das Bedürfnis, sich nach außen zu bewegen, sich in Projekten zu engagieren, welche ihre Ziele in die Wirklichkeit überführen, weitere Frauen zu erfassen und herbeizuführen. Nachdem sie selbst gestärkt worden sind, sind die Mitglieder bereit und bestrebt, die frohe Botschaft anderen weiterzugeben.

Dieser Sinn für die Gemeinschaft kommt auch rituell und symbolisch zum Ausdruck – und auch darin sehen wir schließlich die Frauenbewegung als eine religiöse Erfahrung an. Das Erzählen unserer je eigenen Geschichte war zu einer ritualisierten Weise geworden, in die bewußtseinsweckende Erfahrung hineinzukommen. Darin, daß wir einander „Schwestern" nennen und eine neue Freiheit fühlen, einander zu berühren und zu umarmen, kommen die neuen Bande zwischen uns konkret zum Ausdruck. Wir haben unsere Häretikerinnen und unsere Ungläubigen; wir haben die „anderen" auf eine Weise definiert, die das Verhalten zu ihnen bestimmt: „Scheinfrau", „Kätzchen" und natürlich das männliche „chauvinistische Schwein". Wir haben unsere politischen Sinnbilder: das Frauensymbol, die geballte Faust. Wir geben uns rituellen Sprachberichtigungen hin; wir nennen alle Frauen „Ms" (statt Miss oder Mrs.). Wir verfassen unsere Songs, und wir sind daran, unsere besonderen Feierformen zu finden und zu bestimmen.

Theologischer Prozeß

Im Blick auf diese Reihe von Ritualen sahen wir es als die erste Aufgabe der Theologie in bezug auf die Frauenbewegung an, kritisch zu sein. Wir bedurften eines kritischen Prinzips, damit dieses als Bollwerk gegen die Tendenz diene, besondere Probleme in der Bewegung oder die Bewegung selbst zu verabsolutieren. Wir hatten es nötig, davon abzukommen, die „anderen" zu definieren, und statt dessen diese andern in uns selbst zu finden. Wir erkannten es als notwendig, jedes Zentrum, jedes feministische Ziel als bloß vorläufig anzusehen. Über jede unserer „letzten" Perspektiven hinaus liegt eine noch viel weitere, von der aus unsere Perspektiven als begrenzt beurteilt werden (vgl. Frage 4).

Was unsere konstruktive Hauptaufgabe anbelangt, fanden wir es leichter, über die Frauenbewegung und die religiöse Erfahrung zu diskutieren, als theologisch über beide zu reflektieren (vgl. Frage 1). Was ist Theologie? Was besagt es, einen theologischen Prozeß anzuwenden? Ist die feministische Theologie Ausdruck einer neuen Religion? Wie können wir uns auf das Alte beziehen, ohne unsere neuen Erfahrungen zu zerstören durch den Versuch, sie von alten Formen her zu verstehen? Dies waren entscheidende Fragen, auf die wir antworten sollten, aber nicht konnten. Es gab Zeiten, wo wir in eher traditionelle Diskussionen gerieten – über den Doppelcharakter der Gnade als schon und noch nicht; über die Frage, was zuerst komme, die Schwesterschaft oder das „Ja, ja"-Erlebnis, die Gnade oder die Erfahrung der Gnade. Manches, worüber wir sprachen, legte alte Assoziationen frei. Beispielsweise besteht ein deutlicher Zusammenhang zwischen dem echten Sprechen und Hören des „Ja, ja"-Erlebnisses und der Ich-Du-Beziehung bei Martin Buber. Wir fragten uns, ob es nicht sinnvoll wäre, eine systematische Theologie zu verfassen, welche die Erfahrungen, worüber wir sprachen, bejahen würde – indem wir uns einen philosophischen Rahmen, unsere Texte, unsere Rabbis, unsere Heiligen aussuchen würden. Aber wir fürchteten, daß wir vier hinter dem Rahmen, den wir schaffen wollten, verschwinden würden. Wir bedurften ganz klar einer Form, die aus dem Inhalt und Werdegang unserer Zeit zugleich herauswachsen würde.

Unsere Geschichte: das Kommen Liliths

Zwar war es uns nicht gelungen, ein einzelnes Ereignis oder Sinnbild, das zum Inbegriff der ganzen feministischen Erfahrung werden könnte, herauszufinden, doch wurde uns an diesem Punkt bewußt, daß sich aus unserer Diskussion manche zentralen Elemente eines Mythos ergeben hatten. Wir hatten uns auf eine Reise zu begeben, einen Feind (oder Feinde) zu besiegen, Heil für uns selbst und die Menschheit zu erlangen. Wenn wir uns anhand eines Mythos fanden, war dies zudem für unsere Erfahrung besonders geeignet, denn wir waren zusammengekommen, um Theologie zu treiben und dabei mit unserer Geschichte zu beginnen. Somit war es kein Zufall, daß wir zu der Form einer Geschichte zurückkamen.
Wir gewahrten jedoch, wie schwierig es ist, einen Mythos zu erfinden, und deshalb wollten wir eine Geschichte erzählen, die scheinbar wie von selbst aus unserer jetzigen Geschichte herauswachsen würde. Wir verspürten auch das Bedürfnis, ältere Stoffe zu verwenden, die ihre eigenen Nachklänge und Bedeutungen mit sich brächten, selbst wenn wir geflissentlich von ihnen abweichen würden. Wir entschlossen uns deshalb, mit der Geschichte Liliths, der Dämonin der Nacht, zu beginnen, die nach einer rabbinischen Legende die erste Frau Adams gewesen war. Als diesem ebenbürtig geschaffen, meinte sie aus einem unerklärlichen Grunde, sie könne nicht mit ihm zusammenleben, und flog weg. Anhand ihrer Geschichte konnten wir nicht nur unser neues Bild von uns selbst darstellen, sondern auch unsere Beziehung zu gewissen Elementen unserer religiösen Traditionen. Da Geschichten den Kern der Überlieferung bilden, konnten wir Tradition befragen und schaffen, indem wir im Rahmen einer alten Geschichte eine neue erzählten (vgl. Frage 3). Wir nahmen Lilith zu unserer Heldin und, was höchst wichtig ist, doch nicht Lilith allein. Wir suchten nämlich anhand unseres Mythos den Vorgang zum Ausdruck zu bringen, daß wir zusammenkamen, um miteinander Theologie zu treiben. Lilith allein ist im Exil und kann nichts tun. Die eigentliche Heldin unserer Geschichte ist die Schwesterschaft, und Schwesterschaft ist mächtig.
Am Anfang erschuf Gott der Herr Adam und Lilith aus dem Staub der Erde und blies in ihre Nasen den Lebensatem. Aus demselben Ursprung stammend, alle beide aus Erde geschaffen, waren sie einander in jeder Hinsicht ebenbürtig. Adam, als Mann, mochte diese Situation nicht, und suchte nach Wegen, sie zu ändern. Er sagte: „Ich

will jetzt meine Feigen haben, Lilith", und befahl ihr, ihn zu bedienen, und er versuchte, die täglichen Arbeiten im Garten ihr zu überlassen. Aber Lilith weigerte sich, jeden Unsinn auf sich zu nehmen; sie raffte sich auf, rief Gottes heiligen Namen an und flog weg. Adam beklagte sich: „Jetzt ist dieses hochnäsige Weib, das Du mir gesandt hast, auf und davon und hat mich im Stich gelassen." Der Herr, der ihm zu Gefallen sein wollte, sandte seine Boten zu Lilith, um ihr zu sagen, sie solle sich benehmen und zu Adam zurückkehren, oder sie müsse sich auf eine schreckliche Strafe gefaßt machen. Sie aber wollte lieber alles andere, als mit Adam zusammenleben, und beschloß, dort zu bleiben, wo sie war. Und so ließ Gott, nachdem er es dieses Mal sich sorgfältiger überlegt hatte, einen tiefen Schlaf über Adam kommen und erschuf aus einer seiner Rippen für ihn eine zweite Gefährtin, Eva.

Eine Zeitlang ging es Adam und Eva gut. Adam war jetzt glücklich, und Eva verspürte zwar gelegentlich in sich Fähigkeiten, die unentwickelt blieben, war aber im Grunde mit der Rolle einer Frau und Gehilfin Adams zufrieden. Das einzige, was sie wirklich störte, war die ausschließende Enge des Verhältnisses zwischen Adam und Gott. Adam und Gott schienen, da sie beide Männer waren, mehr an Gemeinsamem zu haben, und Adam identifizierte sich immer mehr mit Gott. Nach einer Weile wurde es Gott dabei doch ein wenig ungemütlich, und er begann sich zu fragen, ob er nicht einen Fehler gemacht habe, als er sich von Adam verleiten ließ, Lilith zu verbannen und Eva zu erschaffen, denn er sah, wie mächtig Adam wurde. Unterdessen versuchte Lilith in ihrer Einsamkeit, sich von Zeit zu Zeit an die Gemeinschaft im Garten heranzupirschen. Nach dem ersten erfolglosen Versuch, dessen Mauern zu durchbrechen, verstärkte sie Adam in harter Arbeit, und selbst Eva war ihm dabei behilflich. Er erzählte ihr beängstigende Geschichten von der Dämonin Lilith, welche Frauen beim Gebären bedrohe und mitten in der Nacht Kinder aus der Wiege raube. Lilith erschien ein zweites Mal, erstürmte das Haupttor, und es kam zu einem schweren Kampf zwischen ihr und Adam, worin sie schließlich unterlag. Diese Mal jedoch erhaschte Eva, bevor Lilith wegging, einen Schimmer von ihr und sah, daß sie eine Frau war wie sie.

Nach diesem Zusammentreffen kamen in Eva Neugier und Zweifel auf. War Lilith wirklich eine andere Frau? Adam hatte gesagt, sie sei eine Dämonin. Eine andere Frau! Schon allein dieser Gedanke hatte für Eva etwas Verlockendes. Sie hatte noch nie ein Wesen wie sie selbst gesehen. Und wie schön und stark Lilith aussah! Wie tapfer hatte sie gefochten! Langsam, langsam begann Eva an den Schranken ihres Lebens im Garten herumzustudieren.

Nach vielen Monaten seltsamen, verwirrenden Nachdenkens gewahrte Eva eines Tages, als sie der Gartenmauer entlang wanderte, einen jungen Apfelbaum, den sie und Adam gepflanzt hatten, und sah, daß einer seiner Zweige über die Gartenmauer hinüberhing. Unwillkürlich versuchte sie, den Baum zu erklettern, kletterte bis zum Wipfel empor und schwang sich über die Mauer.

Sie brauchte auf der anderen Seite gar nicht lange zu wandern, bis sie der begegnete, nach der sie auf der Suche war, denn Lilith hatte sie erwartet. Als Eva sie erblickte, erinnerte sie sich an die Märchen Adams und erschrak, doch Lilith verstand und grüßte sie freundlich. „Wer bist du?", fragten sie einander. „Was ist deine Geschichte?" Und sie setzten sich und sprachen miteinander über die Vergangenheit und dann über die Zukunft. Sie sprachen viele Stunden lang miteinander, nicht nur einmal, sondern viele Male. Sie brachten einander vieles zur Kenntnis und erzählten einander Geschichten, lachten und schrien miteinander, immer und immer wieder, bis der Bund der Schwesterschaft zwischen ihnen entstand.

Nach ihrer Rückkehr in den Garten war Adam verwundert über Evas Kommen und Gehen und verwirrt über ihre neue Haltung ihm gegenüber, die er verspürte. Er sprach darüber mit Gott, und da Gott seine Probleme mit Adam hatte und nun etwas weiter sah, konnte er ihm ein wenig aus der Not helfen – aber auch er war verwirrt. Etwas war nicht nach seinem Plan verlaufen. Wie in den Tagen Abrahams bedurfte er des Rates seiner Kinder. „Ich bin, der ich bin", dachte Gott, „aber ich muß werden, der ich werden will".

Und Gott und Adam harrten voller Bangen des Tages, da Eva und Lilith, strotzend von Möglichkeiten, in den Garten zurückkehren würden, um ihn zusammen neu aufzubauen.

Fragen

1. War das Vorgehen der Gruppe – von der Frauenbewegung über die Erörterung der religiösen Erfahrung zur theologischen Reflexion über beides – von Grund auf falsch? Begannen wir damit, daß wir allzu traditionelle Auffassungen über die Religion und die Theologie übernahmen – Auffassungen, die es schwierig machten, etwas

wirklich Neues zu tun? Hätten wir Theologie als „die religiöse Selbstinterpretation einer Gemeinde"[8] verstanden, so hätten wir schon das Gespräch über unsere Erfahrungen als Theologie angesehen und wären dann imstande gewesen, das Verständnis unserer Erfahrungen und der Theologie zu bereichern. Wir könnten sicherlich unseren Mythos irgendwie verfaßt haben, hätten ihn aber nicht als eine Alternative zum „Theologietreiben" angesehen.

2. Im Begriff „feministische Theologie" liegt eine grundlegende Vieldeutigkeit, die wir nie geklärt haben. Bildet der Ausdruck „feministische Theologie" eine Parallele zu „christliche Theologie", „jüdische Theologie" oder haben wir ihn stets im Sinn von „feministischer (jüdischer oder christlicher) Theologie" zu verstehen? Versuchen wir, eine neue Religion zu schaffen, indem wir über die Erfahrungen einer ganz neuen Gemeinschaft nachdenken? Oder versuchen wir, in den durch unsere Verpflichtung auf unsere Traditionen gegebenen Bindungen auf eine neue Weise zu denken?

3. Wenn wir „feministische Theologie" als „feministische (jüdische oder christliche) Theologie" verstehen, wie verhalten wir uns dann zur Tradition? Kritisch? Sind wir dann der Auffassung, die Tradition habe sich von einer Wahrheit entfernt, zu der die Frauenbewegung sie zurückbringen können? Haben wir vor, die Tradition zu erweitern oder neu zu interpretieren (wie unser Mythos es vielleicht zu tun scheint)? Ist unser vordringliches Anliegen dies, einen neuen Stil des Theologisierens einzuführen, sozusagen an die Stelle des „Ja, aber" das „Ja, ja"-Erlebnis zu setzen?

4. Kann die Frauenbewegung als religiöse Gemeinschaft dienen? Sicherlich ist sie „eine Gruppe von Menschen, die ein gemeinsames Vokabular von Bildern, Begriffen, Gesten miteinander teilen und sich mit einer gemeinsamen Vergangenheit und einer gemeinsamen Zukunftshoffnung identifizieren"; aber hat sie auch Sinn für „eine transzendente Wirklichkeit", durch die sie sich konstituiert glaubt?[9] Sind dies gültige Kriterien einer religiösen Gemeinschaft? Hat die Frauenbewegung keine eigenen Kriterien zur Selbstbeurteilung? Müssen diese von außen auferlegt werden? Wäre sie somit in einem weiteren Rahmen zu sehen? In was für einem Rahmen? In einem

---

8 Stephen Crites, Five Philosophical Points on the Nonphilosophical Truth of Theology, in: Soundings 1970S LIII (2) 191.
9 St. Crites, a.a.O. 192. 198.

religiösen Rahmen, der von jeder besonderen Tradition abgeschnitten ist? Was besagt dies?

5. Ist unsere Diskussion über die Frauenbewegung als religiöse Erfahrung eine Diskussion über die Bewegung als christliche religiöse Erfahrung? Gnade; der Ruf zur Selbstveränderung, der sich an mich richtet; der Gedanke, daß ein Entscheid mich auf die „andere Seite" versetzt – dies alles sind christliche Auffassungen. Was wir skizziert haben, ist wirklich die Erfahrung von Menschen, die zusammenkommen, um eine neue Kirche zu bilden. Gibt es noch weitere religiöse Rahmen, die sich zur Interpretation der feministischen Erfahrung verwenden lassen? Sind wir durch die theologische Ausbildung, die wir erhalten haben, in einem einzigen Modell befangen?

6. Gewisse Erfahrungen einer feministischen Theologie, z.B. diejenigen, die für die Wichtigkeit des Ganzheitsdenkens im Gegensatz zum bloßen „Kopfdenken" sprechen, sind Erfahrungen, die stereotyp den Frauen zugewiesen worden sind. Dieser Aufsatz hat sich mit den positiven Aspekten gewisser solcher Erfahrungen befaßt. Sicherlich stellen sich damit auch Probleme. Das „Ja, ja"-Erlebnis z.B. kann zum Zwang werden, kann das Denken trüben und ist in gewissen Situationen einfach unangebracht oder unmöglich. Was hätte eine feministische Theologie aus der Reflexion über die „Erfahrung der Frauen" als ganzer zu lernen? Was von dem, was die Frauen erfahren, wünschen wir uns zu eigen zu machen, wieder zu integrieren, zu bejahen? Was davon möchten wir zurückweisen, und warum?

Herausgeber und Autoren

Maria Agudelo ist Ordensfrau und lebt in Porto, Kolumbien.
Bernadette J. Brooten, geb. 1951, ist seit 1981 Dozentin für Neues Testament an der School of Theology in Claremont, Kalifornien.
Elizabeth Carroll ist Ordensschwester, Vizepräsidentin der Pittsburgh Sisters of Mercy, Doktor der Geschichte des Mittelalters; sie spielte eine führende Rolle in der ersten (Detroit 1975) und der zweiten (Baltimore 1978) Konferenz für die Frauenordination und ist Mitglied des Ständigen Ausschusses dieser Konferenzen.
Marie de Merode-de Croy, geb. 1946, Dr.theol. (Katholische Universität Löwen), unterrichtet am Princeton Theological Seminary und am Catechetical Institute in Yonkers, USA. Sie ist verheiratet und Mutter zweier Kinder.
Nadine Foley ist Dominikanerin, Dr.phil., mag.theol., gegenwärtig Mitglied des Generalkonzils der Adrian Dominican Congregation und der National Liturgical Conference in den USA.
Naomi R. Goldenberg, Dr.phil. (Yale University), unterrichtet an der Universität von Ottawa in Kanada. Sie arbeitet mit der Abteilung „Frauen und Religion" der American Academy of Religion.
Jacquelyn Grant ist Dozentin an der Harvard Divinity School in den USA.
Norbert Greinacher, geb. 1931, Dr.theol., ist Ordentlicher Professor für Praktische Theologie am Katholisch-Theologischen Seminar der Universität Tübingen.
Catherina J. M. Halkes, Dr.theol., nimmt an der Theologischen Fakultät der Katholischen Universität Nimwegen einen Forschungs- und Lehrauftrag zum Problemkreis „Feminismus und Christentum" wahr.
Beverly Wildung Harrison, geb. 1932, Dr.theol., ist Mitglied der United Presbyterian Church der USA und Professor für Christliche Ethik am Union Theological Seminary in New York City.
Hans Küng, geb. 1928 in Sursee/Schweiz, ist seit 1980 Professor der Ökumenischen Theologie und Direktor des Instituts für Ökumenische Forschung an der Universität Tübingen.
René Laurentin, geb. 1917, Dr.theol., ist Professor an der Université de l'Ouest, Angers; er war Konsultor der theologischen Vorbereitungskommission des II. Vatikanums und Konzilsexperte.

Ferdinand Menne, geb. 1941, Dr.habil. im Fach Soziologie und Sozialphilosophie, ist Professor für Sozialpädagogik an der Pädagogischen Hochschule Ruhr, Abteilung Dortmund.

Marie-Augusta Neal ist Ordensschwester (S.N.D.), Dr.phil. in Soziologie von der Harvard Universität, und lehrt gegenwärtig als Professorin für Religionssoziologie am Emmanuel College in Boston, USA.

Judith Plaskow, geb. 1947 in Brooklyn, NY, Dr.phil. (Yale), ist Dozentin am Manhattan College in New York.

Ida Raming studierte katholische Theologie und Germanistik in Münster und Freiburg i.Br. und promovierte zum Dr.theol. in Münster.

Elisabeth Schüssler Fiorenza, 1938 in Rumänien geborene Deutsche, Dr.theol. (Münster), ist Professorin für neutestamentliche Studien an der University of Notre Dame, Indiana, USA.

Dorothee Sölle, geb. 1929, ist Professorin für Systematische Theologie am Union Theological Seminary in New York und lebt gegenwärtig in Hamburg.

Quellennachweis

Folgende Beiträge sind der Zeitschrift *Concilium* 16 (April 1980) Heft 4 entnommen:
   Ida Raming, Ferdinand Menne, Nadine Foley, Elizabeth Carroll, Marie-Augusta Neal, Marie de Merode-de Croy, René Laurentin, Catharina J. M. Halkes, Maria Agudelo.

Elisabeth Schüssler Fiorenza
   Women in the Pre-Pauline and Pauline Churches, in: Union Seminary Quarterly Review XXXIII (1978) 153–166.

Bernadette J. Brooten
   Jüdinnen zur Zeit Jesu, in: Theologische Quartalschrift Tübingen 161 (1981) 281–285.

Dorothee Sölle
   Vater, Macht und Barbarei, in: Concilium 17 (1981) 223–227.

Hans Küng
   Für die Frau in der Kirche, in: Publik-Forum v. 16.7.1976.

Beverly Wildung Harrison
   The Power of Anger in the Work of Love, in: Union Seminary Quarterly Review XXXVI (1981) 41–57 (leicht gekürzt).

Jacqelyn Grant
   Black Theology and Black Woman, in: G.S. Wilmore/J.H. Cone (Ed.), Black Theology. A Documentary History 1966–1979, Orbis Books, Maryknoll, N.Y., 1979.

Naomi R. Goldenberg
   Dreams and Fantasies as Sources of Revelation: Feminist Appropriation of Jung, in: Carol P. Christ/Judith Plaskow (Ed.), Womanspirit Rising. A Feminist Reader in Religion, Harper & Row, San Francisco, 1979, 219–227.

Judith Plaskow
   The Coming of Lilith: Toward a Feminist Theology, in: Christ/Plaskow, a.a.O. 198–209.

Josef Maria Reuss
In der Sorge um die Priester und das ganze Gottesvolk

Überlegungen zum Zölibatsproblem. 52 Seiten. Kt.

Der Priestermangel zwingt zum Umdenken in der Seelsorge. Die Eucharistiefeier, Quelle und Höhepunkt des christlichen Lebens in der Gemeinde, ist gefährdet. Der bekannte Mainzer Weihbischof greift die Probleme ernsthaft und theologisch fundiert auf und legt Vorschläge vor, die in der weiteren Diskussion über den Zölibat eine wichtige Rolle spielen werden. Der Schwerpunkt liegt auf der menschlichen Reife und geistlichen Bildung. Zusätzlich jedoch sieht der Bischof die Notwendigkeit gegeben, verheiratete, berufstätige Männer (viri probati) für bestimmte Gemeinden zum Priester zu weihen.

Ferdinand Klostermann
Gemeinde ohne Priester

Ist der Zölibat eine Ursache?
Grünewald Reihe. 104 Seiten. Kst.

Nach dem Urteil der römischen Studienkongregation stellt der Priestermangel „die schwerste Krise der gegenwärtigen Kirche" und „ein Problem auf Leben und Tod" dar. Gegen alle Wunschträume und Verharmlosungsversuche zeigt der Autor, daß der Pflichtzölibat eine entscheidende Ursache des Priestermangels darstellt. Dies gilt für die Dritte Welt noch mehr als für die europäischen Länder. Das Thema ist vor allem deshalb von höchster Aktualität, weil durch das starre Festhalten am Zölibat die Eucharistie als „Mitte und Höhepunkt des ganzen Lebens einer christlichen Gemeinde" (II. Vatikanisches Konzil) gefährdet erscheint.
In dieser Situation ist das Buch ein leidenschaftliches, von der Sorge um die Zukunft der Kirche getragenes Plädoyer für das Recht der Gemeinden auf die Eucharistie und Priester, die ihr vorstehen.

MATTHIAS-GRÜNEWALD-VERLAG · MAINZ

Elisabeth Moltmann-Wendel (Hg.)
Frauenbefreiung

Biblische und theologische Argumente
2. erweiterte Auflage. 214 Seiten. Kst.
(Gesellschaft und Theologie / Systematische Beiträge 12)

Abgesehen von der Fülle solide erarbeiteter Informationen, die das Buch vermittelt, ist das Bemerkenswerte daran einmal die Ausweitung gewohnter Horizonte durch neue Zugänge zu dem Fragenkomplex; sie mögen für manche zunächst fremd oder gelegentlich schockierend sein – etwa in der Deutung biblischer Äußerungen zur Stellung der Frau (so wird in einem männlichen Beitrag Jesus geradezu als „Feminist" gepriesen). Sodann beeindrucken die Unbefangenheit und Souveränität, mit denen die Autoren beharrlich darauf hinweisen, daß es eine genuin christliche Aufgabe ist, die Frauen – nicht zuletzt diejenigen, „die am meisten unterdrückt sind" – aus der weithin noch wirksamen Diskriminierung zu „befreien".

Marianne Dirks in Publik-Forum

Wesentlich zur Menschenrechts-Diskussion gehören die „Frauenfragen" hinzu. Die auf diesem Gebiet seit Jahren tätige Verfasserin hat dazu eine Art Handbuch zusammengestellt. Sie beklagt die fehlende Breitenwirkung der Frauenbewegung und betont, daß weder unsere Gesellschaft noch unsere Kirchen hinsichtlich der Frauenfrage schon unterwegs zu dem Ziel sind, „was wir antizipatorisch die Freiheit des Reiches Gottes nennen".

Pflegeberufe heute

CHR. KAISER / MATTHIAS-GRÜNEWALD

Rosemary Radford Ruether
Maria – Kirche in weiblicher Gestalt

Aus dem Amerikanischen von Ulrike Berger
(Kaiser Traktate 48) 96 Seiten. Kt.

Rosemary R. Ruether zeigt, welche vielfältigen außerchristlichen Einflüsse das reiche Spektrum der Marienbilder hervorgebracht haben. Sie öffnet den Hintergrund der biblischen Darstellungen und verfolgt die Entwicklung durch die Kirchengeschichte bis in die Gegenwart. Dabei entfaltet sie den komplexen Zusammenhang zwischen der mariologischen Symbolik und der Rolle der Frau in der Kirche, die unterstützt von dieser Symbolik meist eine untergeordnete war. Weiterführende Fragen am Ende eines jeden Kapitels regen den Leser an, in Auseinandersetzung mit der Tradition nach der grundsätzlichen Bedeutung weiblicher religiöser Symbolik für Frauen und Männer zu fragen. Rosemary R. Ruether greift die Ansätze in der religiösen Tradition auf, die der Aufhebung der Unterdrückung der Frauen in der Kirche dienen, und bringt sie zur weiteren Entfaltung in die Diskussion ein. Dieses Buch ist nicht einseitig feministisch, sondern behandelt anthropologische Grundfragen religiösen Lebens im Christentum, die bisher weitgehend ausgeklammert waren.

Inhalt: Teil 1: Maria in der Bibel: Einleitung / Maria und die antiken Göttinnen / Maria und Israel – Gottes Braut / Maria – Weisheit Gottes / Maria – Mutter Jesu / Maria und die Mission Jesu / Maria und die Weiblichkeit Gottes / Teil II: Maria in der Kirche: Einleitung / Maria – neue Eva immer Jungfrau / Maria – Mutter Gottes / Maria – Gnade und Güte / Maria und die Protestanten / Maria und Probleme unserer heutigen Situation / Maria und die Menschlichkeit in der Kirche.

CHR. KAISER VERLAG · MÜNCHEN